KB073293

아웃사이드 인사이트

빅데이터의 늪에 빠진 세상을 어떻게 항해할 것인가

Outside Insight

욘 리세겐 지음
안세민 옮김

디지털 시대 리더를 위한
새로운 의사결정 패러다임

21세기북스

책머리에

2001년 여름, 나는 잠시 한 걸음 물러서서 향후 몇 년간 미래의 세상을 이루게 될 거시적 트렌드를 파악하려고 했다. 당시 나는 기업을 창업하면서 가져가야 할 중요한 목표와 전략을 재차 확인하고 싶었던 거다. 내가 상당히 흥미를 가졌던 당시의 상황은 온라인 정보가 폭발적으로 증가하고 있었다는 것이었다. 현재 우리는 정보가 넘치는 세상에 살고 있다. 그리고 그것들을 수동으로 다루기에는 너무 많은 시간이 걸리고 그 모든 정보의 의미를 파악하기조차도 어렵다. 이 문제에 대한 명백한 해결책은 이러한 모든 정보를 자동으로 추적하여 분석하는 소프트웨어에 있다는 것이다.

이것이 바로 멜트워터Meltwater가 출범하게 된 계기이다. 처음에는 노르웨이 오슬로의 어느 오두막집에서 두 사람이 자본금 1만 5,000달러와 커피 머신 하나를 가지고 시작했다. 당시 우리가 품었던 비전은 경영자와 의사 결정자가 아침에 출근하여 여느 때처럼 커피 한 잔을 할 때, 우리 소프트웨어가 24시간 동안 전 세계에서 일어난 경쟁 기업, 주요 고객, 브랜드에 관한 최신 정보를 몇 초 만에 읽을 수 있는 간단한 양식으로 요약해주는 것이었다. 우리의 슬로건은 '정보에 입각한 의사 결정'이었다. 우리는 경영진이 이미 가지고 있는 구식의 데이터뿐만 아니라 오늘날 온라인으로 얻을 수 있는 정보를 활용하는 데 도움이 되기를 바랐다.

당시에는 우리가 마주쳤던 거시적 트렌드가 얼마나 큰지 제대로 파악하지 못했다. 처음에는 온라인 뉴스와 기업 웹사이트에만 집중했었는데, 차후 등장한 우리는 소셜 미디어의 등장을 예상하지 못했다. 페이스북은 2004년에 설립되었고, 트위터는 2006년에 설립되었다. 블로그는 2007년이 돼서야 비로소 많은 사람들의 관심을 끌었다. 이 모든 새로운 온라인 콘텐츠가 매일 수십억 건의 문서를 분석할 능력을 갖춘 새롭고도 정교한 소프트웨어를 필요로 했다. 오늘날 똑똑한 알고리듬, 자연 언어 처리NLP(인간이 일상적으로 사용하는 언어를 컴퓨터가 인식해 처리할 수 있게 하는 일-옮긴이), 머신 러닝, 빅 데이터 기술은 2001년에는 생각지도 못했던 온라인 뉴스, 소셜 미디어를 분석하고 통찰을 하는 데 사용된다.

멜트워터는 이후로 100개가 넘는 국가에서 2만 5,000개가 넘는 기업 고객을 위해 서비스를 제공하는 글로벌 기업으로 성장했다. 우리의 고객들은 중소기업, 지역 기업뿐 아니라 대규모 다국적기업도 있다. 어느덧 「포춘」 500대 기업의 50퍼센트를 대상으로 서비스를 제공하게 되었다. 우리는 모든 산업을 대상으로 서비스를 제공하는데, 코카콜라에서 로마 교황청까지도 포함한다. 처음에는 작게 출발했지만, 지금은 6개 대륙에 60개 지사를 갖춘, 종업원 수가 1,400명에 이르는 기업으로 성장했다.

우리는 고객들에게서 외부 데이터를 사용하기 위한 독창적인 방법을 배운다. 경쟁 정보, 고객 만족도 측정, 제품 개발과 같은 명백한 용도뿐만 아니라 우리가 예상하지 못했던 광범위하고도 놀라운 사례들도 우연히 발견하게 되었다. 오슬로대학교는 노르웨이 국민들이 노르웨이어 'ketchup'의 새로운 철자에 적응하는 속도를 측정하기 위해 우리가 제공하는 서비스를 사용하며, 스웨덴 남부에서 창유리를 판매하는 10명 규모의 회사는 판매 우위를 점하기 위해 도둑에 대한 지역 뉴스를 추적했다. 또한 유럽의 어느 정부 기관은 내부자 거래를 조사하기 위해 온라인 그룹 채팅을 분석하기도 했다.

전 세계의 고객들과 함께 일하며 외부 데이터에서 추출할 수 있는 가치를 확인하면서, 우리는 외부 데이터가 의사 결정에서 하는 역할이 우리가 겉만 겨우 알고 있다는 사실을 깨달았다.

오늘날 소비자와 기업은 엄청나게 빠른 속도로 온라인 콘텐츠를 생산한다. 소비자들이 소셜 미디어를 통해 연대하는 일도 꾸준히 증가하고 있다. 기업은 인터넷을 브랜드, 제품, 일자리를 알리기 위해 전력적으로 활용하고 있으며, 이에 따라 온라인 투자와 콘텐츠 생성을 늘리고 있다. 인터넷을 통해 공개적으로 얻을 수 있는 새롭고도 풍부한 콘텐츠가 등장하면서, 비즈니스 통찰도 더욱 정교해지고 있다.

나는 기업의 의사 결정 측면에서 우리가 커다란 변화의 정점에 서 있다고 생각한다. 온라인 정보의 활용으로, 앞으로 몇 년 이내 이사회의 운영 방식, 전략 개발의 방식, 기업의 건전성을 평가하는 방식, 경영자에게 보상을 지급하는 방식이 바뀔 것으로 믿는다.

이것은 깜짝 놀랄 만한 전망이며, 2001년에 내가 멜트워터를 설립했을 당시에 품었던 생각을 훨씬 뛰어넘는 것이다. 인터넷과 소셜 미디어 덕분에 인터넷이 소비자 통찰과 경쟁 정보의 소중한 보고가 되었다. 오늘날 이러한 정보는 제대로 사용되지 않는다. 기업들이 역동적이고 빠르게 전개되는 경쟁 환경에서 우위를 차지하기 위해 경쟁할 때, 변화를 예상하고 이에 대처하기 위한 최고의 능력을 갖춘 자만이 승리를 쟁취할 것이다. 여기에는 기업이 외부 데이터를 사용하여 외부로부터 통찰을 얻어내는 능력이 중요하게 작용할 것이다.

욘 리세겐

CONTENTS

2부
의사 결정의 뉴 패러다임, 외부 통찰

CONTENTS

3부 외부 통찰의 실제

4부

외부 통찰의 미래

프롤로그

2016년 4월 25일, 실리콘밸리의 생태계를 다루는 기술 블로그 벤처비트에서는 애플이 1분기 재무 보고서가 곧 나올 즈음에 모든 헤드헌터들과 계약을 해지한 사실을 발표했다.[1] 이것은 심상치 않은 신호였다. 그리고 그 다음 날에 애플의 재무 지표가 발표되면서, 매출이 13퍼센트 하락한 것으로 드러났다.[2] 이것은 지난 13년에 걸쳐서 처음으로 판매가 감소한 분기로 기록되었다. 이러한 폭락에 대해 시장의 반응은 애플의 시장가치가 580억 달러나 하락하는 것이었다. 이 금액은 독일 자동차 회사 BMW의 시장가치와 거의 비슷했다.

이 책에서는 기업과 사람들이 인터넷에 남기는 정보(디지털 흔적)에서 찾을 수 있는 소중한 통찰과 함께, 이러한 정보가 기업의 의사 결정에서 주로 어떻게 무시당하는지를 설명한다. 구인 광고, 소셜 미디어, 블로그, 특허 신청은 미래를 바라보는 정보가 풍부하게 담긴 출처들이다. 이들은 어떤 기업이 얼마나 투자하고 있는가, 고객이 얼마나 만족하고 있는가, 미래의 시장 포지셔닝은 어떠한가를 보여준다. 이러한 정보 출처들은 전략적 가치가 명백하지만, 오늘날 널리 공유되어 사용되고 있지는 않다. 이 책에서 이러한 새로운 종류의 데이터 유형에 관심을 가지는 기업들이 경쟁 환경을 탁월하게 이해하고 경쟁 기업보다 훨씬 더 많은 우위를 누리는 것을 보여주려 한다.

혁신 기업의 비밀 무기

이 책은 경쟁 우위를 얻고 의사 결정 과정을 개선하기 위해 이미 외부 통찰Outside Insight(외부 데이터를 분석해 비즈니스 인사이트를 얻는 방법-옮긴이)을 사용하기 시작한 다양한 조직들에 관한 성공사례를 전한다.

뉴욕 경찰서에서 페이스북 특별 감시팀은 범죄 조직 간에 총격전이 벌어지는 상황, 즉 범죄는 있지만 목격자가 없는 상황에서 죄 없는 10대 소녀를 죽인 살인자를 추적하여 유죄를 입증하기 위해 페이스북 데이터를 사용했다.

유튜브는 초창기에 얼마나 성공적으로 브랜드를 형성하고 팔로워를 창출하는지를 알고 싶어서 자신에 대한 미디어 평판을 경쟁 기업의 것과 비교하기 위해 경쟁 기업을 벤치마킹했다. 유튜브가 각종 미디어에서 처음부터 우위를 보인 것은 온라인 동영상 시장에서 승자가 될 것이라는 신호였다.

미국의 소매업체 레이스트랙은 매출 예측의 정확도를 높이기 위해 외부 데이터를 사용했다. 이 회사는 외부 선행 지표(보통은 예산 책정에 사용되지 않는 데이터)를 반영하여 예측 오차를 15퍼센트나 줄일 수 있었다.

스웨덴의 시계업체 다니엘 웰링턴은 인스타그램을 주요 마케팅 수단으로 사용하여 불과 4년 만에 아무것도 없이 출발하여 롤렉스보다 더 많이 판매하게 되었다. 다니엘 웰링턴은 고객을 브랜드 홍보 대사로 동원하여 오늘날 디지털 세계에서 입소문이 지닌 잠재력을 최대한 실현했고, 소셜 미디어가 낳은 신세대 브랜드의 전형이 되었다.

인도 토종의 메시징 앱 하이크는 3년도 안 되어 페이스북 메신저를 따라잡았고 인도에서 왓츠앱에 이어 두 번째로 인기 있는 메시징 앱이 되었다. 하이크의 비밀 무기는 제품 개발을 위한 정보를 제공하는 엄격한 소셜 미디어 분석에 있었다. 신제품의 기능은 소셜 미디어에서 확인된 소비자 선호에 바탕을 두고 신중하게 결정된다.

유럽의 벤처 자본 EQT는 견인력을 지닌 초기 단계의 기업을 찾기 위해 마더브레인이라고 불리는 정교한 데이터 과학 도구를 개발하고 있다. 이러한 새로운 계획은 기업이 성장하여 성공하면서 구인 광고, 소셜 미디어 입소문, 언론 보도와 같은 온라인 흔적을 남기게 된다는 아이디어에 바탕을 둔다. EQT는 온라인에서 생성되는 정보를 감시하는 정교한 소프트웨어를 사용함으로써 유럽에서 가장 유명한 신생 기업을 경쟁 기업보다 먼저 찾으려 한다.

소셜 미디어도 선거를 예측하는 데 사용될 수 있다. 2016년 멜트워터는 영국의 브렉시트 국민투표 결과와 미국 대통령 선거에서 트럼프의 승리를 정확하게 예측했다. 전통적인 설문 조사는 다른 결과를 내놓았지만, 온라인 분석은 더욱 정확한 그림을 그려 보이면서 브렉시트와 트럼프가 소셜 미디어를 지배하고 있는 것을 확인시켜주었다. 개표가 진행되면서, 결과는 전통적인 설문 조사보다는 소셜 미디어 분석에 더욱 부합하는 것으로 나타났다.

의사 결정의 뉴 패러다임, 외부 통찰

대부분의 기업들은 외부 데이터를 체계적으로 사용하지 않고, 재무 지표와 같은 내부 데이터의 엄격한 분석에만 집중한다. 이러한 접근 방식의 문제점은 매우 수동적이라는 것이다. 내부 데이터는 지난 사건의 최종 결과다. 지난 분기의 재무 지표와 같은 내부 데이터에 기반을 두고 기업을 경영하는 것은 백미러만 보면서 자동차를 운전하는 것과 같다.

이 책을 쓰게 된 중요한 이유는 의사 결정이 철저한 검토를 요구하고 새로운 디지털 현실을 반영해야 한다는 것을 보여주기 위해서다. 인터넷은 소통하고, 새로운 소식을 접하고, 쇼핑을 하고, 사람들을 사귀고, 광고를 하고, 은행 거래를 하는 방식을 바꾸어 놓았다. 그렇지만 이 모든 변화에도 기업의 의사 결정 과정은 놀라울 정도로 정적靜的인 모습을 유지하고 있다.

이 책에서는 새로운 의사 결정 패러다임을 제안할 것이다. 이것을 외부 통찰이라고 부르는데, 업계 생태계에서 경쟁 기업, 고객, 납품 업체를 비롯한 참가자들이 온라인으로 남기는 흔적을 추적하여 분석함으로써 경쟁 환경에서의 변화를 예상하는 데 집중하는 접근 방식을 말한다.

이처럼 의사 결정에 대한 새로운 접근 방식은 주요 성과 지표, 재무 지표, 연간 계획, 분기별 평가처럼 내부에만 집중하는 예전의 패러다임에서 벗어나, 외부 데이터에 대한 실시간 분석을 엄격하게 실시할 것을 요구한다. 또한 이 방식은 시장 여건의 변화를 실시간으로 이해하고 예측하기 위해 우리 기업이 지금 하고 있는 것에서 벗어나서 산업이 하고 있는 것에 집중할 것을 요구한다.

데이터의 이면에서 새로운 가치를 찾아내다

온라인에서 찾은 엄청난 양의 정보를 분석하기 위해 완전히 새로운 소프트웨어 시스템이 필요하다. 비즈니스 인텔리전스BI(기업이 보유하고 있는 수많은 데이터를 정리하고 분석해 기업의 의사결정에 활용하는 시스템과 기술–옮긴이)가 내부 데이터에 관한 것이라면 이러한 새로운 소프트웨어 시스템은 외부 데이터에 관한 것이다. 이 책에서는 이처럼 새롭게 떠오르는 소프트웨어 시스템도 외부 통찰이라고 부를 것이다.

비즈니스 인텔리전스는 주로 기업 고유의 운영 지표에 집중하지만, 이것은 대부분이 후행 성과 지표다. 하지만 외부 통찰은 미래의 위협과 기회를 예측하기 위해 경쟁 환경의 변화를 실시간으로 이해하는 것이다.

이 두 가지 소프트웨어 시스템에 필요한 기술은 매우 다르다. 비즈니스 인텔리전스 소프트웨어는 주로 구조화된 데이터에 집중한다. 하지만 외부 통찰 소프트웨어는 훨씬 더 정교하여 문자를 이해하고 주로 구조화되어 있지 않은 데이터에서 패턴을 찾을 수 있어야 한다. 바로 이러한 이유 때문에, 외부 통찰은 주로 빅 데이터, 머신 러닝, 예언적 분석에서 나오는 기술에 크게 의존한다.

외부 통찰은 경영자들의 도구 상자에 새로운 수준의 정교함을 더해준다. 경영자들은 외부 통찰을 통해 기업 데이터의 이면을 바라보면서 산업 전체가 어떻게 변해가는지에 대해 실시간으로 이해할 수 있다. 클라우드와 오늘날 데이터 과학 기술로 인한 엄청난 연산 능력 덕분에, 모든 외부 요소들이 미치는 영향은 측정되고 분석될 수 있다. 이는 마이클 포터의 5가지 힘을 계기판에 실시간으로 보여주는 것과 같다.

나는 외부 통찰이 향후 수십 년 동안 기업 전략과 의사 결정의 사고방식을 지배할 것이라 믿고 이 책을 썼다. 외부 통찰은 오늘날 주로 무시되는 광범위한 데이터를 통해 미래를 바라보는 소중한 통찰을 제공한다. 이러한 데이터는 제3자에게서 나오는 것으로 내부 편향에 의해 영향을 받지 않는다. 이러한 데이터는 우리 기업과 경쟁자와의 제대로 된 실시간 비교에 사용될 수 있으며 이러한 분석은 이사회, 경영진, 운영팀 모두에게 커다란 가치가 있을 것이다.

우리는 데이터가 넘치는 세상에 살고 있다. 지금까지 온라인으로 얻을 수 있는 새로운 데이터 유형은 주로 무시되었다. 이러한 데이터 유형을 소음으로 여기고 계속 무시할 수도 있고, 새로운 통찰을 얻기 위해 편의주의적으로 접근하여 상용되어 질 수 있지만 우리는 온라인으로 찾을 수 있는 외부 데이터를 분석하여 내부 데이터에서 찾을 수 없었던 새로운 통찰을 끌어낼 것이다. 이러한 외부 통찰은 더 나은 의사 결정을 하고 성공적인 전략을 창출하는 데 도움을 줄 것을 믿으며 나는 앞으로 수년 이내에 많은 기업들이 살아남기 위해 외부 통찰을 활용하는 시스템과 프로세스에 투자하게 되리라고 확신한다.

이 책의 구조

1부 '새로운 디지털 현실'에서는 세상이 어떻게 변했는가, 인터넷을 통해 미래를 바라보는 통찰을 얻으려면 어떻게 새로운 데이터 유형을 마이닝할 것인가를 설명한다.

2부 '의사 결정의 뉴 패러다임, 외부 통찰'에서는 산업의 실시간 정보에 대한 접근이 의사 결정을 세 가지 중요한 방식으로 어떻게 변화시키는가를 설명한다.

3부 '외부 통찰의 실제'에서는 오늘날 외부 통찰로 시작할 수 있는 간단한 프레임워크를 제공하고, 이것을 더욱 발전해가는 단계에 반영하는 방법을 살펴본다. 또한 기업이 외부 통찰을 경영진의 의사 결정, 마케팅, 제품 개발, 위험 감지, 투자 결정에 어떻게 활용하는지 실제 사례를 제시한다.

4부 '외부 통찰의 미래'에서는 앞으로 해결해야 할 중요한 기술적 장애 요인, 앞으로 예상할 수 있는 새로운 데이터 유형, 외부 통찰이 광범위하게 사용될 때 제기되는 우려에 관해 설명한다.

외부 통찰은 아직 시작 단계에 있다. 외부 통찰의 잠재력을 최대한 끌어내기 전에 알아야 할 것이 많다. 이 책은 우월한 지위를 확보하기 위해 이미 외부 통찰을 활용하고 있는 혁신 기업의 성공 스토리를 담고 있다.

나는 이 책이 외부 데이터를 좀 더 체계적으로 활용하는 데 영감을 불어넣어주기를 바란다. 또한 이 책이 기업의 의사 결정 과정을 철저히 개편하여 새로운 디지털 현실에 맞게 바꾸어가는 첫걸음이 되기를 바란다.

1부

새로운 디지털 현실

Outside

Insight

1장

디지털 세계에 무심코 남긴 흔적의 위력

2014년 7월, 탤러해시에 있는 플로리다 주립대학교 미대 교수 오언 먼디Owen Mundy는 전 세계 애완동물의 위치를 정확히 표시하는 데이터 실험의 일환으로, '나는 당신의 고양이가 어디 살고 있는지 압니다iknowwhereyourcatlives.com'라는 웹사이트를 개설하여 인터넷상에서 돌풍을 일으켰다. 이 실험은 애완동물 소유주가 자신도 모르게 제공하는 메타데이터(데이터베이스 시스템에서 작성자, 목적, 저장 장소 등 데이터 관리상 필요한 속성을 담은 데이터-옮긴이)를 이용해 이루어졌다. 먼디는 당시 인스타그램, 플리커, 트윗픽에 '고양이'라는 태그가 붙은 이미지가 1,500만 개 이상 공유된 것으로 추정했다.[1] 그러나 사람들은 사진을 찍을 때 디지털카메라와 스마트폰이 이미지마다 위도와 경도 좌표를 심어놓는다는 사실을 잘 몰랐다.

먼디 교수는 사용자가 개인 정보 보호 설정으로 보호하지 않으면, 누구든 사진의 지리 좌표에 접근할 수 있다는 사실을 알게 됐다. 그는 이렇게 말했다. "나뿐만이 아니다. 이러한 사실을 모르는 소셜 미디어 사용자가 수백만 명에 달한다." 이 실험은 고양이 사진 100만 장을 가지고 시작했는데, 여기에는 고양이의 위치 정보가 8미터 이내의 범위로 표시되어 있다. 이 사이트가 빠른 속도로 입소문을 타면서, 지금은 고양이 사진을 530만 장이나 확보했다.

그러나 온라인에서 디지털 흔적을 남기는 사람은 웹사이트에 등장하는 애완동물 소유주 말고도 많다. 우리 모두 디지털 세계에 삶의 흔적을 엄청나게 많이 남긴다. 그러나 헨젤과 그레텔과는 달리, 자세한 흔적들을 무심코 남긴다.

인터넷은 사진으로 넘쳐난다. 2015년 6월, 유럽 최대의 사진 회사 중 하나인 CEWE 포토월드는 스냅챗에 초당 8,796장의 사진이 공유되는 것으로 추정했다.[2] 이 보고서에 따르면, 인스타그램과 페이스북 사용자들은 매일 각각 5,800만 장과 3억 5,000만 장의 사진을 업로드한다. 그 밖에도 웨이보, 왓츠앱, 텀블러, 트위터를 비롯하여 사진 공유 사이트는 셀 수 없을 정도로 많다. 2016년에 실리콘밸리 클라이너퍼킨스Kleiner Perkins의 벤처 투자가 메리 미커Mary Meeker는 많은 사람들이 관심을 갖는 「인터넷 트렌드 연간 보고서」에서, 2015년에 사람들이 평균 32억 5,000만 장의 디지털 이미지를 매일 인터넷에 업로드하는 것으로 추정했다.[3] 오늘날 인터넷 사용자가 30억 명에 달한다고 할 때, 이 같은 결과는 한 사람이 매주 7.6장의 사진을 업로드한다는 의미다.

사진만이 아니다. 우리는 자신의 삶에 관한 단서가 들어 있는 다양한 디지털 흔적을 공공연히 남긴다. 트위터에 들어가 자신이 어디에, 누구와 함께 있는지, 무엇을 하고 있는지에 관한 정보를 다른 사람과 공유한다. 링크드인에는 학력과 경력을 남겨놓는다. 페이스북에서는 자신이 있는 장소, 듣는 음악, 좋아하는 브랜드, 지지하는 정당, 옹호하는 대의, 좋아하는 음식과 자주 가는 식당, 참석하려는 이벤트에 관한 정보를 퍼뜨린다. 스마트폰은 개인이 활발하게 생산하여 공개하는 정보 말고도, 어디에서 누구와 대화하고 문자를 주고받는지, 돈과 시간을 어떻게 사용하는지 기록하는 앱으로 가득 차 있다.

매일 5억 개의 트윗을 날리고,[4] 페이스북에 3억 5,000만 장의 사진을 업로드하고 '좋아요'를 57억 번 클릭하며,[5] 블로그에 1억 번 포스팅하고, 유튜브에 43만 2,000시간에 달하는 동영상을 업로드한다.[6] 트위터와 페이스북에서만 매주 12개의 게시물을 공유한다. 각 게시물은 어디에 있는지, 어떤 일을 꾸미고 있는지를 공개적으로 기록한 일지와도 같다.

이번 장에서는 온라인에 남긴 흔적을 분석하여 어떤 통찰을 얻을 수 있는지 자세히 살펴볼 것이다.

살인 사건의 단서가 남아있던 페이스북

경찰은 사람들이 남긴 엄청난 양의 온라인 데이터에 주목했다. 실제로 경찰은 범죄 사건을 해결하기 위한 효과적인 방법으로, 놓쳐버린 정보를 찾는 데 디지털 단서와 온라인 흔적을 점점 더 많이 이용하고 있다. 10년 전만 해도 수사관들은 목격자와 용의자를 탐문하는 방식으로 사건을 수사했다. 그러나 사람들은 항상 진실을 말하지 않고, 수사관들이 원하는 만큼 자세히 기억하지도 못했다. 이제는 온라인 흔적이 결정적인 증거를 밝혀준다.

2013년 6월에 뉴욕 경찰서 특별 수사반은 페이스북을 감시하여 두 폭력 조직의 분쟁에 휘말린 10대 소녀 테이샤나 머피Tayshana Murphy를 살해한 범인의 유죄를 입증했다. 이 사건에는 목격자가 없었다. 그런데 뉴욕 경찰서는 페이스북의 온라인 흔적에서 발견한 증거로 조직원 두 명의 유죄를 뒷받침할 수 있었다.[7] 10년 전에는 온라인 흔적을 추적하여 분석할 수 없었기 때문에, 이런 사건은 아주 다른 결론에 이르는 경우가 많았다.

살인 사건이 발생한 날, 로소Loso라는 별칭을 가진 카를로스 로드리게스Carlos Rodriguez의 페이스북 계정에 두 개의 메시지가 올라왔다. 그는 머피가 살해된 집인 그랜트하우스 바깥에서 작전을 수행하던 3 스탁스라는 조직의 조직원이었다. 로드리게스가 남긴 첫 번째 메시지에는 이런 내용이 적혀 있었다. “어느 날, 우리는 대략 다섯 번 정도 싸움을 하다 그곳을 떠났다.” 그리고 두 번째 메시지는 이랬다. “누군가가 치킨 걸의 머리를 가격했다.” 여기서 ‘치킨’

은 머피의 별명이었다.

머피를 살해한 범인의 신원은 여전히 확실하게 밝혀지지는 않았지만(이 사건을 실제로 목격한 사람은 없다), 두 명이 살해 혐의로 유죄 판결을 받았다. 2013년 6월, 24세의 티션 브로킹턴Tyshawn Brockington이 2급 살인으로 유죄 판결을 받았고, 그 10개월 뒤에 23세의 로버트 카르타헤나Robert Cartagena가 계획적인 살인으로 유죄 판결을 받았다.

카르타헤나가 유죄 판결을 받은 후, 뉴욕 경찰서의 수사 과정에서 소셜 미디어 감시가 중요해졌다. 2014년 6월, 뉴욕 자치주 지방 검사 사이러스 밴스Cyrus Vance Jr.는 뉴욕시 역사상 가장 규모가 큰 폭력 조직 사건을 발표했다.[8] 검찰 당국은 모닝사이드 하이츠 지역에서 활동하는 폭력 조직 세 군데의 조직원 103명을 기소했다. 기소장에는 2건의 살인 사건, 19건의 비치명적 총격 사건, 그 밖에 총격 사실이 연루된 50건의 사건이 포함되었다. 피고인들은 징역 5년에서 25년까지 받을 수 있는 1급 조직 폭행을 모의한 것으로 기소되었다.

수사관들과 검사들은 범죄 사실을 입증하기 위해 일반적인 수사 절차를 따랐다. 보통의 수사관처럼 목격자와 여타 정보원을 심문하고, 여러 정보를 취합하고, 교정 시설에서 거는 4만 건에 달하는 통화를 감시하고, 수백 시간에 달하는 CCTV와 통화 기록을 샅샅이 뒤졌다. 또한 오늘날 더욱 일상화되고 있는 형태의 수사 활동을 전개했는데, 100만 페이지가 넘는 소셜 미디어를 검토했던 것이다. 페이스북은 폭력 조직이 즐겨 쓰는 소셜 미디어였다. 기소장에는 페이스북이라는 단어가 171번 등장한다.[9]

구인 광고로 알아낸 기업의 경쟁 정보

개인만 온라인 흔적을 남기지는 않는다. 기업 또한 온라인 흔적을 남긴다. 기업은 신제품 개발을 위해 투자하고, 마케팅 활동을 벌이고, 파트너십을 형성하고, 경쟁력을 높이기 위한 새로운 조치를 시행하면서, 자신의 의도에 관한 단서를 온라인에 남긴다. 그런데 어느 누구라도 이러한 단서를 공짜로 얻어 분석할 수 있다.

멜트워터에서는 구인 광고를 통해 추출할 수 있는 경쟁 정보 Competitive Intelligence를 조사하는 소규모 프로젝트를 진행한 적이 있다. 2013년 9월 15일부터 10월 15일까지 우리 산업에서 멜트워터와 비슷한 기업 세 곳, 즉 시전Cision, 보커스Vocus, 렉시스넥시스 LexisNexis가 링크드인에 게시한 구인 광고를 통해 얻을 수 있는 데이터를 분석했다. 이 데이터를 지역, 직무, 경력별로 분류했다. 한 가지 놀라운 사실은 네 기업의 고용 패턴을 간단히 살펴보는 것만으로도 전략, 경영상의 주안점, 기업 DNA의 차이에 관해 엄청나게 많은 정보를 얻을 수 있다는 점이었다.

이 데이터에서 얻은 첫 번째 결과는 성장률의 차이였다. 한때 멜트워터, 시전, 보커스는 거의 비슷한 규모였다. 그러나 이 시기에 멜트워터의 구인 광고 횟수가 다른 기업에 비해 2배가 넘었다.

이 같은 사실은 멜트워터가 다른 기업에 비해 엄청나게 성장했음을 보여준다. 보커스와 렉시스넥시스의 구인 광고 횟수는 비슷했다. 이는 성장률이 비슷하다는 뜻이다. 렉시스넥시스는 멜트워터에 비해 기업 규모가 약 20배에 달했지만, 구인 광고 횟수가 보커스와 비슷했다. 이는 멜트워터에 비해 성장이 상당히 더뎠음을 보여준다.

지역 측면에서 구인 광고를 살펴보면 기업들이 시장 접근 방식을 아주 다르게 취한다는 것을 알 수 있다. 시전은 미국에서만 직원을 고용하여 확실히 미국 중심이었다. 보커스는 주로 미국에서 구인 광고를 냈지만, 필리핀에서도 몇 차례 냈다. 이는 뜻밖이었지만, 보커스가 비용을 절감하기 위해 저급 노동을 필리핀에 일부 위탁하려는 것을 알 수 있었다. 렉시스넥시스의 경우에는 구인 광고의 3분의 2를 미국에서 냈고, 나머지는 오스트레일리아, 캐나다, 홍콩에서 냈다. 모두 영어권 시장이었다. 멜트워터는 크게 다른 패턴을 보여준다. 미국에서 가장 많이 뽑긴 했지만, 오스트레일리아, 캐나다, 중국, 프랑스, 독일, 홍콩, 일본, 말레이시아, 네덜란드, 싱가포르, 영국에서도 구인 광고를 낸 것을 보면 전 세계를 총망라한 셈이었다. 이러한 데이터는 시장 접근 방식에서 멜트워터가 다른 기업에 비해 더 글로벌하다는 사실을 보여준다.

직무 측면에서 구인 광고를 살펴보면 새롭고도 흥미로운 패턴이 드러난다. 멜트워터, 보커스, 시전이 게시한 구인 광고는 대개 영업과 마케팅 부문이었다(각각 80, 80, 60퍼센트). 이에 반해, 렉시

지역에 따른 고용 패턴

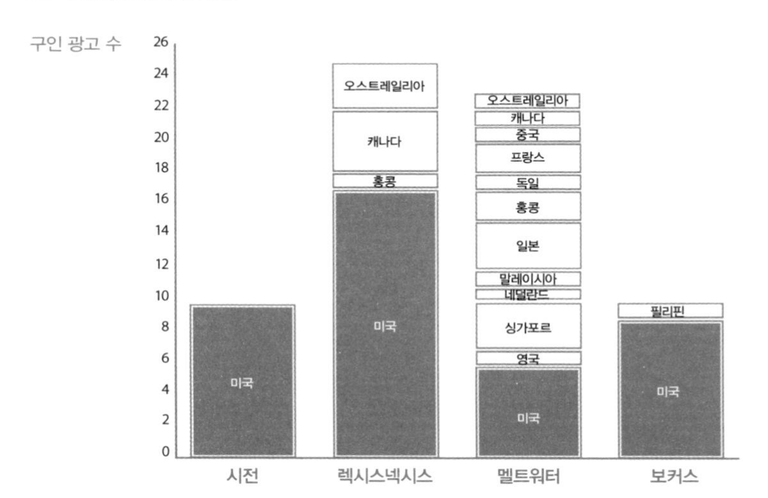

직무에 따른 고용 패턴

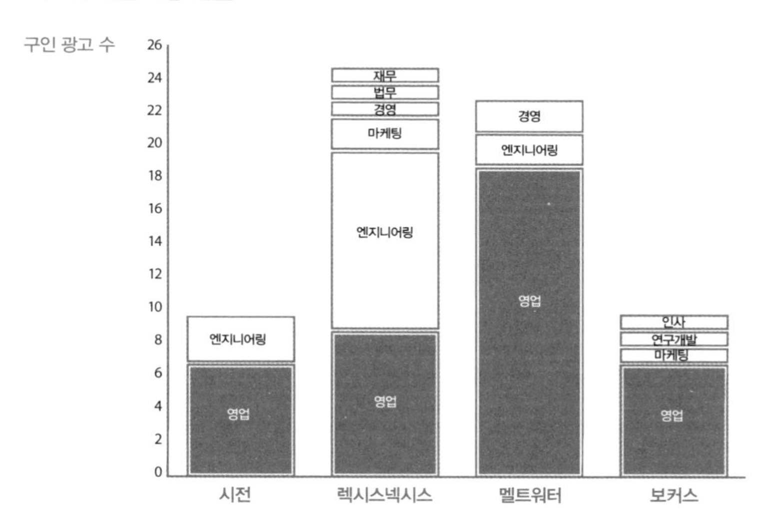

경력 수준에 따른 고용 패턴

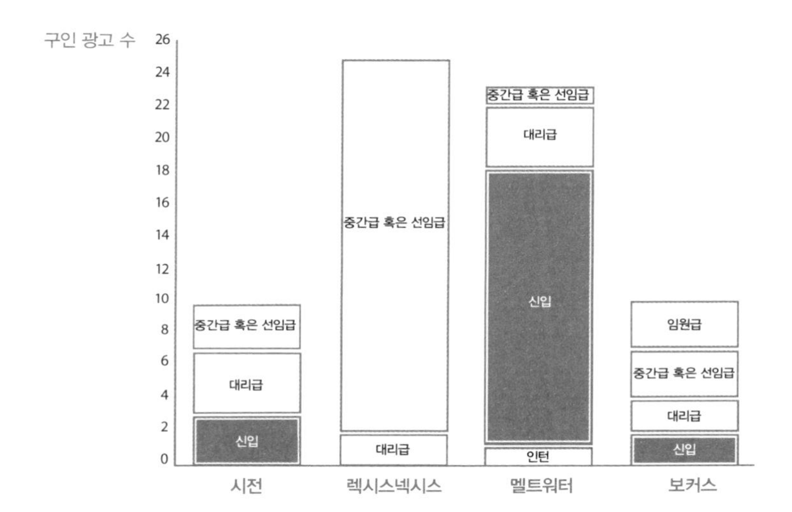

스넥시스는 44퍼센트에 불과했다. 멜트워터가 영업과 마케팅에서 다른 동류 집단을 모두 합친 것만큼 구인 광고를 낸 것을 보면 성장에 집중하고 있다는 사실이 분명하게 드러난다. 엔지니어링 부문에 대한 투자에서는 순위가 역전된다. 렉시스넥시스가 나머지 동류 집단을 모두 합친 것만큼 구인 광고를 냈는데, 이는 신제품 투자를 진행하고 있다는 것을 말해준다.

경력 수준 측면에서 구인 광고를 살펴보면 또다시 많은 차이가 나타난다. 보커스와 시전은 모든 경력 수준에 걸쳐 고르게 고용하여 균형 잡힌 모습을 보인다. 멜트워터는 주로 신입 직원을 고용했지만, 렉시스넥시스는 중간급 혹은 선임급 직원만을 고용했다.

렉시스넥시스가 신제품 투자를 진행하고 있는 것을 보여주는 데이터와 선임급 직원 채용에 집중하고 있는 것을 보여주는 데이터를 결합하면, 나름대로 변화가 진행되고 있는 것을 알 수 있다. 이는 렉시스넥시스가 자신이 개발한 미래 콘텐츠 제품을 강화하기 위해 전략적, 전사적, 신기술 플랫폼을 개발하고 있다는 사실을 확인해준다.

이번 조사 프로젝트는 한정된 데이터에 근거하여 특정 시기에 나타나는 간단한 측면만을 보여주었다. 그렇지만 이는 네 곳의 다른 기업과 그들의 전망에 대해 흥미로운 점을 알려준다.

구인 광고의 가치가 경쟁 정보로만 끝나는 것은 아니다. 자신의 업계에서 주요 고객, 판매자, 중요한 이해관계자의 구인 광고를 분석한다고 하자. 구인 광고 데이터를 체계적이고도 엄격한 방식으로 사용하면 경쟁자를 파악하고, 어떤 고객에게 투자해야 할지, 어떤 납품 업체를 선택해야 할지, 어떤 기업과 파트너 관계를 형성해야 할지를 판단하는 데 도움이 된다.

링크드인 접속을 통한 기밀 누설

기업은 링크드인과 사용자가 증가하고 있는 페이스북과 같은 소셜 네트워크 접속을 통해서도 온라인 흔적을 남긴다. 회사의 CEO가 갑자기 링크드인에서 M&A 전문 회사와 관계를 자주 맺는다면, 회사가 매물로 나오더라도 놀랄 일이 아니다. 또한 CEO가 매도 분야 전문가들과 관계를 맺으면, 그 의미는 너무도 분명하다. 최근에 골드만삭스나 JP 모건과 관계를 형성한다면, CEO가 기업 공개(비상장기업이 주식 시장에 상장하기 위해 법적인 절차와 방법에 따라 주식을 불특정 다수의 투자자들에게 팔고 재무 내용을 공시하는 것-옮긴이)를 준비할 가능성이 높다. 링크드인에서 맺은 새로운 관계가 저녁 모임에서 우연한 만남을 의미할 수도 있고, 새로운 고객, 파트너, 고용주와 관계를 맺는 초기 단계를 의미할 수도 있다. 어떤 기업과 관계가 한 번 이상 맺어지면, 이것은 우연한 만남 이상의 의미가 있을 것이라는 신호다.

나는 소셜 미디어를 사용할 때 아주 조심한다. 예를 들어, 최근에 멜트워터를 위해 우루과이의 데이터 과학 부문 신생 기업을 인수해야 할 것인가를 고민하고 있었다. 몇 달 전에 나와 이 회사 설립자가 링크드인에서 서로 연결되었다(그때는 어쩔 수 없이 그랬지만, 나는 친구 요청을 수락하지 않는 것이 무례하다고 생각했다). 처음에는 외주 가능성이 있는 업무를 검토하기 위해 이 회사와 접촉했다. 그 자체로는 아주 민감한 문제는 아니었다. 그러나 이러한 연결을 발견한 뒤에 이 신생 기업을 조사한 사람이라면, 이 회사가 데이터 과학 플랫폼 부문에서 유능한 개발자 커뮤니티를 형성한 것을 확인할 수 있다. 이것이 멜트워터의 핵심 간부가 관여할 만큼 중요한 것이라면, 데이터 과학 개발자 커뮤니티가 멜트워터에 잠재적으로 중요한 전략 로드맵이 되리라는 결론을 쉽게 내릴 수 있다.

이 회사를 좀 더 파악한 후에는, 외주가 아니라 완전한 인수를 추진하기로 결론을 내렸다. 실사하는 과정에서 30명으로 이루어진 막강한 팀을 만나기 위해 나는 샌프란시스코에서 16시간은 족히 걸리는 몬테비데오로 날아갔다. 이번 출장 기간에는 트위터나 페이스북으로 위치를 알리지 않을 만큼 신중해졌다. 몬테비데오에 머무르면서 단체 사진도 여러 장 찍었지만, 소셜 미디어에는 아무것도 올리지 않았다. 이번 출장을 전후로 이 이야기를 할 때에는 신중해졌고, 어디에 무엇을 하러 가는지에 대해서도 일부러 모호한 태도를 취했다.

웹사이트에서 흘러나오는 이야기

기업 웹사이트에서도 기업 내에서 벌어지는 일에 관한 단서를 분명히 찾을 수 있다. 여기서 대형 고객의 유치, 수상 실적, 그 밖의 중요한 성과에 관한 정보를 얻을 수 있다. 또한 경영진의 교체와 경영진의 약력 페이지에서 구체적인 내용을 확인할 수 있다.

기업들은 웹사이트를 통해 가장 최근에 일어나는 긍정적인 정보를 고객과 공유한다. 이러한 과정에서 경쟁 기업과 납품 업체에도 이 정보를 무심코 흘려보낸다.

2001년 설립 당시, 멜트워터는 웹페이지에서 나타나는 변화를 고객들에게 알려줄 수 있는 점을 서비스가 지닌 장점으로 판단했다. 이는 아주 간단한 서비스였지만, 고객들은 경쟁 기업을 훨씬 더 철저하게 파악하기 위해 이를 애용한 것으로 드러났다. 경쟁 기업들이 보도 자료를 배포하고 제품 가격을 변경하고 새로운 판매 캠페인에 착수하면, 고객들은 멜트워터의 서비스를 이용하여 이러한 사실을 금방 알 수 있었다.

기업 웹사이트의 메시징(컴퓨터 · 전화 · 텔레비전 케이블 등에 의한 전자식 메시지 처리 장치—옮긴이)은 통신 전문가에 의해 신중하고도 정교하게 만들어진다. 여기서 사람들이 어떤 말을 하고 어떤 말을 하지 않는지를 검토하면 기업의 시장 포지셔닝(소비자들에게 시장의 경쟁적 우위를 인식시키기 위해 경쟁 기업의 제품과 차별적으로 자사의 브랜드나 기업의 위치를 명확하게 하는 작업과 그러한 전략을 말한다—옮긴이)과 전략적 의도에 관해 많은 것을 알 수 있다.

오늘날 세계에서 규모가 가장 큰 기술 기업 네 곳의 웹사이트 첫 화면을 살펴보고, 이들이 자신을 어떻게 포지셔닝하고 있는지 살펴보자.

2016년 8월, 애플은 최신 아이폰 사진으로 웹사이트 전체를 도배했다. 이는 그들이 무엇을 추진하고 있는지 보여준다. 오늘날 애플은 그 어느 때보다도 아이폰을 가장 많이 지원하고 있다.

휴렛팩커드가 웹사이트에서 전하는 메시지는 이러했다. "지금 3차원 인쇄 혁명이 시작되고 있다." HP는 세계를 선도하는 프린터 기업으로서 과거의 업적에 바탕하여 미래를 지향하는 혁신 기업으로 자신을 포지셔닝했다.

IBM은 조금 난해한 메시지를 내놓았다. "IBM 엑스포스X-Force,

글로벌 위협 인텔리전스(보안 위협에 관해 분석한 정보-옮긴이) 부문에서 실천하고 공유하는 방식을 바꾼다." 이들은 인텔리전스 부문을 중심으로 자신을 포지셔닝했으며, 고객의 문제를 해결하기 위해 똑똑한 알고리듬을 제공한다.

뜻밖에도 마이크로소프트는 웹사이트에서 반짝이는 최신 노트북을 과시했다. 그들의 메시지는 단순했다. "서피스북을 소개한다." 세계 최대의 소프트웨어 기업이 예전처럼 소프트웨어를 가지고 돈을 벌던 시절과는 작별을 고하고 싶은 것이었다. 마이크로소프트는 서피스북을 통해 맥, 아이패드와 끝까지 싸우겠다는 의지를 보여주었다.

기업들은 웹사이트에서 메시징과 커뮤니케이션을 정교하게 만드는 데 많은 노력을 기울이고 있다. 경쟁 기업의 웹사이트에서 콘텐츠의 변화를 주의 깊게 분석하면 소중한 경쟁 정보를 얻을 수 있을 것이다.

소셜 미디어가 퍼뜨리는 입소문

소셜 미디어는 1990년대 중반까지는 눈에 띄지 않는 게스트 페이지였다. 그 뒤 10년이 지나 대중적인 온라인 소셜 허브로 변해가면서, 갑자기 기업들은 자신의 브랜드와 서비스에 대한 커뮤니케이션을 통제할 수 없게 되었다. 트위터, 페이스북, 인스타그램과 같은 서비스가 등장하면서 새로운 현실이 나타났다. 이러한 현실에서는 전 세계가 링 옆에 앉아서 어느 한 기업이 문제를 어떻게 다루고 있는지 바라보는 한편, 한 사람의 고객이 의제를 설정할 수 있다.

기업의 웹사이트는 기업이 세상에 어떻게 비쳐지기를 원하는가를 보여준다. 당신은 소셜 미디어를 통해 기업의 고객이 내는 목소리에 직접 귀를 기울일 수 있다. 또한 그 기업이 제품, 고객 지원, 고객 만족의 측면에서 얼마나 잘하고 있는지 실시간으로 파악할 수 있다. 다음 사례는 메르세데스, BMW, 아우디로 구성된 동류 집단과 함께 벤치마킹의 대상이 되고 있는 테슬라에 대한 고객 만족이 어떻게 변하는지를 보여준다. 고객 만족은 각 기업의 페이스북 페이지에 나오는 감정의 함수로 측정된다. 흥미롭게도 테슬라는 언론 보도가 긍정적인데도 고객 만족의 측면에서는 뒤처졌다. 그러나 최근의 추세를 보면 상당히 긍정적이다. 2016년 2분기까지 테슬라의 점수는 다른 기업의 점수에 필적한다.

고객 만족 지수: 테슬라 대 동류 집단 평균

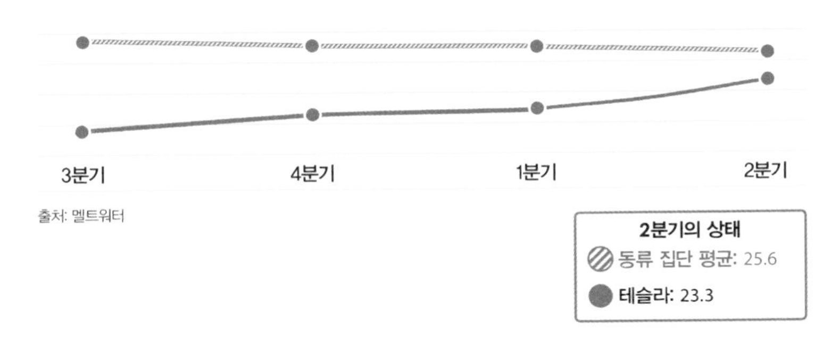

햄버거

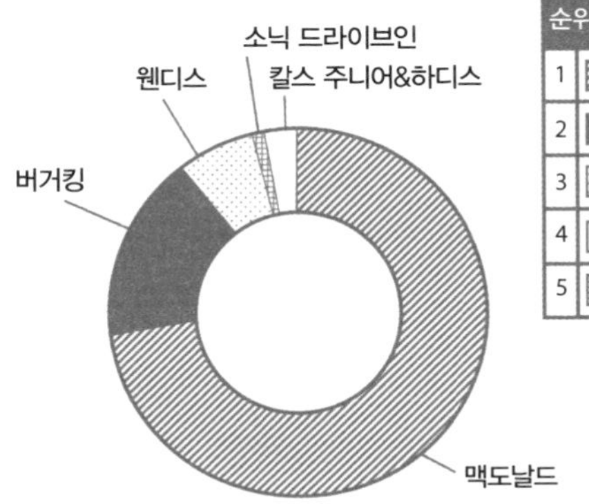

순위		브랜드	매체 점유율	미국 매장수
1		맥도날드	73.8%	14,350
2		버거킹	18.1%	7,142
3		웬디스	6.2%	5,780
4		칼스 주니어&하디스	1.4%	2,915
5		소닉 드라이브인	0.5%	3,517

출처: 멜트워터

피자

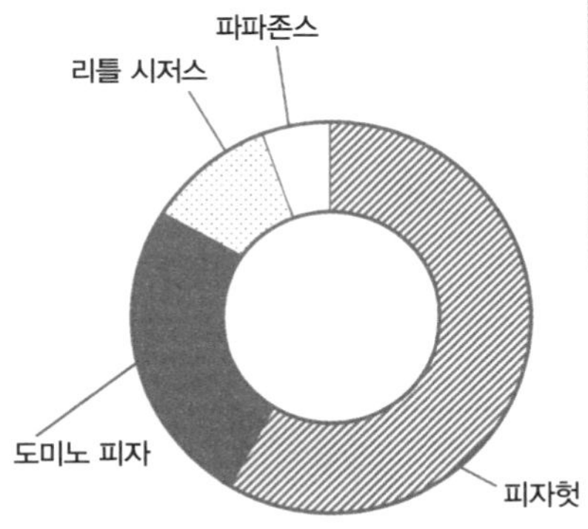

순위		브랜드	매체 점유율	미국 매장수
1		피자헛	59.2%	7,863
2		도미노 피자	26.2%	5,067
3		리틀 시저스	10.3%	4,025
4		파파존스	4.4%	3,250

출처: 멜트워터

소셜 미디어는 브랜드의 강점을 측정하는 데에도 적합하게 쓰인다. 왼쪽 도표에서는 2015년 5월부터 2016년 5월까지 사람들이 트위터와 인스타그램에 남긴 패스트푸드 브랜드에 대한 활동 흔적을 비교하여 보여준다.

원그래프를 통해 소셜 미디어에서 맥도날드가 가장 근접한 경쟁사인 버거킹보다 4배나 더 많이 회자되고 있는 것을 알 수 있다. 체인점 수는 겨우 2배 정도인데도 말이다. 마찬가지로 피자헛은 경쟁사 도미노보다 체인점 수는 겨우 50퍼센트 더 많지만, 소셜 미디어에서는 2배 더 많이 회자되고 있다.

또한 소셜 미디어가 특정 브랜드의 주요 관심사를 이해하는 데 활용되기도 한다. 예를 들어 다음 페이지의, 2015년에 언론 보도와 소셜 미디어 활동이 만들어낸, 자동차 브랜드 애스턴마틴과 롤스로이스의 단어 구름word cloud(웹사이트, 블로그 등에서 가장 자주 쓰이는 단어들을 굵은 글씨로 묶어서 구름과 같은 형태로 나열해둔 것-옮긴이)을 살펴보자.

단어의 크기는 해당 단어가 대화를 얼마나 많이 지배했는지를 보여준다. 두 브랜드가 우선시하는 것이 서로 다르다는 사실을 금방 알 수 있다. 애스턴마틴의 단어 구름이 저명인사의 보증을 강조한다면, 롤스로이스는 주로 수출 시장과 산업과 관련이 있다. 이러한 차이를 이해하려면, 롤스로이스가 자동차 브랜드를 뛰어넘어 항공 엔진, 동력 장치, 원자력 발전소를 포함하여 제품의 범위를 확장하는 데 주력하고 있는 사실을 정확히 인식해야 한다.

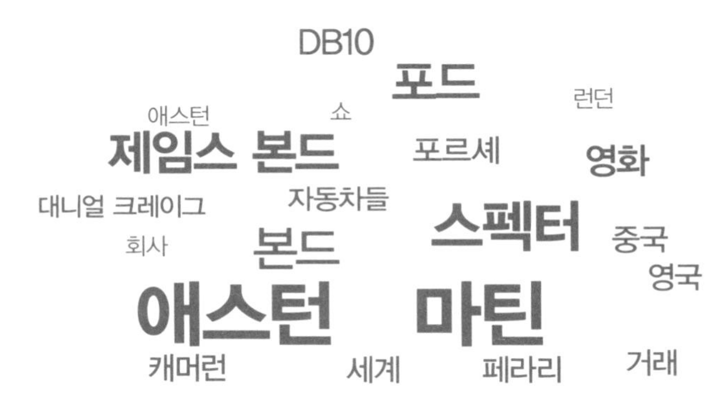

출처: 멜트워터

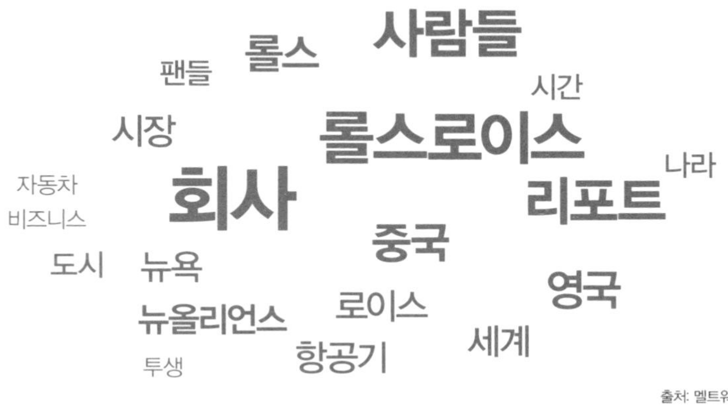

출처: 멜트워터

온라인 마케팅 비용이 말하는 것

온라인 흔적에서 알 수 있는 또 다른 흥미로운 사실은 검색 엔진 마케팅Search Engine Marketing, SEM(검색 도구를 단순한 검색에 그치는 것이 아니라 적극적으로 특정 웹 사이트로의 방문을 유도하여 상품을 구입하게 하는 인터넷 마케팅 전략—옮긴이) 혹은 클릭제 광고Pay-Per-Click, PPC(해당 온라인 광고에 대해 일어난 클릭 횟수를 기준으로 광고 단가를 산정하는 기법—옮긴이) 지출이다. 온라인 검색어가 실시간으로 경매에 나오고 여기서 검색어 목록과 시가를 확인할 수 있기 때문에, 이러한 지출을 쉽게 추정할 수 있다. 이마케터eMarketer들은 2015년 총 581억 2,000만 달러 규모의 디지털 광고 시장에서 검색 부문이 거의 절반(46퍼센트)에 달하는 것으로 추정한다.[10] 따라서 검색 부문 지출이 모든 것을 알려주지는 않더라도, 기업을 추적하는 데 매우 흥미로운 지표가 된다.

경쟁 기업의 검색 부문 지출과 이것이 어떠한 추세를 보이고 있는가, 국가별, 제품군별로 어떻게 분할되는가를 추적하면 경쟁 기업에 관한 소중한 통찰을 얻을 수 있다. 다음의 그림은 테슬라와 앞에서 봤던 동류 집단의 2016년 2분기 검색 엔진 마케팅 지출을 추정한 것이다. 여기서 흥미로운 사실은 테슬라가 온라인 광고에는 거의 한 푼도 지출하지 않는다는 것이다. 그러나 BMW는 대부분의 대륙에서 경쟁 기업보다 더 많이 지출한다.

지역별 검색 엔진 마케팅 지출

(단위: 달러)	테슬라	BMW	아우디	메르세데스
아시아	0	22,000	41,000	0
유럽	0	431,000	364,000	10,000
북아메리카	0	3,000,000	2,000,000	2,000,000
오세아니아	0	28,000	23,000	2,000
남아메리카	0	4,000	0	0

출처: 멜트워터

인기 앱의 다운로드 순위 변동

경쟁 정보에 관한 또 다른 지표로서 웹 트래픽(웹사이트를 방문하는 사용자들이 주고받는 데이터의 양-옮긴이)도 흔히 사용된다. 웹 트래픽 데이터를 쉽게 구할 수는 없지만, 웹사이트 방문 횟수를 추정하는 컴스코어Comscore와 같은 제3자 기업이 있다. 비슷한 방식으로, 기업 브랜드가 얼마나 자주 검색되는지 구글 애드워즈를 활용할 수 있다. 이러한 데이터를 경쟁 기업의 것과 비교해보라. 앱 다운로드 횟수가 중요하다면, 앱 애니App Annie가 제공하는 서비스를 사용하면 된다. 웹 트래픽, 검색량, 앱 다운로드는 모두 제품에 대한 수요 수준을 측정하는 지표다. 앱 애니가 제공하는 그래프를 보면, 인기 있는 앱의 다운로드 순위가 어떻게 변동했는지 알 수 있다. 이 순위는 앱이 속한 범주에서 다른 앱과 비교하여 어느 정도 인기가 있는지 보여주는 지표다. 이러한 순위 변동은 앱이 호조를 보이는지, 그렇지 않은지를 나타낸다.

에버노트는 500등 정도에서 1,000등으로 떨어져 확실히 하락하고 있다. 왓츠앱도 10위에서 25위 정도로 떨어져 아주 심하지는 않지만 하락 국면에 있다. 드롭박스는 상당히 안정적이기는 하지만, 서서히 하락하는 것으로 보인다. 5위로 시작한 스냅챗만이 유일하게 상승하고 있다. 스냅챗은 2015년 4분기에 순위가 오르락내리락했지만, 2016년 1분기 이후로는 꾸준히 상승해왔다.

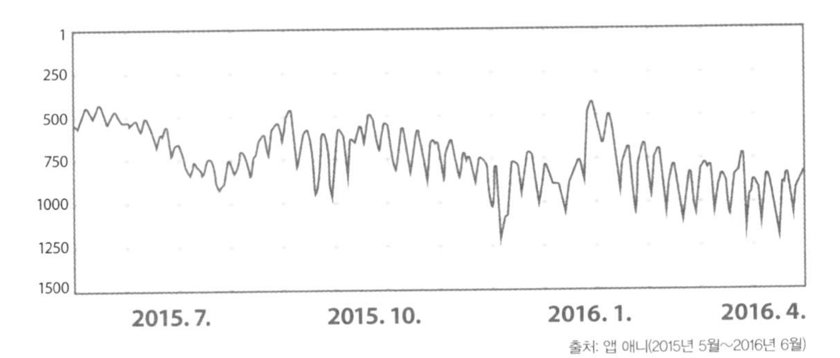

에버노트는 하락 국면에 있다.

드롭박스

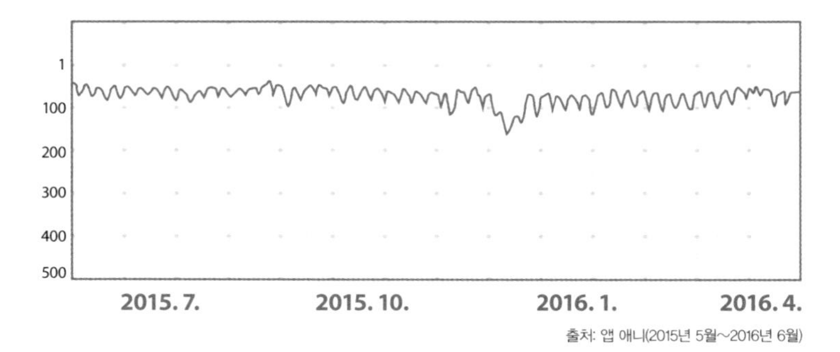

출처: 앱 애니(2015년 5월~2016년 6월)

드롭박스는 상당히 안정적이기는 하지만, 2016년 이후로 서서히 하락하는 것으로 보인다.

왓츠앱

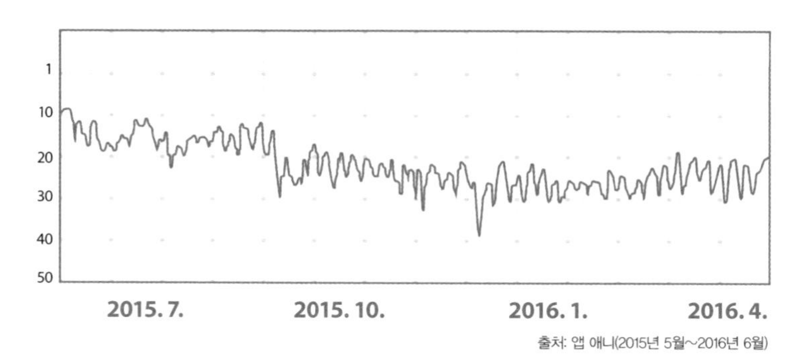

출처: 앱 애니(2015년 5월~2016년 6월)

왓츠앱은 2015년 2분기와 3분기 사이에 하락을 경험했고, 이후로 회복하지 못했다.

스냅챗

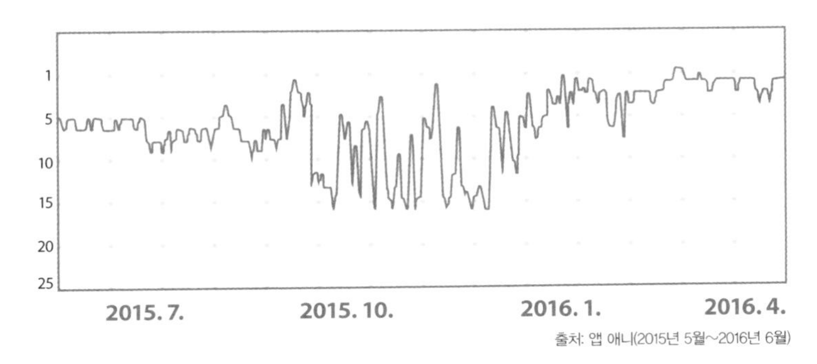

스냅챗은 2016년 이후로 꾸준히 상승했다.

특허 신청, 신용 등급, 소송, 수입 신고를 추적하라

지금까지 논의했던 데이터 유형 말고도, 온라인으로 얻을 수 있고 소중한 비즈니스 통찰을 내포하는 광범위한 데이터 유형이 있다. 이러한 데이터 유형의 완전한 목록을 만드는 작업은 이 책의 범위를 벗어난다. 어떠한 목록이든 산업마다 크게 다를 것이기 때문이다. 온라인에서 새로운 데이터가 계속 등장하는 것도 목록 작성 작업을 더욱 복잡하게 만든다. 따라서 여기에서는 대부분의 산업과 관련 있는 비즈니스 통찰을 내포하는 몇 가지 데이터 유형만을 추가적으로 설명할 것이다.

이런 관점에서 보자면, 아주 간단한 데이터 유형이 바로 특허와 상표 출원이다. 대부분의 국가에서 출원일까지 몇 달이 걸리기는 하지만, 이러한 데이터를 쉽게 검색할 수 있다. 특허 신청을 추적하여 얻는 가치는 명백한데, 경쟁 기업의 전략 목표를 쉽게 이해할 수 있게 해준다. 특허와 상표 신청은 시간이 많이 걸리는 고된 작업이고, 결과적으로 비용이 많이 든다. 일반적으로 기업이 특허 신청을 중요하게 여기지 않으면 하지 않는다. 특허 신청은 신제품 출시 혹은 영역을 침범하는 새로운 도전자의 등장을 의미할 수도 있다. 또한 특허 신청을 조사하면 인수 대상을 확인할 수 있고, 때로는 인수를 예상할 수도 있다.

추적할 만한 또 다른 정보 흔적은 기업의 신용 등급과 재무 보고서다. 많은 기업이 주요 고객사와 신규 고객사의 신용 등급과 재무 보고서를 정기적으로 추적한다. 신용 등급은 사업 영역에서 납품 업체, 파트너를 포함하여 그 밖의 기업을 감시하는 데에도 중요하다. 물론 신용 등급에도 약점이 있는데, 정확한 과학도 아니고 후행 지표lagging indicator(경기의 동향을 표시하는 지표 가운데 경기의 움직임을 뒤따라가는 지표—옮긴이)라는 점이다.

안타깝게도 기업 경영에서 소송은 (특히 미국에서) 관행이 되고 있다. 때로는 온라인을 통해 소송에 관한 정보를 얻을 수 있다. 이때 법적 절차를 공부하면 여러모로 이익이 된다. 첫째, 분쟁에 휘말리지 않았을 때에는 비공개였던 정보를 분쟁 과정에서 공개해야 한다. 둘째, 소송은 무엇을 얻을 것인가, 무엇을 지켜야 할 것인가에 대한 강력한 신호가 된다. 셋째, 소송은 한쪽 혹은 양쪽 당사자가 갖는 재무 위험을 의미한다. 사업이 소송에 연루된 기업에 의존하고 있다면, 소송 진행 과정을 주시해야 한다.

미국에서는 해운 회사가 선하증권(해운 회사가 발행하는 유가증권으로, 화주와 해운 회사 간의 해상 운송 계약 체결로 작성된다—옮긴이)을 통해 들어오는 컨테이너의 내용물을 신고해야 한다. 다른 나라에서도 비슷하다. 선하증권과 같은 공식 문서는 제품 혹은 제품이 갖는 상업적 가치에 대한 간단한 설명과 함께, 수입업자 혹은 수출업자가 누구인지를 확인시켜준다. 수출입 데이터는 자동차 산업처럼 여러 부문에 걸쳐 있고 원재료를 대량으로 선적하여 때로는 먼 곳으로 운송해야 하는 산업에 유용하다. 예를 들어, 이러한 정보는 테슬라 판매 대수를 예측하는 데 유용하게 쓰일 수 있다. 이 회사가 무엇을 수입하는지를 안다면, 이 데이터와 과거의 판매 대수와 원재료 데이터를 비교할 수 있고, 이를 바탕으로 앞으로 일어나게 될 일을 추정할 수 있을 것이다. 원재료 수입이 급증하는 것은 앞으로 8개월(원재료에서 차로 제작되기까지 걸리는 일반적인 시간) 뒤에 도로에서 테슬라 신차를 많이 보게 된다는 의미다.

계속 주시해야 할 온라인 흔적

기업 웹사이트
뉴스
소셜 미디어
구인 광고
소셜 네트워크 접속
온라인 광고비 지출
웹 트래픽
특허와 상표 출원
신용 등급과 재무 보고서
법원 문서와 그 밖의 공식 문서

애플의 표준 문구에 숨어있는 이야기

이제까지 개인으로서, 그리고 기업으로서 우리가 남기는 온라인 흔적에 대해 알아보았다. 이번 장을 마치면서, 이러한 흔적에 대한 간단한 분석이 시간이 흐르면서 얼마나 강력한 효과를 발휘하는지 설명하려 한다.

이러한 분석을 위해 모든 기업이 보도 자료 하단에 끼워 넣긴 하지만 잘 알려지지 않은 작은 흔적에 국한하여 설명하겠다. 이것은 기업에 관한 간단한 설명이면서, 때로는 보도 자료 표준 문구라고도 부른다.

이러한 표준 문구boilerplate가 흥미를 끄는 이유는, 기업이 무엇을 하는지, 혹은 무엇을 하길 바라는지를 압축적으로 설명하기 때문이다. 보통 서너 문장으로 되어 있고, 전략적 포지셔닝과 의도를 전달하기 위해 매우 신중하게 작성된다.

애플의 보도 자료에 나오는 표준 문구는 상당히 흥미롭다. 15년에 이르는 소비자 기술의 역사를 파악할 수 있기 때문이다. 애플은 사업을 설명할 때 항상 두세 문장을 사용하는 식으로 매우 구조화된 접근 방식을 취한다. 이 문장이 매년 어떻게 변했는지를 추적하면, 애플이라는 기술 기업의 전략, 제품 포커스가 컴퓨터에서 퍼스널 컴퓨팅 장치로 어떻게 진화했는지 알 수 있다. 또한 어조와 단어의 선택에서 애플의 고난과 성공이 어떻게 빛을 발하는지도 알 수 있다.

1997년, 애플은 곤경에 빠져 있었다. 애플 주가는 10년 만에 최저치를 기록했고,[11] 매킨토시는 시대에 뒤떨어졌으며, 개인 휴대 정보 단말기personal digital assistant, PDA 뉴턴도 별다른 성과를 거두지 못했다. 그리고 이 회사는 2대 CEO를 2년 만에 해임시키기도 했다. 스티브 잡스가 애플을 구하기 위해 복귀했지만, 애플은 심각한 재정난으로 현금이 부족했다. 도움의 손길은 전혀 예상하지 못한 곳에 있었다. 최대의 적이라 할 마이크로소프트가 1억 5,000만 달러를 투자하고 향후 5년 동안 매킨토시 플랫폼을 위한 오피스 슈트Office Suite에 대한 지원을 약속하면서, 애플의 장기적인 생존 능력을 보장해준 것이다.[12]

2000년 1월 애플의 표준 문구에서는 이러한 곤경과 자신감의 결여가 여실히 드러나 있다.

> 애플은 1970년대에 애플 II로 퍼스널 컴퓨터 혁명을 일으켰고, 1980년대에는 매킨토시로 퍼스널 컴퓨터를 처음부터 다시 만들었다. 이제 애플은 세계 140여 개국에서 최고의 퍼스널 컴퓨팅 장치를 생산하여 학생, 교육자, 설계자, 과학자, 엔지니어, 사업가, 소비자를 지원하는 원래의 임무에 다시금 헌신하려 한다.

표준 문구는 30년 전으로 돌아가 과거의 업적에 대한 언급으로 시작하여 원래의 임무에 다시금 헌신하겠다는 말로 넘어간다. 애플이 이렇게 말하는 것처럼 보인다. "과거에 우리가 얼마나 위대했는지를 기억하는가? 지금 우리는 과거의 영화를 되찾기 위해 열심히 노력하고 있다."

그 후 4년 동안, 애플은 많은 우여곡절을 겪었다. 제품 포트폴리오를 새롭게 하는 진전은 거두었지만, 재정적으로는 불안정했다. 그러나 2004년 애플은 33퍼센트라는 견실한 매출 성장을 달성하여 7년에 걸친 침체기에서 벗어났고, 1996년 이후로 가장 높은 매출액을 기록했다. 이처럼 고양된 자신감은 새로운 표준 문구에 잘 나타난다.

> 애플은 1970년대에 애플 II로 퍼스널 컴퓨터 혁명을 일으켰고, 1980년대

에 매킨토시로 퍼스널 컴퓨터를 처음부터 다시 만들었다. 오늘날 애플은 상을 받은 데스크톱 컴퓨터, 노트북 컴퓨터, OS X 운영 체제, 아이라이프, 전문 애플리케이션과 함께 혁신 부문에서 산업을 선도하고 있다. 또한 애플은 휴대용 뮤직 플레이어 아이팟과 온라인 스토어 아이튠즈와 함께 디지털 음악 혁명의 최선봉에 서 있다.

애플은 여전히 과거의 영화를 언급했지만, 현재 상황을 묘사하는 단어가 눈에 띄게 대담해졌다. 아울러 주목할 만한 부분은 세 번째 문장을 도입하면서 아이팟을 강조한 것이다. 아이팟이 출시되고 3년이 지난 뒤 이를 언급한 것도 흥미롭다. 앞으로도 애플은 신제품을 소개하면서 자신감을 훨씬 많이 가질 것이다.

2007년 6월 29일, 애플은 아이폰을 출시하면서 획기적인 디자인과 기술로 세계적으로 호평을 받았다. 애플의 매출액은 2004년에 신기록을 수립했던 금액과 비교하여 3배나 증가했다. 좋은 시절이 다시 온 것이다. 매출액과 수익이 급증했고, 이는 단어 선택에도 드러났다. 그해 7월, 애플은 표준 문구에 아이폰에 관한 선언을 자랑스럽게 추가했다.

애플은 1970년대에 애플 II로 퍼스널 컴퓨터 혁명을 일으켰고, 1980년대에 매킨토시로 퍼스널 컴퓨터를 처음부터 다시 만들었다. 오늘날 애플은 상을 받은 데스크톱 컴퓨터, OS X 운영 체제, 아이라이프, 전문 애플리케이션과 함께 혁신 부문에서 산업을 선도하고 있다. 또한 애플은 휴대용 뮤직 플레이어 아이팟과 온라인 스토어 아이튠즈와 함께 디지털 미디어 혁명의 최선봉에 서 있으며, 올해 혁신적인 아이폰과 함께 모바일 폰 시장에 뛰어들었다.

2010년 5월 26일, 애플의 시장가치는 마이크로소프트를 추월했다. 그해 3분기 애플 매출이 시애틀에 본사를 둔 경쟁 기업 마이크로소프트를 처음으로 넘어선 것이다. 2010년 12월, 애플은 표준 문구에 대한 전면적인 검토에 들어갔다. 우선 단어가 크게 달라졌다. 과거의 영화에 대한 언급은 현재의 업적에 대한 신나는 표현으로 대체되었다. 또한 이전의 우유부단한 표현은 '혁신적', '매혹적'처럼 제품을 자랑하는 언어로 대체되었다.

애플은 OS X, 아이라이프, 아이워크 전문 소프트웨어와 함께 세계 최고의 퍼스널 컴퓨터, 맥을 설계한다. 애플은 아이팟과 온라인 스토어 아이튠즈와 함께 디지털 음악 혁명을 선도한다. 애플은 혁신적인 아이폰과 앱스토어와 함께 모바일 폰을 처음부터 다시 만들고 있다. 최근 애플은 매혹적인 아이패드를 출시하여 모바일 미디어와 컴퓨팅 장치의 미래를 정의한다.

2015년 4월, 애플은 시장가치가 7,700억 달러에 달하며 세계에서 시장가치가 가장 높은 기업이 되었다.[13] 애플 주식 가격은 최저점을 기록했던 1997년과 비교하여 2만 4,500퍼센트나 상승했다.

2015년 6월, 애플의 표준 문구는 다시 한 번 수정되었다.

> 애플은 1984년 매킨토시를 도입하여 퍼스널 컴퓨터의 혁신을 일으켰다. 오늘날 애플은 아이폰, 아이패드, 맥, 애플 워치 애플 TV로 혁신 부문에서 세계를 선도한다. 애플의 4대 소프트웨어 플랫폼iOS, OS X, watchOS, TVOS은 모든 애플 장치에서 원활한 체험을 제공하고, 고객들에게 앱스토어, 애플 뮤직, 애플 페이, 아이클라우드를 포함하여 획기적인 서비스를 누릴 권한을 부여한다. 10만 애플 임직원들은 지구상에서 최고의 제품을 만들고, 후손들에게 더 나은 세상을 물려주기 위해 헌신하고 있다.

표현은 다시 원점으로 돌아왔다. 애플의 유산을 설명하기 위해 과거의 영화를 상기시켰다. 오늘날의 애플은 장치, 소프트웨어, 플랫폼, 서비스로 촘촘하게 짜인 소비자 생태계에서 세계 최고의 통치자로 묘사된다. 미래를 정의하던 세 번째 문장은 세상을 더 나은 곳으로 만들기 위한 지속적인 헌신으로 대체되었다. 이 문장은 애플 팬들에게는 믿음을 주겠지만, 애플에 회의적인 사람들에게는 교만하게 들릴 것이다.

애플의 표준 문구를 분석하면 기업의 온라인 흔적에서 얼마나 많은 정보를 찾을 수 있는지 알 수 있다. 세상은 변했다. 오늘날에는 불과 몇 년 전까지만 해도 접근할 수 없었던 정보에 온라인으로 접근할 수 있다. 인터넷은 우리가 채굴해야 할 비즈니스 통찰의 소중한 보고가 되었다.

애플의 표준 문구 변천사

	첫 번째 문장	두 번째 문장	세 번째 문장
2000년 1월	애플은 1970년대에 애플 II로 퍼스널 컴퓨터 혁명을 일으켰고, 1980년대에는 매킨토시로 퍼스널 컴퓨터를 처음부터 다시 만들었다.	이제 애플은 세계 140여 개국에서 최고의 퍼스널 컴퓨팅 장치를 생산하여 학생, 교육자, 설계자, 과학자, 엔지니어, 사업가, 소비자를 지원하는 원래의 임무에 다시금 헌신하려 한다.	
2000년 12월	애플은 1970년대에 애플 II로 퍼스널 컴퓨터 혁명을 일으켰고, 1980년대에는 매킨토시로 퍼스널 컴퓨터를 처음부터 다시 만들었다.	애플은 혁신적인 하드웨어, 소프트웨어, 인터넷 제품을 통해 최고의 퍼스널 컴퓨팅 경험을 전 세계의 학생, 교육자, 창조적 전문가, 소비자에게 전하기 위해 헌신한다.	
2004년 12월	애플은 1970년대에 애플 II로 퍼스널 컴퓨터 혁명을 일으켰고, 1980년대에 매킨토시로 퍼스널 컴퓨터를 처음부터 다시 만들었다.	오늘날 애플은 상을 받은 데스크톱 컴퓨터, 노트북 컴퓨터, OS X 운영 체제, 아이라이프, 전문 애플리케이션과 함께 혁신 부문에서 산업을 선도하고 있다.	또한 애플은 휴대용 뮤직 플레이어 아이팟과 온라인 스토어 아이튠즈와 함께 디지털 음악 혁명의 최선봉에 서 있다.
2007년 7월	애플은 1970년대에 애플 II로 퍼스널 컴퓨터 혁명을 일으켰고, 1980년대에 매킨토시로 퍼스널 컴퓨터를 처음부터 다시 만들었다.	오늘날 애플은 상을 받은 데스크톱 컴퓨터, 노트북 컴퓨터, OS X 운영 체제, 아이라이프, 전문 애플리케이션과 함께 혁신 부문에서 산업을 선도하고 있다.	또한 애플은 휴대용 뮤직 비디오 플레이어 아이팟과 온라인 스토어 아이튠즈와 함께 디지털 미디어 혁명의 최선봉에 서 있으며, 올해 혁신적인 아이폰과 함께 모바일 폰 시장에 뛰어들었다.

2010년 **12**월	애플은 OS X, 아이라이프, 아이워크, 전문 소프트웨어와 함께 세계 최고의 퍼스널 컴퓨터, 맥을 설계한다.	애플은 아이팟과 온라인 스토어 아이튠즈와 함께 디지털 음악 혁명을 선도한다.	애플은 혁신적인 아이폰과 앱스토어와 함께 모바일 폰을 처음부터 다시 만들고 있다. 최근 애플은 매혹적인 아이패드를 출시하여 모바일 미디어와 컴퓨팅 장치의 미래를 정의한다.
2015년 **6**월	애플은 1984년 매킨토시를 도입하여 퍼스널 컴퓨터의 혁신을 일으켰다.	오늘날 애플은 아이폰, 아이패드, 맥, 애플 워치, 애플 TV로 혁신 부문에서 세계를 선도한다. 애플의 4대 소프트웨어 플랫폼(iOS, OS X, watchOS, TVOS)은 모든 애플 장치에서 원활한 체험을 제공하고, 고객들에게 앱스토어, 애플 뮤직, 애플 페이, 아이클라우드를 포함하여 획기적인 서비스를 누릴 권한을 부여한다.	10만 애플 임직원들은 지구상에서 최고의 제품을 만들고, 후손들에게 더 나은 세상을 물려주기 위해 헌신하고 있다.

이 책의 뒷부분에서는 온라인 흔적에 대한 분석이 기업의 의사결정과 기업 경영과 지배 방식을 어떻게 변화시키는지 살펴볼 것이다.

Outside

Insight

2장

과거에 기반한 내부 데이터의 한계

대학교를 중퇴했던 래리 앨리슨Larry Ellison은 1977년 SDLSoftware Development Laboratories이라는 신생 기업을 설립했다. 그는 이전에 전자기기 제조회사 암펙스Ampex에서 일할 때, 영국의 컴퓨터 과학자 에드거 프랭크 코드Edgar Frank Codd가 IBM에서 근무하면서 1970년에 발표한 논문「대량 공용 데이터 뱅크용 데이터의 관계형 모델A Relational Model of Data for Large Shared Data Banks」을 읽은 적이 있었다. 앨리슨은 암펙스에서 다양한 프로젝트를 수행했는데, 그중에는 CIA를 위한 데이터베이스 프로젝트도 있었다. 그는 이를 오라클이라고 불렀는데, 이것이 결국 자신의 회사 이름이 되었다.

캘리포니아 주 레드우드 쇼어에 본사를 둔 오라클은 흔히 전사적 자원 관리Enterprise Resource Planning, ERP라는 데이터베이스와 기업 소프트웨어 시장을 지배하게 되었다. 오늘날 오라클은 세계에서 가장 강력한 기술 기업 중 하나로, 2015회계연도에 매출 382억 달러, 영업 이익 100억 달러를 기록했다.[1]

오라클의 설립자 래리 앨리슨은 애플의 스티브 잡스 혹은 마이크로소프트의 빌 게이츠만큼 유명하지는 않지만, 지금 우리가 살고 있는 세상을 만드는 데 이 두 사람만큼이나 공헌했다. 오라클이 등장하기 전까지 기업 데이터는 지하실에 처박혀 있어서 사람들이 접근하기가 어려웠다. 일부는 중앙 처리 장치에 저장되어 있었지만, 종이에 타자 혹은 수기 형태로 기록되어 서류철에 보관되기도 했다. 데이터의 대부분은 사용할 수 있는 형식이 아니었다. 따라서 의미를 해석하고 통찰을 얻기 위해 분석하는 것이 불가능했다. ERP 시스템의 등장은 이러한 내부 데이터를 서서히 디지털화하는 것을 의미했다. 실제로 2005년까지 「포춘」 500대 기업의 80퍼센트가 전사적 ERP 시스템을 설치했거나 설치 중이었다.[2]

시장이 고객 관계 관리customer relationship management, CRM, 재무, 인적 자원Human Resources, HR, 공급 체인(제품이 생산되어 판매되기까지의 모든 공급 과정-옮긴이), 비즈니스 인텔리전스(기업이 비즈니스를 더욱 합리적으로 이끌어갈 수 있도록 도와주는 일련의 소프트웨어 제품군. 기업의 방대한 데이터를 통계 분석과 같은 정형·비정형적인 방법으로 다양하게 분석해주기도 하고, 또 분석된 정보를 이해하기 쉽고 보기 좋은 보고서 형태로 가공하는 역할도 수행한다-옮긴이)와 같은 다양한 기능적 요구에 맞춘 소프트웨어를 찾기 시작하면서, 앨리슨은 10년에 걸쳐 무려 350억 달러라는 금액을 투입하여 사상 유례 없는 인수 잔치를 벌였다. 이러한 인수 잔치는 오라클 데이터베이스의 작업 흐름, 사업, 논리, 시각화와 보고 방식에 전문성을 더해주었고, 오라클을 세계에서 가장 신뢰받는 기업 소프트웨어 회사로 만들어주었다. 13장에서는 역사가 어떻게 반복되는지를 보여주고, 이러한 인수에 대해 자세히 살펴볼 것이다.

오늘날 우리는 기업 소프트웨어에 익숙해진 나머지, 이것이 1990년대 중반 이후부터 있었다는 사실을 쉽게 잊어버린다. 오늘날 기업 경영자들은 사업 실적을 파악하기 위해 기업의 ERP 시스템에만 전적으로 의존한다. 유럽에서 고객 유지율은 어떤가? 최근의 영업 사원 1인당 생산성은 어떤가? 신규 사업 부문이 수익에 얼마나 기여하는가? 지금 성장은 어느 부문에서 이뤄지는가? 가장 높은 투자 수익을 얻기 위한 방법은 무엇인가? 이 모든 질문에 대한 답을 ERP 시스템에서 찾을 수 있다.

래리 앨리슨이 설립한 오라클은 엄청난 규모를 지닌 완전히 새로운 산업의 선두에 서 있었다. 기술 연구 기업 가트너에 따르면, 2015년 서버, 장치, 기업 소프트웨어, 전문 서비스를 포함한 세계 연간 기업 IT 지출은 3.52조 달러에 달한다.[3] 이 금액을 다른 산업과 비교하면, 세계 자동차 산업을 넘어선다.

스티브 잡스가 소비자를 위해 컴퓨팅의 혁신을 일으켰다면, 래리 앨리슨은 기업을 위해 이런 일을 했다. 2016년 1월 오라클의 임직원 수는 13만 3,000명에 이르렀고, 「포춘」 500대 기업의 98퍼센트가 오라클 프로그램을 작동하고 있었다.[4] 앨리슨은 40년 넘게 실리콘밸리에서 가장 영향력이 큰 인물 중 한 사람이었다. 그는 오라클을 뛰어넘어 주요 클라우드 기반 기업 소프트웨어 회사인 세일즈포스Salesforce, 넷스위트NetSuite를 포함하여 다양한 실리콘밸리 성공 스토리에서 중요한 위치를 차지하고 있다.

2016년 1월 「포브스」에 따르면, 앨리슨은 순자산 540억 달러를 보유하여 세계 5대 부자로 랭크되었다. 이러한 금액은 페이스북, 구글, 아마존 설립자를 앞질렀고, IT 기업가 중에서는 유일하게 빌 게이츠에게만 뒤처진 것이다.

래리 앨리슨의 재산은 기업의 의사 결정 방식을 변화시켜 쌓은 것이다. 그가 개발한 소프트웨어는 기업의 내부 세계를 제대로 소통하지 못하는 비효율적인 시스템들의 집합소에서 기업 모든 부분의 정보가 엄격한 분석으로 이어지고 데이터에 근거하여 사려 깊게 결정하게 하는 효율적인 ERP 시스템으로 변화시켰다.

내부 데이터는 후행 데이터다

기업 경영자들은 오라클과 같은 ERP 시스템을 도입하여 내부 데이터에 효율적인 방식으로 접근할 수 없었던 예전의 상황을 크게 개선시킬 수 있었다.

ERP 시스템은 과거의 사건에 기반을 둔 후행 데이터를 포함한다는 명백한 한계를 갖는다. 재무 보고서에 나오는 수치는 과거에 일어난 행위와 투자의 최종 결과다. 영업 사원을 증원하는 데는 몇 달, 때로는 몇 분기가 걸린다. 많은 산업에서 제품을 개발하여 출시하는 데는 다년간에 걸친 투자가 필요하다. 우리는 ERP 시스템에서 데이터를 조사하고 분석하여 미세 조정된 세분화에 이르게 할 수 있다. 그러나 모든 노력을 기울여도, 우리가 얻을 수 있는 통찰은 과거에 관한 것이다.

이 책의 핵심 주제는 ERP 소프트웨어를 사용하는 데 신중을 기해야 한다는 것이다. ERP 시스템에 지나치게 의존하는 것은 위험하다. 내부 시스템에서 찾을 수 있는 정보에만 국한된 세계관을 형성할 수 있으며, 매혹적인 그래프와 분석에 쉽게 휘둘릴 수 있기 때문이다. 중요한 의사 결정을 할 때 ERP 시스템은 스스로 물어봐야 할 몇 가지 질문에만 답할 수 있다는 사실을 명심해야 한다.

현재 상황은 ERP 시스템에서 찾은 수치에 나타나지 않는다. 경쟁 기업의 최근 투자와 산업의 최근 동향도 마찬가지다. 내부 데이터는 대단히 엄격하게 만들어지기는 했지만, 미래에 대해 의사 결정을 할 때는 분명히 한계가 있다. 다음의 사례가 이러한 사실을 잘 보여준다.

2012년 멜트워터 캐나다 지사는 3년에 걸쳐 영업 활동을 했지만, 다른 사업부와는 대조적으로 실적이 좋지 않았다. 적자를 기록했고, 성장하지 못했고, 직원 유지율은 사내에서 최악이었다.

2013년 1월, 멜트워터 이사회는 열띤 논쟁을 벌였다. 사외이사들은 초라한 실적을 보면서 캐나다 사업을 접고 자본을 다른 시장에 투자할 것을 강력히 주장했다. 무엇보다 캐나다 지사는 가장 규모가 작고 중요도가 떨어지는 사업부였다. 나는 캐나다 시장에는 큰 문제가 없다고 주장했다. 경쟁 환경은 매력적이었고, 시장 성숙도는 번창하고 있는 다른 시장보다 훨씬 높았다. 나는 그곳에 적합한 관리자를 배치하지 않았기 때문에 이번 쟁점은 내부적인 문제라고 주장했다. 그리고 새로운 관리자를 배치하고 투자를 증액하는 대안을 제시했다.

이사회는 결국 내가 제시한 계획을 승인했다. 3년이 지난 후, 캐나다 지사는 멜트워터 내 20위라는 최악의 실적을 기록하던 사업부에서 5위로 상승했다. 연 성장률 55퍼센트라는 눈부신 성장과 함께 2016년을 맞이한 것이다.

멜트워터 이사회에서는 캐나다 지사의 사례를 두고두고 이야기한다. 우리는 과거 데이터를 자세히 조사하여 얻는 성과가 한정적이라는 사실을 스스로 상기시키기 위해 캐나다 지사 사례를 활용한다. 이는 한편으로는 과거가 미래를 정확하게만 예측해주지는 않기 때문이고, 다른 한편으로는 스프레드시트(숫자, 문자 데이터가 가로세로로 펼쳐져 있는 표를 입력하고 이것을 조작하여 데이터 처리를 할 수 있게 되어 있는 컴퓨터 응용 프로그램의 하나-옮긴이)를 통해 얻는 것이 한정되어 있기 때문이다. 기업 경영은 복잡한 활동이다. 여기서 가장 중요한 요소는 언제나 당신과 함께 일하는 사람에게 있다. 그들이 갖는 자신감, 열정, 신념이 미래의 사업 성과에서 언제나 가장 중요하다.

상위 조직으로 올라가며 강화되는 고립된 편견

ERP 시스템이 갖는 또 다른 문제는 회사의 내부 데이터를 고립된 상태에서 조사한다는 것이다. 경쟁 기업이 무엇을 하고 있는가에 대한 현재 정보가 없다. 산업 추세에 관해 신뢰할 만한 정보도 없다. 그리고 과거의 운영 효율성이라는 관점에 근거하여 세계관을 형성하게 된다.

고립된 상태에서 내부 데이터를 분석하면 경쟁 상황에 대해 잘못 이해할 수 있다. 프랑스 시장에서 자사의 제품 가격이 지난 12개월 동안 떨어졌다고 하자. 이는 시장 수요가 감소하여 나타난 현상인가? 아니면 경쟁이 치열해져서, 혹은 프랑스 영업 조직에서 자신감이 떨어져서 나타난 현상인가? 이는 회사의 내부 데이터를 조사하는 것만으로는 그 이유를 찾기가 아주 어렵다. 이것은 큰 문제가 아닐 수 없다. 문제의 근본 원인을 제대로 이해하지 않고서는 적절한 조치를 취하기가 어렵기 때문이다.

대개 경영자들은 내부 데이터를 해석하는 데 도움이 되는 제3자 데이터Third Party Data(데이터의 독점 사용을 제한할 수 있는 데이터 제공자 서비스에 대한 정보-옮긴이)를 확보하고 있지 않다(혹은 확보하기 위한 노력을 기울이지 않는다). 대신에 그들은 전적으로 정확할 수도 있고 그렇지 않을 수도 있는 선입견이나 믿음에 영향을 받는다.

이러한 고립된 편견insular bias은 분석 결과가 조직의 상층부를 거치면서 강화된다. 보고서가 이사회에 올라갈 때는 근본적인 사실이 여러 단계의 관리 계층을 거치면서 분석되고 구성되고 하나로 묶인다. 데이터는 각 단계마다 관리자들이 원하는 서술을 뒷받침하기 위해 손질된다. 일부 데이터는 과장되고, 일부는 축소된다. 보고서는 회사 상층부로 올라가면서 사실은 축소되고 서술이 강화되는 경향이 있다.

오늘날 세계가 변화하는 속도를 감안하면 내부에 지나치게 집중하는 것은 위험하다. 2000년 「포춘」 500대 기업의 40퍼센트가 10년 뒤에 사라졌다.[5] 이처럼 파괴적인 현상은 더욱 강화될 것이다. 2014년 매사추세츠 주 웰즐리의 밥슨 경영대학원 원장인 데니스 하노Dennis Hanno는 당시 「포춘」 500대 기업의 절반이 10년 이내에 사라질 것으로 예상했다.

변화에 신속하게 적응하지 못해 사라진 위대한 기업에 관한 이야기는 많다. 위대한 기업이 사라진 것은 지속적인 쇠퇴를 보여주는 데이터가 부족해서가 아니다. 문제는 선입견에 맞서 싸우면서 내부 편향을 타개하지 못한 데 있었다.

블랙베리의 잘못된 자신감

재키 맥니시Jacquie McNish와 숀 실코프Sean Silcoff의 저작 『패배와 신호: 블랙베리의 엄청난 성공과 극적인 실패 이면의 알려지지 않은 이야기에 따르면,[6] 블랙베리의 공동 CEO 마이크 라자리디스Mike Lazaridis와 짐 발실리Jim Balsillie는 2007년 1월에 아이폰을 처음 봤을 때 그들에게 위협이 되지 않는다고 판단했다고 한다. 그들은 자신의 모바일 기기가 업무용 사용자들에게 훨씬 낫다고 생각했다. 아이폰은 더 비싸고, 배터리 수명이 훨씬 짧고, 2G 라디오와 터치스크린 방식을 구현했다. 업무용 사용자들 중에서 과연 몇 명이나 아이폰을 사려고 할까? 클리블랜드에서 전화로 영업 상담을 할 예정이라면, 렌터카 주차장에서 나올 때까지 아이폰을 재충전해야 한다는 말이다.

그리고 단기적으로는 블랙베리의 CEO들이 옳았다. 이 캐나다의 모바일 폰 제조업체는 사용자 친화적인 키보드, 통합된 기업 보안, BBMBlackBerry Messenger이라는 혁신적인 메시징 시스템으로 업무용 사용자들에게 즐거움을 선사하며 꾸준히 성장했다. 2009년 1분기에 블랙베리는 미국 시장 점유율 55퍼센트, 세계 시장 점유율 20퍼센트를 기록하여 수익성이 높은 사업 부문에서 모범이 되었다.[7]

이후로 3년 동안 시장이 엄청나게 성장했는데도 캐나다의 모바일 폰 제조업체는 외면당했다. 사람들은 키보드 대신에 터치스크린을 구현한 신세대 스마트폰을 선호했다.

2012년 1분기에 성장은 커다란 타격을 받았다. 신제품 출시가 늦어진 것이 이러한 이유 중 하나로 꼽혔지만, 사용자 수가 정체된 것으로 보아 소비자들에게 경쟁사 제품에 대한 강력한 욕구가 발생한 것이 분명했다. 2012년 1분기 매출은 28억 달러를 기록하여 지난 분기에 비해 33퍼센트, 지난해에 비해서는 43퍼센트 감소했다. 따라서 RIMResearch in Motion(블랙베리의 제조사)의 신임 CEO

소스타인 하인즈Thorstein Heins가 회사의 미래를 걱정하면서, 전체 직원의 40퍼센트에 달하는 4,500명을 감원했다. 그는 캐나다 브로드캐스팅 라디오 인터뷰에서 이렇게 말했다. "지금으로서는 회사에 아무런 문제가 없습니다. 오히려 우리는 RIM이 통신하는 방식을 다시 한 번 변화시킬 과도기의 출발점에 있다고 생각합니다. (중략) 우리가 내년 1분기에 새로운 모바일 플랫폼인 블랙베리 10을 내놓을 준비가 되어 있기 때문에, 고객들에게 예전에 없던 강력한 서비스를 제공할 것으로 기대합니다."[8]

소스타인 하인즈의 기대는 실현되지 않았다. 블랙베리의 상황은 급격하게 악화되었다. 2013년 9월, 블랙베리는 2분기에 Z10의 판매 부진으로 10억 달러에 가까운 순손실을 기록했다고 발표했다.[9] 이 시기에 블랙베리는 고객과 시장 점유율에서 큰 출혈을 경험했다. 그해 연말까지 세계 시장 점유율이 0.6퍼센트까지 추락하여, 한때 스마트폰 부문에서 혁신을 선도하던 기업이 순식간에 나가떨어지고 말았다.

블랙베리라는 캐나다의 통신 회사이자 모바일 폰 제조업체의 몰락은 가장 극적인 실패를 보여주는 사례다. 블랙베리 내부자뿐만 아니라 시장 분석가들은 블랙베리가 업무용 모바일 폰 시장을 지배하다가 하루아침에 오직 살아남기 위해 몸부림치는 모습에 경악을 금치 못했다.

블랙베리 이야기는 기업의 내부 데이터가 갖는 한계를 극명히 보여준다. 2007년 아이폰이 처음으로 모습을 드러낼 때부터 2012년 충격적인 1분기 보고서가 나올 때까지, 블랙베리 고객은 800만 명에서 7,700만 명으로 거의 10배나 증가했다. 마찬가지로 인상적인 것은 분기별 매출 증가였다. 2007년 1분기에 10억 달러를 기록하던 블랙베리의 매출은 2011년 1분기에 55억 달러까지 치솟았다. 대부분의 분기마다 연간 40~100퍼센트의 증가율을 보인 것이다.

분기별 블랙베리 매출

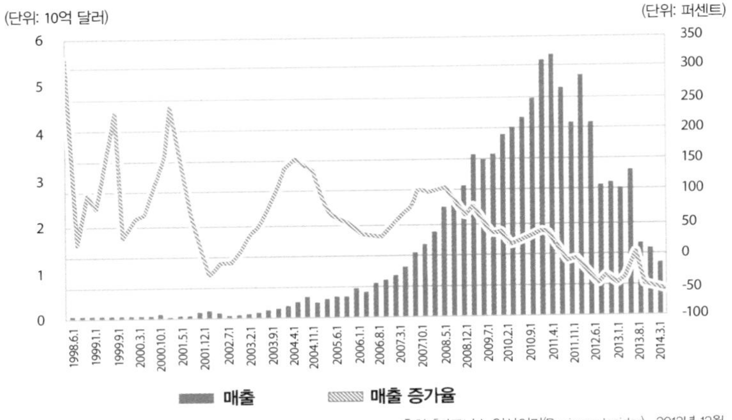

출처: 「비즈니스 인사이더(Business Insider)」, 2013년 12월

블랙베리의 매출 변화. 매출은 2011년 1분기에 최고치인 55억 달러를 기록할 때까지 크게 증가했다. 블랙베리는 매출이 이처럼 크게 증가하고 있었지만 시장 점유율은 낮아지고 있었고, 이는 조만간 어려운 지경에 빠져든다는 것을 예고했다.

지역별 블랙베리 시장 점유율

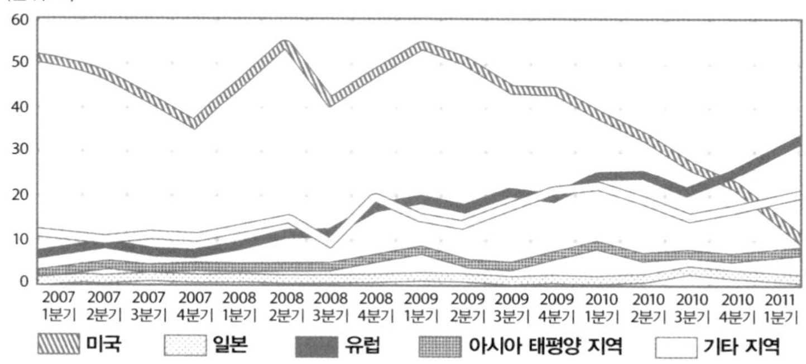

출처: 니드햄앤코(Needham & Co.), 2011년 6월

2009년 1분기부터 블랙베리의 미국 시장 점유율이 급락했다. 이처럼 부정적인 전개는 블랙베리의 몰락을 알리는 조기 경보였다.

블랙베리의 선적 점유율

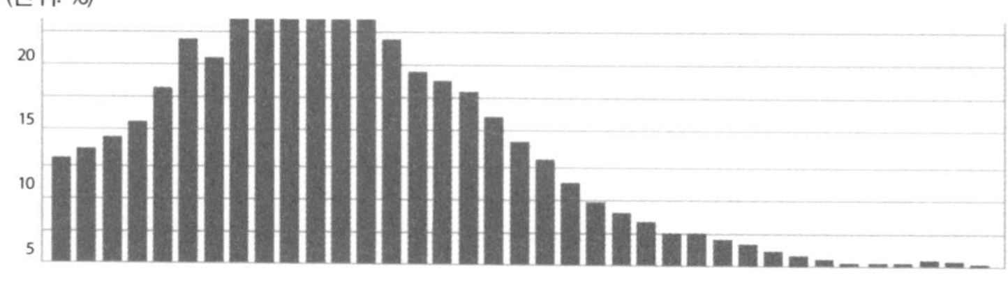

출처: 「포춘」을 통해 얻은 스테이티스타 자료, 2011년 6월

애플 아이폰이 출시되고 나서 2년이 지난 2009년 1분기까지 블랙베리의 세계 시장 점유율은 꾸준히 증가했다. 그러나 2010년 1분기부터는 빠른 속도로 추락했다.

블랙베리의 내부 데이터만을 바라보면, 블랙베리가 계속 성공할 것으로 생각할 수 있다. 그러나 내부 데이터가 전체 내용을 보여주지는 않는 것으로 드러났다. 내부 데이터는 정의상 편향될 수밖에 없다. 이것은 기업에 관한 풍부한 데이터를 포함하지만, 시장이나 경쟁 기업에 관한 직접적인 정보는 포함하지 않는다.

시장 점유율의 변화를 살펴보면, 상당히 다른 모습을 볼 수 있다. 2009년 1분기까지 거슬러 올라가서 문제가 발생하기 시작한 것이 분명해진다. 이때까지 블랙베리는 견실하게 성장하고 시장 점유율도 안정적으로 증가하여 세계 시장 점유율이 20퍼센트로 최고점을 찍었다. 그러나 이때부터 상당히 우려할 만한 상황이 전개되기 시작했다. 2009년 1분기 55퍼센트를 기록하던 미국 시장 점유율이 2년도 안 되어 12퍼센트까지 하락했다. 세계 시장 점유율은 이보다는 더디게 하락했지만, 3년이 지나서는 사람들의 기억에서 사라질 정도까지 추락했다.

2009년 1분기부터 블랙베리의 미국 시장 점유율이 급락했다. 이처럼 부정적인 전개는 블랙베리의 몰락을 알리는 조기 경보였다.

다른 모바일 폰 제조업체들을 살펴보면, 자신감에서 커다란 차이를 보여준다. 심비안Symbian의 노키아와 RIM의 블랙베리는 크게 실패했고, 애플과 안드로이드는 승리했다. 안드로이드는 시장 점유율 면에서 2010년 10퍼센트에서 2013년 80퍼센트라는 경이적인 기록을 달성하여 양적으로는 승리했다. 그러나 영업이익 측면에서는 그다지 높지 않은 15~20퍼센트의 시장 점유율을 꾸준히 유지하고 있는 애플이 지배적인 기업이라고 시장 분석가들은 판단한다.

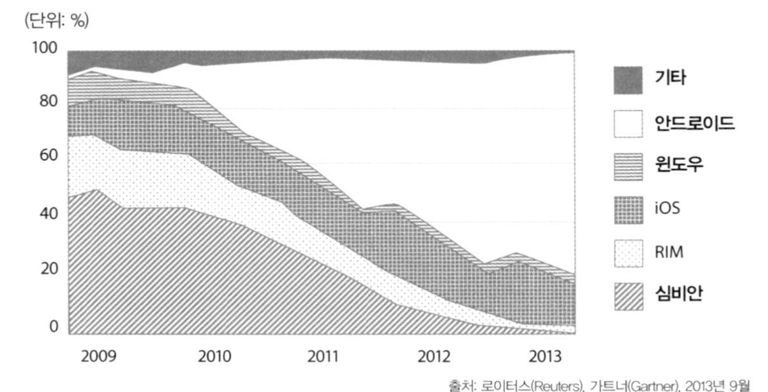

2009년부터 2013년 사이에 스마트폰 시장이 급격한 변화를 겪으면서, 심비안과 RIM이 크게 실패했고 애플과 안드로이드가 승리했다.

시장 조사 기관인 스트래티지 애널리틱스에 따르면, 애플 아이폰은 2013년 4분기에 114억 달러에 달하는 영업이익을 기록했는데, 이는 산업 전체 영업이익의 70퍼센트가 넘는다. 1년이 지난 2014년 4분기에는 애플 아이폰의 영업이익이 188억 달러까지 증가하여 산업 전체 영업 이익의 89퍼센트라는 엄청난 기록을 달성했다.

블랙베리가 몰락하게 된 이유는 복잡하다. 그러나 몰락의 중심에는 이 회사가 뛰어났던 부분, 즉 실물 키보드와 보안에 지나치게 집중하면서 시장 변화에 신속하게 적응하지 못했던 경영자가 있었다. 블랙베리는 인상적으로 성장했지만, 경쟁 기업이 더 빨리 성장했기 때문에 시장 점유율이 감소했다. 결국 블랙베리가 변화

세계 스마트폰 영업 이익

(단위 : 10억 달러)

구분	2013년 4분기	2014년 4분기
애플 iOS	11.4	18.8
안드로이드	4.8	2.4
마이크로소프트	0	0
블랙베리	0	0
기타	0	0
총계	16.2	21.2

세계 스마트폰 영업 이익 점유율

(단위 : %)

구분	2013년 4분기	2014년 4분기
애플 iOS	70.5	88.7
안드로이드	29.5	11.3
마이크로소프트	0	0
블랙베리	0	0
기타	0	0
총계	100.0	100.0
연간 총 증가율		31.4퍼센트

안드로이드가 2013년 4분기까지 80퍼센트에 달하는 압도적인 시장 점유율을 기록했지만, 애플이 영업이익의 대부분을 차지하고 있다. 2014년 4분기에 애플은 시장 점유율이 20퍼센트에 못 미쳤지만, 산업 전체 영업이익의 89퍼센트를 차지했다.

에 적절하게 대처하지 못했던 것이다.

경쟁 기업들은 신세대 스마트폰 사용자들의 요구를 충족시키면서 더욱 빨리 성장했다. 블랙베리는 인터넷 브라우징이나 미디어와 서비스를 이용하기 위한 앱과 같은 새로운 사용자들의 요구에 부응하지 않았다. 블랙베리 브라우저는 온라인 체험 환경이 열악했다. 그리고 앱 개발의 노력도 부족했을 뿐만 아니라 너무 늦게 시작했다. 애플이 이끄는 경쟁 기업들이 깔끔한 디자인, 고화질의 멋진 컬러 스크린, 예전과는 다른 혁신적인 터치 인터페이스를 가지고 사용자의 감성적 측면에 호소하는 동안, 블랙베리는 생산성을 높이기 위한 스마트폰 제작에만 몰두했다.

RIM의 최고 기술 책임자CTO 데이빗 야치David Yach는 자신들이 아이폰의 인기를 예상하지 못했다는 점을 인정했다. 그는 「월스트리트저널」과의 인터뷰에서 이렇게 말했다. "세상이 공평하다면, 이 제품은 실패했어야 했다. 그런데 실패하지 않았다. 나는 미美가 중요하다는 것을 깨달았다. (중략) RIM은 사람들이 이런 제품을 원한다는 사실을 믿으려 들지 않았다."[10]

블랙베리는 과거의 성공 방식에 지나치게 의존하면서 경쟁 기업을 지나치게 과소평가했다. 2011년에 매출이 엄청나게 증가하면서 블랙베리는 잘못된 자신감을 가졌고, 2009년 1분기에 최고점을 찍던 시장 점유율이 급락한 것을 인정하지 않았다. 2011년에 최고를 기록하던 매출이 3년 만에 80퍼센트 이상 감소했고, 이후로도 회복되지 않았다. 블랙베리는 변화하는 시장 요구에 적응하지 못했다. 블랙베리가 키보드 인터페이스를 가지고 이룬 지난날의 성공은 회사를 벼랑 끝으로 내모는 내부 편향을 낳고 말았다.

1801년 영국 해군 중장이던 넬슨 제독은 코펜하겐 전투에서 덴마크를 상대로 공격을 지휘했다. 당시 그가 철수를 알리는 깃발을 보지 않으려고 실명한 눈으로 망원경을 보았다는 것은 유명한 일화다. 넬슨 제독은 이미 마음을 정했고, 그가 가야 할 항로를 앞에 두고 흔들리고 싶지 않았던 것이다.

기업 소프트웨어는 기업의 의사 결정이 직감이 아니라 사실에 기초한 엄격한 규율에 따라 이루어지게 하겠다고 약속하지만, 필연적인 약점이 있다. 우리가 획득한 내부 데이터는 기업의 미래에 영향을 미치는 정보 중에 작은 부분만을 보여준다. 이러한 숫자를 통해 얻는 직관은 항상 내부 편향을 겪게 되고, 여러 단계의 관리 계층을 거치면서 더해진 주관적인 서술을 따르게 된다.

앞으로 이 시대의 의사 결정에서 나타나는 가장 커다란 사각지대가 어디에 있는지, 새로운 디지털 현실을 받아들이기 위해 새로운 의사 결정 패러다임이 어떤 방식으로 요구되는지를 설명할 것이다. 이러한 현실은 결과적으로 기업 소프트웨어의 도입만큼이나 경영자의 의사 결정 패러다임을 변화시킬, 완전히 새로운 소프트웨어 범주를 만들어낼 것이다.

Outside

Insight

3장

미래를 전망하는 외부 데이터 마이닝

레이스트랙RaceTrac은 미국에서 가장 큰 민간 기업 중 하나다. 2016년에는 12개 주에 걸쳐 주유소 편의점을 운영하면서 매출 75억 달러를 기록했다.[1] 조지아 주 애틀랜타에 본사를 둔 이 회사는 1934년에 설립되었는데, 볼치 가문이 3대에 걸쳐 경영하고 있다. 카를 볼치Carl Bolch, 카를 볼치 2세Carl Bolch Jr., 2012년에 CEO 자리를 넘겨받은 앨리슨 모런Allison Moran이 그들이다.

레이스트랙의 사업은 아주 좋아 보였다. 그러나 모런은 외부 데이터를 통해 소비자 수요를 전체적으로 이해함으로써 기회를 찾을 것으로 생각했다. 그 결과, 그녀는 어떤 요소가 판매에 영향을 주고 어떤 요소가 판매에 영향을 주지 않는지에 대해 감각을 키울 수 있었다. 편의점 산업은 마진이 얼마 되지 않는다. 그래서 판매대에 수요가 얼마 되지 않는 제품을 늘어놓는 것은 영업에 상당한 영향을 미칠 수 있다. 대부분의 레이스트랙 점포가 차지하는 공간이 5,000제곱피트(465제곱미터) 미만이기 때문에, 판매대가 차지하는 공간은 소중하다.

예전에는 650개가 넘는 레이스트랙 직영점과 제3자 계약으로 운영되는 점포에 대한 예측과 계획은 CEO, CFO 및 다양한 운영팀이 하는 일이었다. CEO 자리를 넘겨받은 모런은 기업 핵심 역량을 확대하고 싶었다. 그리고 이러한 핵심 역량 중의 하나가 미래 예측과 예측 모델링predictive modelling이었다.

레이스트랙의 재무 기획 분석 담당 이사 브래드 갤런드Brad Galland는 이렇게 말한다. "우리는 과거의 재무 정보, 실적, 인적 자원 지표와 같은 것을 엄청나게 많이 갖고 있습니다. 그러나 실제로 우리가 보는 것은 대부분 내부 데이터입니다. 우리는 시장 점유율처럼 세계에서 우리가 차지하는 부분을 제대로 이해해야겠다고 생각했습니다. 특히 어떤 해에는 두 자릿수 성장을 기록했습니다. 우리는 사내의 우리 점포를 중심으로 수익성을 바라보았습니다. 그리고 이런 질문을 하기 시작했습니다. '우리가 시장과 함께 성장만 하고 있는 것인가? 아니면 시장에서 활개를 치고 있는 것인가?' 우리가 아무것도 하지 않더라도, 여전히 두 자릿수 성장을 계속할까?"

2012년 연말에 레이스트랙은 예측 분석 회사인 프레비디어Prevedere를 찾았다. 그들은 광범위한 외부 데이터 신호를 함께 분석하고는 기상 데이터, 건설 통계, 제품 가격 책정, 제조업 추세가 모두 레이스트랙의 매출에 영향을 미친다는 사실을 확인했다.

갤런드는 이렇게 말한다. "그것은 실제로 우리 사업에 영향을 미쳤습니다. 특히 계획의 측면에서 말이죠. 예전에 연간 재무 예측을 할 때에는 '작년 매출이 X였어. 여기에 5퍼센트를 더하면 내년 매출이 어느 정도 나오겠지.'라는 식이었습니다. 이것은 여러 팀에서 예측한 것을 취합한 결과로 나온 것입니다. 예를 들어, 음료수 매출이 10퍼센트 증가할 것이고 캔디 매출이 12퍼센트 증가할 것이라고 생각하는 식이죠. 이런 방법도 괜찮기는 합니다. 다만, '나는 이렇게 생각해.', '우리는 그 정도는 할 수 있어야 해.', '적당한 목표처럼 들려.'라는 말이 너무 많이 등장하는 것을 제외하고는 말입니다.

지금은 현실에 근거한 것을 가지고 있습니다. 이제는 어느 정도 확실성을 가지고 말할 수 있습니다. 우리는 매출이 매년 9.7퍼센트씩 증가할 것이라고 상당히 자신 있게 말할 수 있습니다. 매출에 근거하여 마진과 함께 순이익까지도 예상할 수 있습니다. 이것은 상당히 의미 있는 일입니다."

레이스트랙은 외부 데이터 마이닝을 통해 쓸데없는 것에 주의를 뺏기지 않고 정확한 예측을 제공하는 지표에 초점을 맞추어서 각각의 제품 범주와 판매 지역에 대한 선행 성과 지표를 결정할 수 있었다. 레이스트랙은 고객 수에 관한 구체적인 정보를 얻었다. 그리고 이것을 외부 지표와 강력하게 연관된 제품과 결합하여 예측 오차를 15퍼센트까지 줄인 강력한 회귀 모델(관찰된 연속형 변수들에 대해 두 변수 사이의 모형을 구한 뒤 적합도를 측정해내는 분석 방법을 회귀 분석이라 하며, 이를 위한 모델을 회귀 모델이라 한다–옮긴이)을 설정할 수 있었다.

레이스트랙은 외부 데이터의 가치를 이해한 기업의 좋은 사례다. 그들은 외부 데이터에서 ERP 분석을 보완하고 미래를 전망하기 위한 정보를 찾았고, 회귀 모델을 통해 매출을 이끌어내는 중요한 외부 요소들을 확인할 수 있었다. 또한 예측 과정에 이러한 요소들을 포함시킴으로써 내부의 어림짐작을 대체할 수 있었고, 매출 예측의 정확도를 크게 개선시켰다.

기업 의사 결정의 불편한 진실

레이스트랙이 외부 데이터를 활용하며 보여준 엄밀성은 오늘날 흔히 찾아볼 수 없다. 한 가지 불편한 진실은, 오늘날 대부분의 기업이 온라인으로 얻을 수 있는 풍부한 비즈니스 통찰을 여전히 임시방편으로만 이용한다는 것이다.

지난 20년 동안 인터넷은 미래를 전망하기 위한 정보를 찾는 가장 소중한 원천이 되었다. 이것을 충분히 활용하지 않으면 이는 곧 기업의 의사 결정에서 가장 커다란 사각지대가 될 것이다.

기업 소프트웨어는 과거의 어림짐작을 대체했다. 그리고 기업이 생산성을 측정하고 내부 데이터에 근거하여 데이터에 입각한 의사 결정을 내리도록 지원하는, 완전히 새로운 산업을 탄생시켰다. 앞으로 개척해야 할 분야는 이와 같은 엄밀성을 가지고 외부 데이터를 마이닝하는 것이다.

이제는 빅 데이터와 예측 분석이 흔한 전문 용어가 되었다. 이제는 많은 기업들이 실질적인 가치를 창출하기 위해 이런 신기술을 실제로 적용하는 방법을 찾기 위해 몰두하고 있다. 기업이 엄밀하게 분석하기 위해 밟아야 할 다음 단계는 외부를 살펴보는 것이다. 모든 기업은 미래의 기업 실적에 긍정적이든 부정적이든 영향을 미치는 외부 요소들을 가지고 있다. 이러한 요소들을 이해하기 위해 외부 데이터를 마이닝하는 것은 마이클 포터Michael Porter의 5가지 힘(신규 진입자의 위협, 납품 업체의 협상력, 구매자의 협상력, 대체재의 위협, 산업 내의 기존 경쟁자 간 경쟁 강도를 의미한다-옮긴이)을 실시간으로 파악하는 청진기를 갖는 셈이다.

이러한 기회를 포착한 기업들은 엄청난 경쟁력을 가질 것이다. 그렇지 않은 기업들은 눈을 감고 달릴 것이다.

디지털카메라를 발명한 코닥의 흥망성쇠

1975년 12월, 25세의 전기공학 기술자 스티븐 새슨Steven Sasson은 업계 판도를 완전히 바꾼 제품을 발명했는데, 이 제품은 직원 수가 12만 명에 달하고 100여 년간 카메라 시장에서 세계를 석권한 자신의 고용주에게 심각한 타격을 입히는 결과를 낳았다. 그는 이렇게 말한다. “혁신은 해당 분야에 관해 아무것도 모르는 사람이 가장 잘 해냅니다." 렌셀러폴리테크닉대학교Rensselaer Polytechnic Institute를 졸업한 지 불과 1년 만에, 그는 관리자에게서 페어차일드 반도체Fairchild Semiconductor가 최근 개발한 새로운 칩 세트를 가지고 실험을 하라는 지시를 받았다. 이 실험은 미국 특허 4131919번이 되었고, 일반 사람들에게는 디지털카메라로 알려졌다.

새슨의 관리자는 새슨의 발명품에 깊은 인상을 받았지만, 이 기술이 회사 매출의 주요 원천인 사진 필름에 영향을 미칠 수 있기 때문에 추진하지 않기로 결정했다. 새슨의 고용주는 필름업계의 지존이었던 이스트먼 코닥Eastman Kodak이었다. 조지 이스트먼George Eastman이 1888년에 설립한 이 회사는 스틸 사진 필름 부문에서 설립자의 혁신 기술에 기반했다. 코닥은 '연필처럼 사용하기에 간편하고' 저렴한 가격대의 카메라를 제작하고 이 기술을 보통의 미국인들, 그리고 전 세계인들의 일상에 전파하여 사진을 전문 사진관에서 해방시켰다. 이스트먼은 빈틈없는 사업가였다. 카메라 산업에서 경쟁이 과열될 때, 그는 고품질의 저렴한 필름을 만드는 일에 집중하여 잠재적인 경쟁 기업을 사실상의 사업 파트너로 바꾸어놓았다. 이 과정에서 그는 한 세기가 넘도록 유지된 세계 제국을 건설했다. 코닥은 최전성기를 구가하던 1996년에 세계시장을 3분의 2 이상 점유했고, 160억 달러라는 경이적인 매출을 기록했으며, 시장가치가 310억 달러에 달했다. 당시 코닥의 브랜드 가치는 세계 5위였다.[2]

겨우 15년 후에 좋은 시절은 막을 내렸다. 2012년 1월 29일, 코닥이 파산 신청을 한 것이다. 한때 지존으로 추앙받던 기업이 외부 세계에서 일어나는 변화를 제대로 인식하지 못해 무너지고 만 것이다. 디지털카메라를 발명했던 코닥은 디지털 세계에 적응하기 위한 기술과 노하우를 모두 가지고 있었다. 그러나 코닥 경영진은 과거의 믿음에만 매달렸다. 그들은 외부 데이터를 모두 무시했고, 아날로그 필름과 하드 프린트(사진의 원판 인화에서 감광된 곳과 안 된 곳의 차가 현저하게 나타나도록 하는 것—옮긴이)의 우월성에 대한 믿음을 버리지 않았다. 이것이 치명적이었다.

2005년에 고전을 면치 못하던 거대 기업 코닥의 부활을 책임지고 회장 겸 CEO로 부임한 안토니오 페레스Antonio Pérez의 생각은 코닥의 최고 경영진이 기존 사업 모델에 대한 도전을 깨닫지 못했다는 사실을 여실히 보여주었다. 그의 생각은 '애플이 음악을 위해 하는 것을 코닥이 사진을 위해 하게 만든다.'는 것이었다. 다시 말해, 사람들이 이미지에 대한 개인적인 라이브러리를 구성하고 관리하게 하는 것이다. 이상적인 세계에서는 미래의 소비자들이 코닥 카메라를 가지고 사진을 찍고, 이것을 카메라의 메모리 카드에 저장하고, 코닥 프린터를 가지고 종이에 찍어내고 내장된 디지털 키오스크에서 편집하게 될 것이다.[3]

전기공학 기술자 출신이어서 기술에 문외한이 아닌 페레스가 기술이 소비자 행동과 예전의 사업 모델을 어떻게 변화시키고 있는가를 제대로 인식하지 못했던 것이다. 사람들은 디지털카메라를 좋아했다. 디지털카메라가 있으면 필름을 현상하고 인화하기까지 기다릴 필요도 없이 방금 전에 찍은 사진을 금방 볼 수 있었다. 아날로그 카메라에 익숙했던 나이 든 사람들은 처음 디지털카메라를 사용하여 사진을 찍을 때의 해방된 기분을 기억한다. 그리고 인터넷이 널리 보급되면서, 디지털 사진은 예전의 음화(사진을 찍었을 때 물체의 밝은 부분은 어둡게, 어두운 부분은 밝게 뒤바뀌어 재생된 화상-옮긴이)로는 결코 누릴 수 없었던 생동감을 보여주었다. 사진은 저장되고 온라인으로 공유되고 편집될 수 있었다. 사람들은 더 이상 사진을 종이에 인화하지 않아도 되어서 너무나도 만족했다.

코닥의 흥망성쇠에 관해서는 할 이야기가 많다. 지나고 나서 보면 훌륭한 전망을 내놓는 것이 어렵지 않다. 그러나 페레스 회장 시절에 널리 이용할 수 있었던 온라인 데이터를 조사하면, 가장 중요한 거시적 흐름이 한 세기에 걸친 거대 기업의 부활을 바라던 그의 생각과는 얼마나 극명한 대조를 이루는지 알 수 있다.

코닥이 파산을 신청하기 7년 전인 2005년에 페레스가 CEO로 임명되었을 때, 미국에서 아날로그 카메라의 시장 점유율은 20퍼센트로 하락했다. 5년 전만 해도 아날로그 카메라가 시장을 완전히 지배하여 시장 점유율은 80퍼센트에 달했다. 그 5년 동안 코닥의 주수입원이었던 필름 판매는 50퍼센트 하락했다.

이처럼 분명하게 나타나는 시장 추세에도 코닥은 적응하려 들지 않았다. 코닥은 소비자들이 원하는 것을 바라보지 않고 과거의

미국 아날로그 카메라 대 디지털카메라 판매량

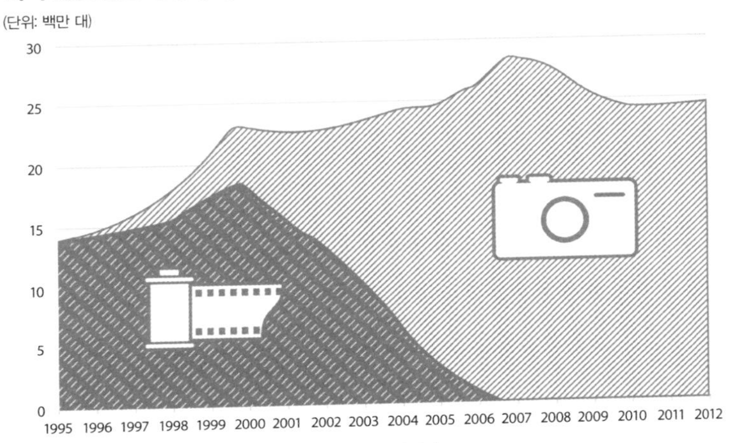

출처: 서드 웨이(Third Way), 2014년 4월

필름 판매의 감소

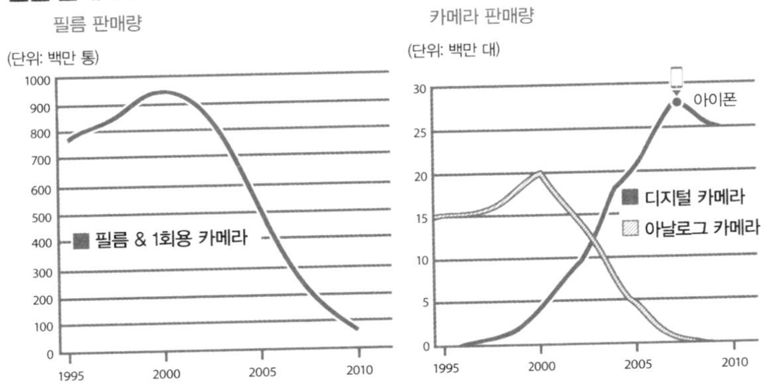

출처: 「테크놀로지 리뷰(Technology Review)」, 2012년

사업 모델에 집착했다. 케임브리지대학교에서 전략과 정책을 가르치는 카말 무니르Kamal Munir 교수는 코닥이 파산 신청을 한 후에 「월스트리트 저널 유럽」에 이렇게 적었다. "코닥은 마진이 70퍼센트나 남을 정도로 수익성이 아주 좋은 필름 사업을 놓치기 싫어서 소형 카메라, 디지털 코드 필름, 포토 CD(카메라로 찍은 사진을 TV나 컴퓨터 모니터로 볼 수 있는 콤팩트디스크. 필름이나 슬라이드의 화상을 스캐너를 통해 컴퓨터로 옮기고 다시 콤팩트디스크에 수록하는 과정을 거친다-옮긴이)와 같은 하이브리드 기술을 통해 여러 해에 걸쳐 필름의 수명을 연장하려 했다."[4]

코닥의 사례는 아날로그 사진에서 디지털 사진으로 옮겨 가는 세상의 변화를 외부 데이터가 어떻게 확실히 알려주는지 보여준다. 원래 사진 필름을 제작하는 화학 기업이었던 코닥은 외부 데이터가 전하는 이야기를 들으려 하지 않았다. 코닥의 디지털 이미지 사업부는 로체스터 본사에 틀어박혀 있으면서 독자적인 디지털 사업 모델을 확장하는 대신, 아날로그 필름 사업과 함께 시너지를 창출하는 임무를 맡았다.

코닥이 한때 사진 시장에서 지배적인 지위를 누렸지만(코닥 시절이라는 표현을 기억하라), 디지털 사진 시장에서 엄청난 가치를 창출하지는 못했다. 코닥이 코닥 갤러리라는 대규모 온라인 포토 서비스를 두었던 것이 아이러니할 뿐이다. 홍보 이사 리즈 스캔론Liz Scanlon에 따르면, 코닥 갤러리의 전성기인 2008년에는 사용자가 6,000만 명이 넘었고 관리하던 사진은 수십억 장이었다고 한다.

2012년 코닥이 파산 신청을 한 후, 코닥 갤러리는 주요 경쟁 기업이었던 셔터플라이에 2,380만 달러에 매각되었다.[5]

외부 데이터를 활용한 인스타그램의 급성장

2010년 3월, 버븐Burbn이라는 신생 기업이 베이스라인 벤처Baseline Ventures와 앤더슨 호로비츠Andreessen Horowitz에게서 50만 달러의 투자를 유치했다.[6] 버븐은 포스퀘어Foursquare를 본떠서 만든, 일종의 위치 기반 체크인 앱이었다. 사용자들은 특정한 위치에서 체크인을 하고, 무엇을 할 것인지 알리고, 친구들과 어울리면 점수를 얻고, 그들과 만나서 찍은 사진을 올릴 수 있었다. 그러나 이 앱은 인기를 끌지 못했다.

버븐의 공동 창업자 케빈 시스트롬Kevin Systrom과 마이크 크리거Mike Krieger는 이에 포기하지 않고 앱을 개조하는 작업을 계속했다. 그들은 사람들이 버븐의 체크인 기능을 전혀 사용하지 않는다는 사실을 발견했다. 사람들이 사용하는 것은 앱의 사진 공유 기능이었다. 케빈과 마이크는 우연히 흥미로운 사실을 발견했음을 깨달았다. 그들은 사진 공유에 초점을 맞추고 사진 공유 공간의 사용자들을 조사하고는, 사용자 친화적인 필터를 갖춘 멋진 힙스타매틱Hipstamatic과 사진 앱이 여전히 한정된 공유 능력을 갖는 페이스북과의 사이에 어떤 공간이 있다는 결론을 내렸다.

2010년 10월 12일, 그들은 세 번의 클릭으로 사진을 올릴 수 있는 간단한 사진 공유 앱을 출시했다. 이미지는 코닥 인스타매틱, 폴라로이드와 마찬가지로 사각형으로만 제한했다. 그리고 강력한 원클릭 필터로 실물을 개선하고 아름답게 만들 수 있었다. 이 앱이 바로 인스타그램인데, 불과 2개월 만에 사용자 수가 100만 명이 넘었다.

2011년 2월 2일, 인스타그램은 시리즈A 투자(실리콘밸리 투자자들은 첫 번째 의미 있는 외부 투자 라운드를 이렇게 부른다)에서 벤치마크 캐피털Benchmark Capital, 트위터 공동 창업자 잭 도시Jack Dorsey, 구글 전 특별 기획 책임자인 크리스 사카Chris Sacca, 페이스북 전 CTO 애덤 단젤로Adam D'Angelo를 포함한 여러 투자자에게서 700만 달러를 유치했다.[7] 이로 인해 인스타그램의 기업 가치는 약 2,500만 달러에 달했다.

인스타그램은 빠른 속도로 성장하여 2011년 9월 26일에는 사용자 수가 1,000만 명에 이르렀다.[8] 또한 애플이 주관하는 올해의 아이폰 앱으로 선정되었다.[9] 2012년 4월 3일 인스타그램이 구글 플레이에 등장하자, 안드로이드 버전의 다운로드 횟수는 하루도 안 되어 100만 회가 넘었다. 그 주에 인스타그램은 벤처 캐피털인 세콰이어 캐피털Sequoia capital, 스라이브 캐피털Thrive Capital, 그레이로크 파트너스Greylock Partners로부터 5,000만 달러를 유치하여 기업 가치가 5억 달러에 이르렀다.[10]

인스타그램의 성공에 관심을 가졌던 사람들 중에 26세에 페이스북을 창업했던 마크 저커버그도 있었다. 사용자 수가 8억 5,000만 명으로 세계에서 가장 규모가 큰 소셜 네트워크인 페이스북은 2개월 전에 50억 달러를 유치하기 위해 기업 공개 계획을 신청했다. 이럴 경우, 역사상 세계에서 가장 규모가 큰 기업 공개가 될 것이고, 페이스북 기업 가치가 1,000억 달러에 이를 것으로 전망되었다. 이러한 성공을 거두고도 페이스북은 모바일 플랫폼 부문에서는 뒤떨어져 있었기에, 인스타그램이 사진 공유 부문에서 인기를 한 몸에 받았다. 인스타그램은 직원 수가 10명 남짓 되는 아주 작고 매출도 없는 회사였다. 그런데도 저커버그는 위협을 느꼈다. 그는 지난여름에 이미 케빈 시스트롬에게 인수할 의향을 넌지시 비췄는데, 독립 회사를 창업하고 싶었던 시스트롬은 이를 거절했다고 한다.

2012년 4월 9일 월요일, 이스트먼 코닥이 파산 신청을 하고 3개월 후에 페이스북은 현금과 주식을 합쳐 10억 달러에 인스타그램을 인수했다.[11] 저커버그가 무슨 생각으로 이런 결정을 내렸는지 공식적으로 알려진 정보는 없지만, 이번 거래가 인스타그램이 구글 플레이에 화려하게 등장하고 6일이 지나서 이루어진 것은 적절했다. 그 6일 동안, 인스타그램의 안드로이드 버전을 다운로드한 사람이 500만 명에 달했다. 10억 달러짜리 인수가 이루어질 무렵 인스타그램 사용자는 2,700만 명에 불과했는데,[12] 이는 4년 전 코닥 갤러리 사용자의 절반에도 못 미치는 수였다.

인스타그램은 코닥 갤러리와는 다르게 엄청난 성장과 함께 대단한 가능성을 보였다. 인스타그램이 5,000만 달러를 유치한 다음

날, 저커버그가 시스트롬을 캘리포니아 주 팰로앨토의 자기 집으로 초대해 사흘에 걸쳐 CEO들 간의 합의 과정에 들어갔다. 저커버그는 시스트롬이 거절할 수 없는 가격을 제시하여 사진 공유 부문에서 선풍을 일으킨 앱을 인수했다.

인수 선언 후, 저커버그에게 비판이 쏟아졌다. 인스타그램은 18개월밖에 되지 않았고 종업원 수 13명에 매출도 없는 회사였다. 사용자 수는 3,000만 명에 달했지만 모두 앱을 공짜로 사용하고 있었고, 그들을 상대로 어떻게 돈을 벌 것인가에 대한 계획도 없었다. 저커버그가 성숙하지 못하고 일을 독단적으로 처리한다고 여기던 페이스북 주주들과 이사회 이사들은 이번 인수로 인해 불안에 떨었다.[13]

그로부터 3년이 조금 지난 2015년 9월, 인스타그램 사용자 수는 4억 명에 달했다. RBC캐피털마켓츠RBC Capital Markets의 애널리스트 마크 머해니Mark Mahaney는 2015년 연말 보고서에서 인스타그램이 페이스북에 '2016년의 스토리'가 될 것이라고 예상하고, 사진 공유를 통한 2016년 매출이 20억 달러에 달할 것으로 추정했다.[14] 뱅크 오브 아메리카 메릴 린치의 애널리스트 저스틴 포스트Justin Post와 조이스 트랜Joyce Tran도 인스타그램의 전망을 밝게 보았다. 그들은 2015년 연말에 작성한 고객을 위한 애널리스트 브리핑 보고서에서, 인스타그램만 따로 떼어 시장가치를 추정한 결과 300~370억 달러에 이를 것으로 보았다.[15] 그들의 연구 결과는 인스타그램이 중국 이외의 지역에서는 페이스북을 제외하고 가장 규모가 큰 소셜 네트워크라는 사실을 입증했다. 그들은 보고서에서 이렇게 적었다. "인스타그램이 앞으로도 계속 성장한다면, 2012년에 저커버그가 10억 달러에 구매한 것은 역사상 최고의 도둑질이 될 것이다."

인스타그램 이야기는 초기의 실패를 되돌아보고 18개월 동안 매출 한 푼 없이 10억 달러짜리 출구를 만들어낸 20대 기업가 두 사람에 관한 유명한 일화인 셈이다.

또한 세상이 어떻게 변해가는지 깊은 관심을 갖고 지켜보았던 세계적인 거대 기업에 관한 일화이기도 하다. 인스타그램은 페이스북에 비하면 보잘것없는 기업이었지만, 앱 애니와 같은 온라인 서비스를 통해 사용자 수가 급증한다는 사실을 확인할 수 있었다. 그리고 페이스북 설립자이자 CEO인 마크 저커버그가 이에 주목했다. 그는 페이스북이 주식 상장과 함께 기업 가치가 1,000억 달러에 이르던 정신없이 바쁜 시기에도 인스타그램을 당장 처리해야 할 잠재적인 위협으로 인식했다. 온라인에서 사진은 가장 매력적인 데이터 유형 중 하나다. 그리고 인스타그램 사용자 수가 계속 증가한다면, 인스타그램이 언젠가는 페이스북을 위협할 수 있다. 저커버그가 지출한 보험료 10억 달러는 거저나 다름없었다. 이 금액은 페이스북이 디지털 사진의 승자가 되게 했고, 소셜 미디어에서 모두가 인정하는 제왕의 입지를 굳혀주었다.

페이스북이 내부의 재무 지표만 생각했다면, 사진 부문에서 새로운 경쟁자가 출현한 단서를 찾지 못했을 것이다. 저커버그는 외부 데이터를 면밀하게 조사함으로써 인스타그램이라는 떠오르는 위협을 간파할 수 있었다.

1609년 갈릴레오 갈릴레이는 베니스 지배층에게 망원경을 선사하여 부와 명예를 얻었다. 그들은 항해선을 육안으로 확인할 때보다 망원경으로 두 시간 먼저 확인할 수 있었다. 이 기술은 당연히 군사적으로도 많은 혜택을 주었고, 큰 성공을 거두게 했다. 기업이 미래를 전망하는 통찰을 얻기 위해 외부 데이터를 채굴하면서 얻는 혜택도 마찬가지로 매력적이다. 2부에서는 이 작업을 체계적으로 실천하기 위해 의사 결정 패러다임을 제시할 것이다.

2부

의사 결정의 뉴 패러다임, 외부 통찰

4장. 새로운 의사 결정 시스템

5장. 외부 데이터의 가치

6장. 실시간의 가치

7장. 벤치마킹의 가치

Outside

Insight

4장

새로운
의사 결정 시스템

볼보 오션 레이스Volvo Ocean Race, VOR는 세계에서 가장 힘든 스포츠 이벤트 중 하나다. 일곱 팀이 스페인의 알리칸테Alicante에서 출발하여 9개월 동안에 모든 대륙의 항구를 경유하면서 세계를 한 바퀴 돌아 스웨덴의 예테보리에 도착하는 레이스를 펼치는 것이다.

1973년에 휘트브레드 라운드 더 월드 레이스라는 이름으로 처음 개최되어, 지금은 3년마다 열린다. 최근까지 요트의 설계에서 나타나는 특징(요트의 길이, 무게, 돛)이 속도에 커다란 영향을 미쳤다. 그러나 2014~2015년 레이스에서는 요트보다는 선원의 기술을 평가하는 경기가 되도록 규정이 바뀌었다. 각각의 요트가 이른바 '단일 설계'에 따라 제작되었기 때문에, 각 팀에는 설계상의 장단점이 변수가 되지 않았다. 세계 4대 선박 건조업체 중 하나가 레이스용 요트를 제작했는데, 이는 성공을 결정하는 변수가 오직 하나뿐이라는 의미였다. 그것은 대서양, 태평양, 인도양, 남양을 횡단하여 4만 4,580마일(약 7만 1,744.5킬로미터)에 걸친 레이스를 펼치는 선원들의 역량이었다.

커머셜 파트너십 책임자로서 비즈니스 인텔리전스를 관리하는 이니고 아스나르Iñigo Aznar는 이렇게 말한다. "우리는 지구상에서 가장 오랫동안 진행되는 스포츠 이벤트를 개최합니다. 9개월이 걸리죠. 이것은 지속적으로 데이터에 근거하여 의사 결정을 해야 한다는 의미입니다. 우리 이벤트는 예측할 수 없습니다. 언제 시작하는지, 언제 끝나는지는 압니다. 그러나 도중에 어떤 일이 발생할지는 아무도 모릅니다."

레이스가 진행되면 관제 센터에서 3초마다 요트가 전하는 데이터를 위성 기술을 이용하여 입수한다. 그리고 선원들의 생리 상태를 감시하려고 생체 인식Biometrics과 같은 분석 도구를 사용한다. 선원들은 하루에 일반인 1일 평균 소비량의 3~4배에 해당하는 6,000칼로리의 열량을 소비한다.[1] 알리칸테에 설치되어 정교하게 돌아가는 작전 본부에서 기상 데이터(바람, 얼음과 같은 위험을 감지한다)를 감시한다. 이곳에는 컴퓨터 하드웨어로 가득 찬 어두컴컴한 방이 있고, 벽에는 관제 센터용 스크린과 미디어 센터용 스크린이 걸려 있다.

VOR은 엄청난 양의 콘텐츠를 생산한다. 2014~2015년에는 레이스를 펼치는 동안 총 4,874분 분량의 동영상을 요트와 실시간으로 주고받았고, 이메일과 위성 방송을 위해 26만 5,267메가바이트에 달하는 데이터를 사용했다.[2] VOR의 모든 콘텐츠(유튜브, 트위터, 페이스북과 같은 소셜 채널뿐만 아니라 전통적인 미디어를 통해 제공된다)는 알리칸테에서 제작, 편집, 제공되었다. 아스나르는 이렇게 말했다. "우리는 요트에 동영상을 보내거나 받을 수 있습니다. 그리고 편집된 버전을 30분 안에 세계 각지의 미디어로 보낼 수 있습니다."

과거에는 각 팀이 설계하고 제작한 요트에 카메라를 설치했다. 신세대 요트는 고정된 카메라가 다섯 개 있고, 지상에서 동영상을 무선으로 실시간 전송하기 위한 업링크가 두 곳에 있어서 움직이는 방송실과 같다. 카메라는 원격 조정과 지시가 가능하고, 마이크는 어떠한 조건에서도 훌륭한 음질을 제공할 수 있도록 설치되었다(음향 장비와 카메라를 바람과 물에서 보호하는 것은 중요하다). 또한 요트마다 밤낮으로 인터뷰와 녹화를 하는 멀티미디어 저널리스트(카메라맨, 프로듀서, 에디터까지 1인 다역을 맡아 취재하는 사람을 말한다-옮긴이)도 있다.

아스나르는 이렇게 말한다. "요즘은 어제 일어난 일을 가지고 소식을 전하면 안 됩니다. 소셜 채널 때문에 모든 것을 즉시 전해야 합니다. 그래서 레이스를 신속하게 취재할 수 있도록 고품질의 시스템을 만들었습니다. 루이스 해밀턴Lewis Hamilton의 포뮬러 원 자동차 실내에 기자가 동석하는 것과 마찬가지죠. '기분이 어떻습니까?'"

어떤 구간에서는 선원들이 극도의 신체적, 정신적 피로를 경험하면서 때로는 위험한 조건에서 3주간이나 밤낮으로 쉬지 않고 레이스를 펼친다. 2014년 11월 29일, 베스타스 윈드Vestas Wind 팀은 좌초하여 인도양 모리셔스 섬에서 북동쪽으로 약 240해리 떨어진 카르가도스 카라조스 숄스Cargados Carajos Shoals 제도에서 오도 가도 못하고 있었다. 9명의 선원들은 결국 철수하고 말았다. 그중에는 경미한 부상을 입은 이도 있었다. 요트에 설치된 카메라가 이처럼 우울한 장면을 아주 자세하게 포착했다.

VOR은 야심 찬 비전을 가졌다. 아스나르는 VOR의 목표는 '세계 최고의 디지털 스포츠 경연'이 되는 것이라고 말했다. 주최 측은 후원자를 위해 가치를 창출해야 하고, 그러기 위해서 세계 수백만 명의 팬들과 멋지고도 감동적인 소통을 추구한다.

아스나르는 이렇게 말한다. "우리는 콘텐츠가 적절한지, 그렇지 않은지를 실시간으로 알아야 합니다. 그래서 우리가 페이스북에 동영상을 띄우고 보도 자료를 배포하고 인터뷰를 하려면, 세계 전역에서 레이스가 어떻게 진행되는지 알아야 합니다. 그런 다음에 의사 결정을 할 수 있습니다(어떤 스토리가 더 나은지를 알 수 있습니다). 우리도 다른 스포츠 이벤트와 마찬가지로 실적을 평가합니다. 그러나 실시간을 열망하는 마음은 그보다 훨씬 강합니다."

콘텐츠의 실적은 다양한 지표로 평가할 수 있다(어떤 트윗이 가장 많은 관심을 끄는가? 어떤 사진이 인스타그램에서 가장 많은 인기를 끄는가?). 예를 들어, 오후 12시부터 오후 2시 사이에 콘텐츠를 페이스북에 게시하면 관심도가 20퍼센트 증가하는 것으로 알려져 있다. 그리고 월요일부터 금요일 사이에 게시하는 것이 주말에 게시하는 것보다 낫다. 왜 그럴까? VOR 팬은 중산층이 많고, 따라서 관리직에 종사하는 경우가 많다. 이 데이터는 그들이 점심시간에 책상에 앉아서 레이스를 구경한다는 뜻이다.

이는 전략적으로 타이밍을 결정하게 만든다. 예를 들어, VOR 관계자들은 요트가 입항할 때 트래픽이 엄청나게 감소하는 것을 간파했다.

아스나르는 이렇게 말한다. "우리는 특정 시간대를 위해 가장 흥미로운 장면들 중에서 일부를 뒤로 미루었습니다. 이는 다양한 시장에서 일정한 수준을 유지하기 위해서입니다. 이와 같은 데이터 통찰은 어떻게 하면 소통을 활발하게 하여 실적을 더 많이 내고 결국 후원자들에게 더 많은 가치를 제공할 것인가에 관한 의사결정을 하는 데 정말로 도움이 됩니다."

기업은 VOR을 통해 배울 것이 많다. 9개월에 걸쳐 진행되는 요트 레이스는 대단히 엄격하게 기획된 작전이다. VOR은 망망대해라는 가혹한 조건에서도 내부 및 외부 데이터를 수집하기 위해 첨단 기술을 이용하고, 최고의 스포츠 이벤트와 관객 경험을 제공하기 위해 기술과 실시간 의사 결정을 그 한계까지 밀어붙인다.

승리했는가 혹은 패배했는가

기업의 의사 결정은 전면적인 개편을 위해 당연히 해야 하는 것이다. 지금은 이러한 의사 결정이 내부 데이터와 과거의 사건에 의해 진행된다. 그러면 온라인에서 얻을 수 있는 대량의 정보를 무시하게 되고, 빠르게 변하는 오늘날에도 적절하지 못한 분기 계획을 세우는 데서 헤어나지 못한다.

이제는 대기업이든 중소기업이든, VOR과 비슷한 방식으로 의사 결정을 내리는 방법을 배우고 있다. 이들은 자신을 둘러싼 세상을 이해하기 위해 투자하고 외부 데이터 마이닝으로 실시간 통찰을 얻는 데 앞장서고 있다.

이와 같이 의사 결정에 관한 새로운 접근 방식은 주요 성과 지표, 재무 지표, 연간 계획, 분기별 평가처럼 내부에만 집중하는 예전의 패러다임에서 벗어나게 한다. 대신에 이 방식은 경쟁 환경의 변화를 실시간으로 이해하기 위해 외부 데이터를 분석한다. 이것은 지금 기업이 하는 일에서 벗어나 산업이 하고 있는 일에 집중한다. 과거의 검토보다는 미래 예측에 더 많은 관심을 갖는다. 이것은 인터넷이 널리 보급되면서 활용할 수 있게 된 새로운 의사 결정 패러다임이다. 즉, 새로운 디지털 현실을 위한 새로운 의사 결정 패러다임인 것이다. 멜트워터에서는 이를 외부 통찰, 즉 아웃사이드 인사이트라고 한다.

외부 통찰 패러다임은 사업에 영향을 미치는 외부 요소의 변화를 탐지하고, 진로를 실시간으로 조정하고, 경쟁적 벤치마킹을 통해 최근의 조치가 지닌 효과를 평가하는 쪽으로 초점을 바꾼다.

기업 경영은 과거의 운영 데이터, 세계를 지배하기 위한 5개년

과거의 패러다임과 새로운 패러다임의 차이점

	과거의 패러다임	새로운 패러다임
주안점	내가 속한 기업	내가 속한 산업
정보 출처	내부	외부
분석 기술	후행 지표	선행 지표
리듬	분기	실시간
운영 형태	수동적	능동적

종합 계획에 대한 강박에서 벗어나게 될 것이다. 대신에 예측할 수 없는 미래를 받아들이고, 앞으로의 여정에서 취하는 모든 조치가 목표에 한발 더 가까이 다가가게끔 확인하는 것으로 바뀔 것이다. 그것은 눈앞에 펼쳐진 경관에 많은 관심을 기울이고, 도로에 나타나는 장애물을 피하고, 다가오는 기회를 활용하는 민첩한 접근 방식이 될 것이다.

이 이야기가 확실한 계획 없이 직감적으로 행동하는 것처럼 들릴 수도 있다. 나는 그 반대라고 주장하고 싶다. 확실한 전략은 앞으로도 중요할 것이다. 그러나 '계획'에서 엄밀성은 경쟁 환경에서 나타나는 변화를 실시간으로 탐지하기 위한 노력과 진로에 대한 효과적인 조정으로 초점을 옮겨 간다.

외부 통찰 패러다임에서 기업 경영은 일련의 A/B 테스트(어떤 대상이 버전 A에 비해 버전 B에 보이는 반응을 테스트하고, 두 버전 중 어떤 것이 더 효과적인지 판단함으로써 단일 변수에 대한 두 가지 버전을 비교하는 방법이다-옮긴이)를 하는 것처럼 보이기 시작할 것이다. 서로 다른 새로운 계획을 반복하여 적용하고 각각 얼마나 좋은 실적을 내는지 꼼꼼하게 평가한다. 효과가 있는 계획에 더 많이 투자하고, 효과가 없는 것으로 드러난 계획을 포기한다. 결정은 사실에 근거한다. 그리고 성공 혹은 실패를 판단하기 위해 사용하는 기준은 간단하다. 경쟁 기업에 승리했는가, 혹은 패배했는가?

의사 결정의 세 가지 주요 요소

외부 통찰 패러다임에서 의사 결정은 3가지 주요 요소에 따라 다르게 나타난다. 첫째, 외부 통찰 패러다임은 의사 결정 과정에서 중요한 요소로서 외부 데이터를 통해 미래를 전망하는 통찰을 제공한다. 둘째, 의사 결정은 외부 환경의 중요한 변화에 반응하여 실시간으로 일어난다. 셋째, 기업은 경쟁 기업을 벤치마킹하여 미래를 위한 그들의 발전과 계획을 평가한다.

첫째, 외부 데이터를 활용하라

온라인 시장 조사 기관 스타티스타Statista에 따르면, 2015년 세계 기업 소프트웨어 지출은 3,140억 달러에 달한다.[3] 이는 하드웨어와 전문 서비스 지출을 제외한 것이다. 이것을 2014년 세계 미디어 정보 시장 규모가 26억 달러에 불과하다는 시장 조사 기관 버튼-테일러Burton-Taylor의 추정치와 비교해보라.[4] 물론 외부 데이터에는 미디어 모니터링 말고도 많이 있지만, 이러한 비교는 여전히 의미가 있다. 이 두 연구 보고서를 비교하면 깜짝 놀랄 정도로 대조를 이룬다. 오늘날 기업이 내부 데이터를 이해하는 데 1달러를 쓴다면, 외부 데이터를 이해하는 데는 1센트를 쓴다.

지난 수십 년간 기업 소프트웨어는 기업이 사내에서 생산하는 풍부한 운영 데이터를 활용하도록 지원했다. 이제는 기업이 자신이 경쟁하는 세계가 어떻게 변해가고 있는지 이해하기 위해 외부 온라인 데이터를 분석하는 데에도 똑같은 엄밀성을 적용할 시기가 되었다. 기업은 외부 데이터를 진지하게 취급함으로써 중요한 외부 요소를 더 잘 이해하고, 내부 데이터에만 의존했을 때는 불가능했던 전략적 의사 결정을 추진하는 데 이를 사용할 수 있을 것이다.

노르웨이의 대표적인 유제품 회사 티네Tine는 새로운 경쟁 기업이 이익을 가장 많이 올리는 자사 제품 시장을 잠식하기 시작했을 때 이 사실을 깨달았다. 티네는 여러 해 동안 노르웨이에서 티네 이스카페TINE IsKaffe라는 아이스커피의 시장 점유율이 90퍼센트가 넘는 상황을 누리고 있었다. 티네는 선망의 대상이었고, 노르웨이 식료품 부문에서 완전히 새로운 제품 범주를 창출하고 견실하게 성장했다. 그런데 2010년에 필터 커피와 커피 열매 유통업체 프릴레Friele가 아이스커피 경쟁 제품으로 공격적인 마케팅을 펼치면서 시장에 진입하자, 티네의 입지가 흔들리기 시작했다.

이것은 완전한 기습이었다. 티네 경영진은 이 상황을 타개하기 위해 멜트워터를 찾아와 도움을 청했다. 티네는 이처럼 새로운 위협에 어떻게 대응해야 하는지 알고 싶었다. 그들이 우리를 찾아왔을 때 생각하고 있던 것은 회사 자원을 엄청나게 많이 투입해야 하는 푸시 마케팅(소비자의 욕구를 무시하고 표준화와 규격화에 따라 대량 생산된 상품을 광고를 통해 소비자에게 강제로 판매하는 기법–옮긴이) 전략이었다. 우리는 소셜 미디어에서 벌어지는 논의를 분석하고는 두 가지 중요한 사실을 확인할 수 있었다.

첫째, 프릴레가 신제품을 매우 성공적으로 출시했기 때문에 많은 사람들이 온라인에서 아이스커피에 관해 이야기하고 있었다. 프릴레 커피의 강점은 사람들이 새롭고도 멋진 알루미늄 포장을 정말 좋아한다는 것이었다. 젊은 세대 소비자들이 특히 그랬다.

둘째, 사람들이 프릴레 아이스커피의 맛에 매우 열광하는 것 같지는 않았고, 티네 아이스커피를 선호하는 것 같았다. 온라인에서 일반 여론은 프릴레 아이스커피가 너무 달다는 것이었다.

티네 관리자들은 이러한 사실에 근거하여 처음에 그들이 생각했던 많은 비용이 소요되는 광고 캠페인 대신에 기다리면서 상황을 지켜보는 접근 방식을 채택했다. 이는 훌륭한 결정이었다. 소셜 미디어에서 확인한 사실이 옳았다. 프릴레가 제품 포장을 멋지게 했지만, 아이스커피 부문에서 티네의 입지를 위협하지는 않았다. 프릴레는 시장에 진입할 수는 있었지만, 티네의 시장 점유율을 90퍼센트 아래로 끌어내릴 수는 없었다. 그러나 프릴레의 진입이 아이스커피 시장을 뜨겁게 달구었고, 이로부터 가장 많은 혜택을 입은 쪽은 시장을 지배하던 티네였다.

티네의 사례는 외부 데이터의 가치를 보여준다. 이번 경우에는 소셜 미디어가 주는 외부 데이터가 의사 결정을 내릴 수 있도록 했다. 프릴레가 출시한 새로운 경쟁 제품이 티네의 판매에 어떠한 영향을 미칠 것인지 기다리면서 지켜보는 대신에, 외부 데이터를 신속하게 분석함으로써 티네는 제품 포장에 대한 소비자 취향에 관해 소중한 단서(이것은 소셜 미디어 없이는 파악하기가 힘들다)를 확인하고 프릴레의 위협에 정확히 대처할 수 있었다.

둘째, 실시간으로 분석하라

외부 데이터는 생태계와 경쟁 환경이 어떻게 진화하고 있는가에 대한 실시간 전망을 제공한다. 실시간 분석을 활용하면, 기회와 위협을 이전보다 더 일찍 포착하고 이에 따라 행동하게 된다. 다음 분기의 방향을 정하기 위해 지난 분기의 결과를 이용하는 습관은 더 이상 좋은 방법이 아니다. 대신에 외부 데이터가 기업이 새롭게 전개되는 상황에 적응할 수 있도록 한다.

2008년, 세계에서 가장 규모가 큰 스포츠웨어 브랜드 중 하나가 멜트워터의 실시간 분석을 통해 문제를 인식했다. 영국에서 이 브랜드의 후드 스웨터가 범죄 행위와 관련되었는데, 경찰은 언론에 용의자들이 범죄를 저지를 때에 얼굴을 감추려고 이 브랜드의 후드 스웨터를 입는다고 밝혔다.

이제 회사는 이 상황을 고민하기 시작했다. 안타깝게도 브랜드가 강도들에게 이용당한 것이다. 다양한 부서에서 이 문제를 고민하면서, 회사는 어떻게 대처해야 할 것인지 걱정했다. 연구 개발팀은 피해자와 CCTV 카메라로부터 얼굴을 가리기 위해 후드 스웨터가 어떻게 이용되는지 정확한 메커니즘을 자세히 관찰했다. 스웨터는 원래 후드가 이마에서 몇 센티미터 정도 튀어나오도록 깊게 디자인되었다. 그래서 이것을 입으면 얼굴을 가릴 수 있다. 연구 개발팀은 디자인 변경이 가능한지를 검토하고, 드디어 브랜드를 지키고 문제를 해결하는 방법을 찾았다. 새로운 후드 스웨터는 앞쪽 가장자리를 당겨서 얼굴을 가리지 못하도록 디자인되었다. 새로운 후드 스웨터가 시판되고 나서는 영국 경찰이 이 브랜드를 거론하는 일이 점점 줄어들었다.

이 스포츠웨어 브랜드는 실시간 분석 덕분에 브랜드가 범죄 행위 때문에 손상되고 있는 사실을 확인했고, 이 문제를 해결하기 위해 제품을 다시 디자인하는 방법을 금방 찾아냈다. 이들은 신속하게 움직여서 문제가 확대되기 전에 해결할 수 있었고, 브랜드를 손상시키지 않고도 사건에서 빠져나올 수 있었다.

셋째, 경쟁 기업을 벤치마킹하라

외부 데이터를 통한 가장 매력적인 기회 중 하나는 경쟁 기업에 대해 자신의 기업만큼 많이 알 수 있다는 것이다. 이는 외부 통찰로만 얻을 수 있는 특별한 기회다. 외부 통찰은 경쟁 기업을 실시간으로 분석하도록 해준다. 벤치마킹을 통해 경쟁 기업과 비교하면서 자신의 강점과 약점에 대한 위대한 통찰을 창출하고 '산업에 참여한 기업과 비교하여 영업 사원을 얼마나 많이 고용하고 있는가? 자신의 브랜드는 경쟁 기업의 브랜드와 비교하여 주요 언론에서 얼마나 자주 긍정적으로 비춰지는가? 온라인 광고에 산업 평균보다 더 많이 지출하는가, 더 적게 지출하는가?'와 같은 중요한 질문에 대해 답할 수 있다.

따라서 나는 외부 통찰 기회가 '벤치마크 과학'이라고 생각하곤 한다. 외부 데이터를 사용하면 경쟁 기업에 맞서 얼마나 잘하고 있는지를 평가하기 위해 제3자 데이터에 근거하여 제대로 비교할 수 있다. 이러한 벤치마킹은 내부 편향과 잘못된 인식을 불식시키는 아주 솔직한 지표를 창출한다. 적절한 벤치마킹은 좋은 결과를 낳는 결정적인 요소가 될 수 있다.

하이크 메신저는 왓츠앱과 페이스북 메신저와 같은 거인에게 싸움을 걸던 인도의 토종 메시징 앱이다. 하이크 메신저가 2012년 인도에서 출범하자마자 큰 인기를 끌었다. 2016년 1월 2일, 하이크 메신저 사용자 수는 1억 명이 넘었다.[5] 그리고 최고 마케팅 경영자$_{\text{CMO}}$ 비두르 브야스$_{\text{Vidur Vyas}}$에 따르면, 앱 사용 횟수에서는 인도에서 시장 선도자 왓츠앱의 뒤를 이어 2위가 되었고, 페이스북 메신저를 크게 앞질렀다. 다윗과 골리앗의 싸움에서 하이크 메신저가 승리한 것은 외부 통찰과 벤치마킹을 세련되고도 현명하게 활용했기 때문이었다.

메시징은 미래의 온라인을 지배하기 위해 치열한 전투가 벌어지고 있는 아주 흥미로운 사업 공간이다. 가장 정교한 메시징 앱은 아시아에서 개발되었고, 중국의 위챗, 일본의 라인, 한국의 카카오가 시장을 선도한다. 이들 모두 하나의 통합 앱에서 완전한 전자상거래 솔루션, 택시 호출 앱, 모바일 지갑의 기능까지 제공한다. 이들은 메시징 앱이 전자상거래, 온라인 콘텐츠, 그 밖의 온라인 서비스를 위한 중요한 입구가 될 것이고, 서구의 페이스북, 구글, 아마존과 같은 온라인 거대 기업들이 많은 고민을 하게 만들 것임을 보여주었다. 이러한 고민은 2014년에 매출은 거의 없지만 아시아 밖에서는 가장 많은 사람들이 사용하는 메시징 앱인 왓츠앱을 페이스북이 인수하기 위해 190억 달러와 이사회 자리 하나를 제안한 것에서 확연히 드러난다.[6]

인도는 여전히 경쟁이 치열한 시장이다. 하이크 메신저는 가장 최근에 들어왔지만, 사용자들로부터 사랑받는 지역에 특화된 기능을 개발하여 왓츠앱과 페이스북 메신저가 지배하는 시장에서 점유율을 꾸준히 높일 수 있었다. 이러한 기능 중에는 이른바 '프라이빗 챗'이라는 것도 있다. 이것은 누구와 채팅을 하는지를 비밀로 하기 위해 사용되는데, 특히 청소년층에 인기가 많다. 비두르 브야스는 이렇게 말한다. "이 모든 기능이 소비자들이 무엇을 원하는지를 귀담아듣는 데서 출발합니다. 멜트워터와 같은 길잡이가 마케팅과 제품 개발의 분야를 바꾸어놓습니다. 우리는 소비

각종 메시징 앱의 비교

	출시일	월 사용자	시장	서비스	시장가치(달러)
위챗	2011년 1월	7억 명 (2016년 3월)	중국	전자 상거래, 소셜 미디어, TV, 게임, 식료품 배달, 택시 호출, 대금 납부	836억 달러 (2015년 8월)
라인	2011년 6월	4억 명 (2014년 6월)	일본	전자 상거래, 소셜 미디어, TV, 게임, 식료품 배달, 택시 호출, 대금 납부	90억 달러 (2016년 7월)
카카오톡	2010년 3월	1억 7,000만 명 (2015년 2월)	한국	전자 상거래, 소셜 미디어, TV, 게임, 식료품 배달, 택시 호출, 대금 납부	30억 달러 (2015년 3월)
왓츠앱	2010년 1월	10억 명 (2016년 1월)	나머지 세계 전역	즉각적인 메시징, 음성 호출	190억 달러 (2014년 1월)
하이크	2012년 12월	1억 명 (2016년 1월)	인도	즉각적인 메시징, 음성 호출, 파일 공유, 쿠폰, 게임, 챗봇, 콘텐츠	14억 (2016년 8월)

자의 요구를 이해하고, 제품 기능에서 투자의 우선순위를 정하고, 효과적인 마케팅 캠페인을 기획하기 위해 이러한 길잡이를 이용합니다. 우리는 무엇이 잘 돌아가고 무엇이 그렇지 않은지를 이해하기 위해 경쟁적 벤치마킹을 실시간으로 제공하는 계기판을 사용합니다."

하이크 메신저의 성공 비결은 단순했지만 매우 효과적이었다. 하이크 메신저는 출범 이후로 약 3년 반이 지난 2016년 8월에 1억 7,500만 달러의 자본을 유치하여 기업 가치가 14억 달러에 달했다.[7] 이번 자본 조달은 중국 시장을 지배하는 위챗의 소유주인 텐센트 주도로 이루어졌다. 지역에서만 활동하는 약체인 하이크 메신저는 하루아침에 현금이 넘치는 부자가 되었고, 위챗의 경험을 활용하여 수준 높은 온라인 서비스를 출시할 수 있게 되었다. 하이크 메신저가 갑자기 인도 온라인 시장 지배권을 놓고 마크 저커버그가 두려워하는 경쟁자로 떠오른 것이다.

Outside

Insight

5장

외부 데이터의 가치

내부 편향과 잘못된 인식은 여러 가지 규모와 형태로 드러난다. 누구나 내부 편향과 잘못된 인식을 가지고 있다. 모든 기업의 사내 작동 방식은 이러한 내부 편향과 잘못된 인식으로 가득하다. 일부는 단순한 것이기도 하지만, 아주 심각한 것도 있다. 이번 장에서는 미국 사회에 수조 달러의 손실을 입히고 수백만 가정에도 피해를 끼친 잘못된 인식에 대해 살펴볼 것이다. 또한 내부 편향과 잘못된 인식이 얼마나 위험한지, 항상 외부 데이터를 살펴보는 것이 얼마나 중요한지 강하게 각인시킬 것이다.

2016년 오스카상을 수상하고 크리스찬 베일, 브래드 피트, 스티브 카렐, 라이언 고슬링이 주연한 영화 〈빅 쇼트〉는 4명의 남자들이 2003~2004년 은행 대출에 관한 공공 데이터를 분석하여 다른 사람들이 볼 수 없었던 것을 알아낸 이야기다.

베일이 마이클 버리 역을 맡았는데, 버리는 시온캐피털에서 헤지펀드 매니저로 일하면서 이미 2005년에 금융 위기가 일어날 것을 예측했던 사람이다. 버리는 서브프라임 모기지 채권이 어떻게 작동하는지를 이해하기 위해 다양한 모기지 채권 안내서 수백 개를 훑어보고, 그중 수십 개는 꼼꼼하게 읽어봤다. 각 안내서는 130쪽에 달했는데, 원저자 마이클 루이스Michael Lewis에 따르면 원고를 작성한 법률가를 제외하고 이를 자세히 읽어본 사람은 오직 버리 한 사람뿐이라고 한다. 버리는 이 정보를 가지고 주택 시장의 반대 흐름에 돈을 투자하였는데 결과적으로 펀드와 고객을 위해 엄청난 수익을 올렸다.

2005년 중반에 종합주가지수가 6.84퍼센트 떨어지는 동안, 버리의 펀드는 242퍼센트 올랐고 투자자들을 돌려보내야 할 정도였다.[1] 2008년 6월 30일, 2000년 11월 1일부터 시온캐피털과 함께했던 투자자들은 수수료와 비용을 제하고도 489.34퍼센트의 수익률을 기록했다(이 펀드의 총수익률은 726퍼센트였다). 같은 기간에 S&P 500은 2퍼센트를 조금 상회하는 정도였다.

고립된 편견을 바로잡다

버리가 주택 시장의 반대편에 서서 벌 수 있었던 것은 그가 어느 누구도 보지 못한 것을 보았기 때문이다. 그가 초능력을 지닌 비결은 간단했다. 모기지 채권 안내서를 읽는 것이었다. 이것은 누구라도 원하기만 하면 무료로 얻을 수 있는 정보였다. 그런데 어느 누구도 이것을 읽으려고 하지 않았다.

버리가 반대편에 걸었던 금융 상품은 서브프라임 담보부증권Mortgage-Backed Securities, MBS과 부채담보부증권Collateralized Debt obligation, CDO이었다. 일반적인 통념에 따르면, 이러한 금융 상품은 금융 산업에서 최고의 위험 전문가들이 설계한 것으로 실패할 수가 없다. 이러한 금융 상품은 신용 평가 기관에서 '부도로부터 안전하다'는 최고 AAA 등급을 부여받고, 높은 수익률 때문에 인기가 높다. 2004년부터 2006년까지 서브프라임 대출 시장이 모기지 시장에서 차지하는 비중은 8퍼센트에서 20퍼센트로 상승했고, 서브프라임 대출 규모는 절정에 도달한 2007년 3월에 무려 1.3조 달러를 기록했다.[2]

이러한 금융 상품에 부여된 최고의 신용 등급은 주택 가격이 상승하고 모기지 체납이 예전 수준에서 머물 것이라는 가정에 근거했다. 버리는 모기지 채권 안내서를 자세히 읽고는 이러한 가정이 잘못됐음을 깨달았다. 서브프라임 금융 상품에 대한 수요는 모기지 대출 자격을 완화시켰다. 버리는 모기지 체납에서 놀라운 추세를 발견하고는 이것이 과거의 수준과 비교하여 더욱 만연해질 것이고, 이 과정에서 주택 가격이 하락하게끔 압박할 것이라고 생각했다.

버리는 전 세계가 앞으로 잘못된 것으로 드러날 선입견에 의지하고 있다는 것을 깨달았다. 모두가 틀렸고, 경제는 곧 무너져 내릴 것이다. 그는 확신하고 또 확신했지만 매번 같은 결론에 도달했다.

버리는 골드만삭스가 새로운 금융 상품을 내놓을 때 역발상으로 주택 시장이 하락하는 쪽에 투자했다. 당시 AAA 등급 모기지 채권의 가치가 하락할 것이라는 생각은 말도 안 되는 것으로 여겨졌고, 따라서 이전까지 그런 생각을 하는 사람은 아무도 없었다.

이 영화에서 기억에 남을 만한 장면은 골드만삭스와의 협상에서 버리가 골드만삭스가 파산할 경우에 대비하여 마지막으로 담보물을 요구하는 모습이었다. 버리는 은행들이 파산할 수 있다는 것이 정말 두려웠고, 골드만삭스라고 해도 지급 능력을 신뢰하지 않았다. 버리의 예상이 실현되기 전에는 그는 투자자들의 대규모 반란으로 어려움을 겪기도 했다. 투자자들이 버리가 미친 사람이라고 생각하고 돈을 돌려달라고 요구했던 것이다.

잘 알다시피, 버리의 예상은 실현되었다. 2007년 10월, 서브프라임 변동 금리 모기지의 약 16퍼센트는 90일 동안 체납되거나 대출 기관의 압류 절차가 진행 중이었다. 이는 2005년과 비교하면 거의 3배에 달했다. 2008년 1월 체납율은 21퍼센트까지 증가했고, 같은 해 5월에는 25퍼센트까지 증가했다. 2007년 8월부터 2008년 10월까지 미국 주택 중 거의 100만 호에 대해 압류 절차가 마무리되었고, 그 결과 주택 가격이 30퍼센트나 하락했다.

2007년과 2008년의 서브프라임 위기는 미국과 유럽 경제에 심각하고도 장기적인 영향을 미쳤다. 미국은 극심한 경기 침체에 빠져들었고 2008년과 2009년 사이에 일자리가 900만 개나 사라졌다(노동 인구의 6퍼센트에 해당한다). 2008년 11월 초 미국 주식시장은 정점을 찍던 2007년에 비해 45퍼센트나 하락했다. 이번 위기는 모든 사람들에게 영향을 미쳤다. 투자은행가이자 클린턴 행정부 시절 재무부 부장관을 지냈던 로저 앨트먼Roger C. Altman은 「포린어페어스」에 실린 논문에서 2007년 6월부터 2008년 11월까지 미국인들이 순자산의 4분의 1 이상을 잃어버린 것으로 추정했다.[3]

미국에서 시작된 위기는 유럽으로 퍼져갔다. 그리스, 포르투갈, 아일랜드, 스페인, 키프로스와 같은 국가는 국가 채무를 상환하거나 차환할 수 없었고, 과다 채무 상태에 있는 은행에 구제 금융을 지원할 수도 없었다. 따라서 다른 유로화 지역 국가, 유럽중앙은행European Central Bank, ECB, 국제통화기금International Monetary Fund, IMF에 지원을 요청해야 했다. 유럽도 2008년부터 2012년 사이에 높은 실업률과 9,400억 유로에 달하는 은행 부문의 손실로 깊은 고민에 빠졌다.[4]

2010년 4월 4일, 이제는 세계적으로 유명해진 마이클 버리가 「뉴욕타임스」 특집 칼럼에서 2003년부터 2005년까지 금융 시장을 유심히 살펴봤던 사람이라면 누구든지 서브프라임 시장에서 점점 커가는 위기를 인식할 수 있었을 것이라고 주장했다.[5] 그 후로 버리는 이렇게 말했다. "나는 좋은 먹잇감으로 가치가 하락할 만한 채권을 찾아 나서지는 않습니다. 오히려 가치가 상승할 만한 채권을 찾습니다. 그런데 저는 모기지 채권의 가치가 하락하는 쪽에 걸었습니다. 그렇게 해야 했기 때문이죠. 모든 논리가 나를 그쪽으로 이끌었고, 그렇게 해야만 했습니다."[6]

버리는 공개된 정보를 분석하여 전 세계가 현대사에서 가장 큰 금융 위기를 초래한, 잘못된 인식을 하고 있는 것을 밝혀냈다.

뒤치다꺼리를 하다

서브프라임 위기는 전 세계의 거대 은행들이 무릎을 꿇게 만들었다. 세계의 은행 시스템이 붕괴되어 모두 재산을 잃고 세상이 금융 아마겟돈에 빠져들 것이라는 두려움이 만연했다.

나는 앞으로 벌어지게 될 일을 제대로 이해하지는 못했지만, 투자은행가들과 하버드 졸업생들이 공황 상태에 빠져서 자산을 금과 외딴곳의 농지로 바꿀 것이라고 생각했다. 그들은 화폐가 가치를 잃을 것을 두려워했기 때문에 금을 찾을 것이고, 사회불안을 피하고 먹을 것을 재배하기 위해 농지를 찾을 것이다. 이렇게 하려고 했던 사람들은 엄청난 두려움에 떨었다.

전 세계의 정부는 절망에 빠진 은행을 구제하고 경제 붕괴를 막아야 했다. 이는 미국, 영국, 벨기에, 프랑스, 독일, 아이슬란드, 아일랜드, 룩셈부르크, 네덜란드와 같은 국가에 해당되었다. 세상 사람들은 은행을 믿지 않고 예금을 걱정하기 시작했다. 은행이 약점을 보이면, 사람들이 예금을 찾기 위해 한순간에 은행으로 몰려든다.

2007년 9월 14일, 영국에서 다섯 번째 규모의 모기지 대출 기관 노던 록Northern Rock이 정부에 재정 지원을 요구하면서 공황이 일어나 예금 총액의 약 10퍼센트인 20억 파운드가 불과 48시간 만에 빠져나갔다.[7] 첼트넘 지점에서는 공동 예금 계좌를 보유한 두 사람이 은행 관리자가 예금 100만 파운드 지급을 거부하자 사무실 진입을 가로막으면서, 경찰이 출동하는 일도 발생했다.[8] 그들의 계좌는 인터넷으로만 인출할 수 있는 계좌였다. 그런데 노던 록 웹사이트가 로그온을 시도하는 고객이 워낙 많아서 다운되자, 그들은 계좌에 접속할 수가 없었던 것이다. 2월 22일 정부는 노던 록의 파산을 막기 위해 국유화하기로 결정했다. 이 과정에서 노던 록 주주들은 파산했지만, 고객의 예금은 보호되었다.

위기가 절정에 이르렀을 때, 나는 우리가 거래하는 미국 은행의 건전성을 걱정했다. 나는 멜트워터를 지키기 위해 미국 내에 예치된 금융 자산을 모두 미국 밖으로 옮기라고 지시했다. 우리는 여분의 현금을 네덜란드의 은행 계좌로 송금했다. 공황 상태에 빠져서 자산을 금이나 외딴곳의 농지로 바꾸지는 않았지만, 어떠한 위험이든 감수하고 싶지 않았다. 며칠이 지나, 우리가 거래하던 네덜란드의 은행도 서브프라임 노출이 심각하다고 선언했다. 이번에는 예금을 노르웨이로 옮겼다. 유럽의 추운 변방에 처박혀 있는 조용하고도 작은 국가 노르웨이가 이처럼 불확실한 시기에는 현금을 맡기기에 가장 안전한 곳으로 밝혀졌다.

서브프라임 위기 이후 미국 금융기관들이 받은 자금

회사명	기관	지원 금액(달러)
패니 메이	정부 지원을 받는 기업	1,161억 달러
프레디 맥	정부 지원을 받는 기업	713억 달러
AIG	보험 회사	678억 달러
뱅크 오브 아메리카	은행	450억 달러
JP모건 체이스	은행	250억 달러
웰스 파고	은행	250억 달러
GMAC(현재 앨리 파이낸셜Ally Financial)	금융 서비스 기관	162억 달러
골드만삭스	은행	100억 달러
모건 스탠리	은행	100억 달러

서브프라임 위기는 미국에서 발생했고, 바로 이곳에서 그 피해가 가장 강렬하게 느껴졌다. 2008년 10월 3일, 파산을 눈앞에 둔 미국 은행을 살리기 위해 7,000억 달러 규모의 긴급 유동성 지원을 주요 골자로 하는 법안이 의회에서 통과되었다.[9] 수혜자는 패니 메이Fannie Mae, 프레디 맥Freddie Mac, 골드만삭스, 뱅크 오브 아메리카, JP모건 체이스, 웰스 파고Wells Fargo, 시티그룹, 모건 스탠리, 베어스턴스Bear Stearns, 아메리칸 익스프레스를 포함하여 미국에서 가장 규모가 큰 은행들이었다. 온라인 아웃렛 Propublica.org는 구제 자금 추적Bailout Tracker이라는 뛰어난 기능을 개발했는데,

이는 모든 수혜자에게 돌아가는 모든 달러를 추적한다. 총 43개의 은행과 보험 회사가 구제 자금으로 보호받았다. 이들 중에 베어스턴스와 AIG는 막판에 구제된 것으로 유명하다.

설립된 지 85년이 지난 베어스턴스는 1930년대 대공황 시기에 단 한 명도 해고하지 않은 것으로 유명한 투자은행이다. 그런데도 모기지 위기는 이 은행까지 무릎을 꿇게 했다. 2007년 말 베어스턴스는 레버리지 비율(기업이 타인 자본에 의존하는 정도와 타인 자본이 기업에 미치는 영향을 측정하는 모든 비율. 극단적으로 높은 레버리지 비율은 파산의 원인이 될 수 있다–옮긴이)이 35.6 대 1이었다. 2008년 3월 16일, 뉴욕연방준비은행은 베어스턴스 CEO 앨런 슈워츠Alan Schwartz에게 항복 선언을 하고 회사를 JP모건 체이스에 주당 10달러에 매각하도록 했다. 이는 금융 위기 이전에 52주 동안 가장 높았던 주식 가격에서 92.5퍼센트를 할인한 금액에 해당한다.[10] 전체 주식의 약 30퍼센트를 소유했던 직원 1만 4,000명이 이번 거래에서 총 200억 달러를 날렸다. 그러나 은행은 구제되었고, 직원들은 직장을 잃지는 않았다.

세계 최대의 보험 회사 AIG는 미국뿐만 아니라 전 세계에서 거래되는 서브프라임 금융 상품의 상당 부분을 보장하면서 서브프라임 위기에 깊이 빠져들었다. 2008년 9월 16일, 상상하지 못했던 일이 벌어졌다. 설립된 지 88년이 되었고 전 세계의 개인과 기업을 보호해줄 것이라고 여겨지던 회사가 생존을 위해 몸부림치면서 파산에서 보호해달라고 요청했다. 미국 정부는 납세자에게서 받은 850억 달러로 이 회사의 소유권 지분 79퍼센트를 확보했다.[11] 이는 AIG 주식 소유자들에게는 엄청난 손실이었지만, 그 대안은 이보다 훨씬 나쁜 것이었다.

서브프라임 위기가 주는 교훈

서브프라임 위기에서 가장 극심한 피해자 중 하나는 존경받던 리먼 브라더스였다. 리먼 브라더스는 1850년에 독일 이민자 출신 삼형제가 앨라배마 주에서 설립했다. 이 은행은 처음에는 상품 트레이더로 출발했지만, 미국에서 골드만삭스, 모건 스탠리, 메릴린치 다음으로 네 번째로 큰 규모의 투자은행으로 성장했다.

리먼 브라더스는 2007회계연도에 매출 193억 달러에 순이익 42억 달러에 달하는 최고의 실적을 올린 것으로 보고했다.[12] 몇 달이 지난 2008년 9월에는 과거 두 차례의 세계대전, 1800년대 철도 파산, 1930년대 대공황, 1998년 러시아 채무 불이행, 2000년 닷컴 버블처럼 수많은 금융 위기를 극복하며 158년을 버텨왔던 역사에 마침표를 찍었다. 서브프라임 위기가 닥쳤을 때, 리먼 브라더스의 종업원 수는 2만 6,200명이었다.

리먼 브라더스의 파산은 2008년의 위기를 증폭시킨 중요한 사건이었다. 2008년 10월 한 달 동안에 세계 주식 시장에서 자그마치 10조 달러의 시가총액이 증발했다. 당시 공식적으로 알려진 바에 따르면, 이는 한 달 기준으로 가장 많이 증발한 것이었다.

2008년 11월, 세계적인 금융 붕괴가 한창일 때 발간된 「뉴욕」 매거진에 실린 탁월한 기사에서 작가 스티브 피시먼Steve Fishman이 리먼 브라더스의 몰락을 집중적으로 파헤쳤다.[13] 그는 CEO 딕 풀드Dick Fuld의 역할을 자세히 살펴보았다. 풀드는 월스트리트에서 동료들과 경쟁자들에게 겁을 주는 능력이 뛰어난 것으로 알려져 있었다. 리먼 브라더스의 몰락 과정이 매우 복잡하게 얽혀 있기는 하지만, 피시먼은 은행이 몰락의 길을 가게 만든 요소 중의 하나로 풀드를 포함한 경영진이 외부 세계와 거의 접촉하지 않았다는 사실을 확인했다.

베어스턴스가 몰락하고 나서 석 달이 채 안 된 6월 9일, 리먼 브라더스는 2분기 손익계산서를 발표하면서 28억 달러의 손실이 난 것으로 보고했다.[14] 리먼 브라더스는 손익계산서와 함께 발표하기로 했던 또 하나의 선언이 이 상황을 진정시켜줄 것으로 생각했다. 그런데 그렇지 않았다. 리먼 브라더스가 60억 달러의 신규 투자를 확보했다는 선언에도 그해 주식 가격은 54퍼센트나 하락했다.

피시먼은 익명의 리먼 브라더스 관리자가 한 말을 인용했다. 이 관리자는 파산의 직접적인 원인이 경영진의 고립된 접근 방식에 있다고 하면서 이렇게 말한다. "문제는 외부 세계를 바라보는 사람이 별로 없었다는 것입니다. 딕(풀드)은 외부 사람이라면 누구한테든 말을 하지 않습니다. 사장인 조 그레고리Joe Gregory도 그랬습니다. 경영진 모두가 그랬습니다. 그래서 그처럼 나쁜 뉴스를 접할 것이라고는 어느 누구도 생각지 못했습니다."

리먼 브라더스의 또 다른 관리자는 이렇게 말한다. "아주 배타적인 분위기에서 지냈습니다. 풀드가 결정을 승인했고, 그레고리가 내용을 하나로 묶어서 선택이 분명히 드러나게 했습니다. 그리고 실행 위원회가 균형추 역할을 했던 적은 한 번도 없었습니다."

서브프라임 위기의 중심에 있던 잘못된 인식이 커다란 재앙을 불러왔던 것이다. 유독성 서브프라임 금융 상품을 신뢰한 결과가 세계의 은행 시스템을 만신창이로 만들었고, 사람들이 알 만한 모든 은행의 생존을 위협했다. 정부가 이들을 구제하지 않았다면 어떤 일이 일어났을까? 은행이 파산하여 수백만 명의 사람들과 기업들이 예금을 보호받지 못했다면 어떤 일이 일어났을까? 그 결과는 지급 불능, 파산, 실업과 같은 엄청난 재앙을 몰고 왔을 것이다. 이처럼 절망적인 상황의 깊이는 헤아릴 수 없었다.

서브프라임 위기의 근본 원인은 위험을 제거하도록 정교하게 설계된 서브프라임 금융 상품이 실패할 수가 없다는 잘못된 인식에 있었다. 스탠더드 앤드 푸어Standard and Poor's 사와 같은 신용 평가 기관이 AAA 등급을 찍어주면, 누구라도 '작게 인쇄된 부분(계약서 등에서 본문보다 작은 글씨로 인쇄된 주의 사항으로, 계약자에게 불리한 조건이 나올 수 있다-옮긴이)'을 읽지 않는다.

금융 위기에서 가장 수치스러운 사실은 사람들이 공개된 정보를 읽어보았다면 이러한 위기를 피해 갈 수도 있었다는 것이다. 오직 버리만이 그것을 읽어보았다. 서브프라임 위기가 주는 교훈은 많다. 그중에서 눈에 띄게 중요한 한 가지는 이미 자리를 잡고 있는 편견과 잘못된 인식을 확실한 정보와 외부 데이터를 살펴봄으로써 바로잡을 수 있다는 것이다.

이 주제에 대해 더 많은 사례 연구와 동영상 인터뷰를 보려면 안내용 앱을 사용하여 이 코드를 스캔하시오.
outsideinsight.com/app에서 다운로드하시오.
더 많은 읽을거리를 원하시면 outsideinsight.com을 방문하시오.

Outside

Insight

6장

실시간의 가치

2010년 1월 12일, 엄청난 지진이 자원이 심각하게 부족한 카리브해의 아이티공화국을 강타했다. 30분 만에 전 세계의 자원 봉사자들이 가상의 상황실에 모여서 소셜 미디어, 이메일, 문자와 같은 출처에서 나온 정보를 표시하기 시작했다. 그들은 케냐 나이로비에서 만든 우샤히디Ushahidi라는 오픈소스(소프트웨어 등을 만들 때 그 소프트웨어가 어떻게 만들어졌는지 알 수 있도록 소스 코드를 공개한 것-옮긴이) 플랫폼을 사용했는데, 이것은 위기나 정치적 혼란이 발생했을 때 정보를 크라우드소싱(전문가나 아마추어 등 다양한 이들을 참여시킴으로써 그들이 지닌 기술이나 도구를 활용하여 특정 문제를 해결하는 것-옮긴이)한 결과물을 만들어내는 곳이다. 아이티에서 무너진 건물, 파괴된 기반 시설이 상황을 혼란스럽게 했지만, 일단 데이터가 우샤히디 플랫폼으로 모여들면서 자원을 어느 곳에 집중해야 하는지 결정할 수 있었다. 예를 들어, 응급처치 요원이 어떤 고아가 마실 물이 없다는 보고를 받았지만, 혼란스러운 상황에서 그 아이가 있는 곳을 찾을 수 없다고 하자. 이때 우샤히디 사용자들이 그 아이가 있는 곳의 위도와 경도를 표시하여 응급처치 요원이 그곳에 가는 최선의 경로를 알려줄 수 있다.

이러한 임무는 실시간 데이터라는 중요한 요소 덕에 가능했다. 응급처치 요원이 다른 방법(예를 들어 웹 검색)으로 고아를 찾으려 했다면, 과거의 정적인 정보만 찾을 수 있을 것이다. 예를 들어, 구글 맵스는 지진으로 도로가 다닐 수 없는 상태가 되었거나 교량이 파괴된 것을 나타내지 않는다. 하지만 우샤히디의 크라우드소싱 방식에 의한 지도와 정보는 동적이고도 실시간으로 데이터를 창출하는데, 이러한 데이터는 끊임없이 변화하고, 강력하고도 실제적인 통찰을 제공한다.

수천 명의 생명을 구한 공로를 인정받은 우샤히디는 케냐어로 '목격자' 혹은 '증언'을 뜻한다. 이것을 만든 사람은 나이로비의 소프트웨어 개발자 쥴리아나 로틱Juliana Rotich이었다. 그녀는 2007년 케냐 총선거 기간에 자기가 살던 도시가 화염에 휩싸여 파괴되는 모습을 보았다. 과열된 선거는 민간 소요 사태를 낳았고, 수천 명이 집을 잃고 수백 명이 목숨까지 잃었다. 정부가 모든 정보 출처를 차단했기 때문에 텔레비전에서는 드라마와 1950년대 영화만 흘러나왔다. 로틱과 공동 개발자들은 시민들이 위험 지역에서 벗어나고 구호 단체들이 작전 계획을 수립하여 임무의 우선순위를 정할 수 있도록 어디서, 어떤 일이 발생하고 있는지를 표시하는 소프트웨어 플랫폼을 개발하기로 결심했다. 이 플랫폼은 순식간에 전 세계의 다른 위기 지역에서도 적용되었다. 처음에는 케냐, 말라위, 우간다, 잠비아와 같은 아프리카 국가에서 사용되었지만, 지금은 중동, 유럽, 북아메리카 지역까지 퍼졌다.

2010년 2월, 지진계로 진도를 측정하기 시작한 이후로 다섯 번째로 강력했던 지진이 칠레 해안 지역을 강타하자 주민의 80퍼센트가 피해를 입었다.[1] 이번 지진은 강력하여 53개 국가에서 쓰나미 경보를 발령했고, 칠레 남부와 중부 해안 지역과 멀리 떨어진 캘리포니아 주 샌디에이고와 일본 도호쿠 지역에도 커다란 피해를 입혔다.

산티아고의 고등학생 세바스티안 알레그리아Sebastián Alegría는 다치지는 않았지만, 칠레 전역에 걸쳐 혼란, 무질서, 식량 부족을 일으킨 대재앙을 경험했다. 2011년 3월, 일본도 대지진과 이로 인해 파고 40미터가 넘는 쓰나미를 경험했다. 세바스티안은 텔레비전 뉴스를 보면서 일본에서는 지진에 대비하여 전국적으로 광범위하게 분포된 조기 경보 시스템을 정교하게 갖추고 있는 것을 알게 되었다. 칠레에는 그런 시스템이 없었다. 그래서 세바스티안은 어떻게 하면 일본과 비슷한 시스템을 만들 수 있을지 생각하기 시작했다. 물론 장애가 되는 점은 많았다. 그는 지진학자도 아니고, 과학 기술자도 아니었다. 아직 많이 배워야 하는 고등학생일 뿐이었다. 이런 그가 어떻게 칠레 정부도 할 수 없는 일을 해낼 수 있을까?

세바스티안의 해결책은 매우 독창적이었다. 그는 국산 지진 감지기를 75달러에 구매하여 내부의 회로를 아두이노Arduino(라즈베리 파이Raspberry Pi처럼 생긴 작은 오픈소스 마이크로 컨트롤러)로 교체했다. 이 신용카드 크기의 컴퓨터는 온갖 종류의 집안일에 이것을 사용하는 애호가들에게 사랑받았다. 아두이노는 지진 감지기가 보내는 신호를 해석하고 그 결과를 트위터에 접속된 세바스티안의 서버로 전송한다. 따라서 지진 감지기가 신호를 인식하면 경보음을 내는 대신에 44만 2,000명이나 되는 팔로워를 거느린 @AlarmaSismos 계정에서 트윗을 날리게 된다.

다음은 진원지에 따라 지진을 인식하기 5~30초 전에 이 계정이 보내는 메시지다.

> Alarma Sismos @AlarmaSismos 27 Apr 2012
> Posible sismo durante los próximos segundos en la Región Metropolitana. (Santiago-14:59:22)[2]
> 수도권 지역에서 다음 몇 초 동안에 발생할 수 있는 지진. (산티아고-14:59:22)

이것은 44만 2,000명의 칠레 시민들이 그들이 어떤 장치를 사용하든 곧 다가오는 지진에 대한 감지 시스템에 실시간으로 접근할 수 있다는 것을 의미한다. 세바스티안은 독창적인 아이디어를 내놓았고, 기술이 이를 실현하여 수십만 명의 안전을 보장했다. 알라마 시스모스가 활동을 개시한 이후로 50차례의 지진을 정확하게 감지했다.

공공의 안전은 그레이터 맨체스터 경찰청에도 주요 관심사였다. 그들은 2011년 8월 폭동 사태를 진압하기 위해 실시간 소셜 미디어 감시를 실시했다. 마크 더건Mark Duggan이라는 사람이 런던 경찰청 소속 경찰관이 쏜 총에 맞아 숨지자, 수천 명의 시민들이 거리로 몰려나와 시위를 벌였다. 경찰은 약탈자의 위치와 피해 지역을 찾아내고, 시위대의 조직적인 행동을 차단하기 위해 소셜 미디어 채널을 철저하게 감시함으로써 시위를 효과적으로 진압할 수 있었다. 이것은 영국 경찰이 실시간 소셜 미디어를 이런 방식으로 사용한 최초의 사례였다.

영국 경찰은 중요한 단서와 정보를 얻기 위해 페이스북, 트위터, 플리커, 유튜브를 감시했다. 한편, 트위터 피드 @gmpolice가 경찰 당국의 목소리가 되었고, 실제로 일어나는 일을 알고 싶어 하는 일반 대중들을 위한 실시간 출처가 되었다. 그레이터 맨체스터 경찰청은 거리에서 시위가 발생한 지 여섯 시간 만에 플리커에 지명 수배자 명단 사이트를 개설하고는 수배자 사진을 올렸다.

@gmpolice는 1,000명에서 시작하여 한창 때에는 10만 1,000명에 달하는 트위터 팔로워, 7,000명이 넘는 페이스북 친구를 확보했다. 1만 명이 넘는 사람들이 동영상을 보았고, 지명 수배자 명단 사이트 조회수는 100만 회가 넘었다. 더욱 중요하게는 거리는

평온을 되찾았고, 수백 명에 달하는 약탈자들이 체포되었다. 이번 사태가 종식된 후, 그레이터 맨체스터 경찰청 공보 담당 어맨다 콜먼Amanda Coleman은 소요 사태로 외부 데이터가 얼마나 중요한지 뼈저리게 배웠다고 말했다.[3] 그녀는 이렇게 말한다. "8월 9일에 벌어진 시위는 공보 전문가들에게 인생을 바꿀 만한 경험이었습니다. 비상 계획은 지난 수년 동안 거의 바뀌지 않았지만, 이제는 문서를 파기하고 새로 써야 할 것입니다."

그레이터 맨체스터 경찰청, 세바스티안 알레그리아, 쥴리아나 로틱은 수백만 명의 사람들을 위해 가치를 만드는 실시간 통찰을 가지고 기술을 독창적인 방식으로 이용하여 해결 방안을 내놓았다. 기업도 실시간 외부 통찰을 이용하면 비슷한 기회를 얻을 수 있다.

계속 짧아지는 혁신 경로에서 더욱더 빠르게 진행되는 디지털 광고 캠페인에 이르기까지 모든 것들이 점점 더 신속하게 진행되는 세상에서, 월별 혹은 분기별로 회고하는 식의 검토는 더 이상 적절하지 않다. 변화하는 경쟁 환경이 내부 결과에 몇 주 혹은 몇 달이 지나서 영향을 미칠 때까지 기다려서는 안 된다. 시장에서 일어나는 변화가 내부 결과에 영향을 미치기 전에 이를 먼저 감지할 수 있어야 한다. 이러한 기회를 진지하게 고민했던 기업으로 BHP 빌리턴BHP Billiton이 있다.

BHP 빌리턴은 세계에서 가장 규모가 큰 광산 회사로 오스트레일리아 멜버른에 본사가 있다. 오스트레일리아와 영국에 상장된

이 회사는 철광석, 야금탄, 구리, 우라늄을 세계에서 가장 많이 생산하는 기업 중 하나로서, 재래식과 비재래식 석유, 가스, 석탄에 관심이 많다.

전 세계를 누비고 다니는 기업이라면 최고 의사 결정자에게 흘러가는 정보가 종합적이고, 통찰력이 있고, 시의적절해야 한다. 또한 이러한 정보가 핵심 관리자들에게 통합된 방식으로 신속하게 도달하여 충분히 알려져야 한다.

자신이 속한 산업이 급변하는 세계 시장과 정부 정책에 따라 영향을 받기 쉬운 BHP 빌리턴과 같은 기업의 경우에는, 간명하고도 신속하고도 식별력을 갖춘 정보를 확보하는 것이 전략적으로 반드시 필요하다. 이처럼 광산업이 가진 특징은 (예를 들어 뉴스에 나오는) 외부 통찰이, BHP 빌리턴이 생산 활동을 하거나 종업원이 거주하는 지역에서 무료 신문에 나오는 것만큼이나 전 세계의 금융 출판물에 나올 수 있다는 뜻이다.

이러한 이유로, 전 세계의 BHP 빌리턴 관리자들은 멜트워터가 발간하는 일일 보고서를 받는다. 이 보고서는 BHP 빌리턴의 사업 부문에서 가장 필요한 정보를 총망라해 자신의 조직과 경쟁 기업의 조직 내에서의 발전, 에너지 정책의 변화, 산업 뉴스를 따라잡을 수 있게 한다. 우리는 뉴스를 제공하기 위해 다양한 출처에서 나오는 디지털 흔적을 감시하고 분석한다. 이때 금융과 광산에 관한 중요한 뉴스뿐만 아니라 정부 입법에 관한 견해, 경쟁 기업의 움직임과 투자까지도 중요한 정보로 취급한다.

이처럼 외부 통찰을 위해 간결하고도 실시간으로 제공되는 전세계적인 출처의 정보는 BHP 빌리턴이 특히 위기에 대처하여 신속하고도 효율적으로 움직이게 했다. 이러한 외부 통찰은 2015년 11월 5일 BHP 빌리턴과 브라질 파트너 발레Vale가 50 대 50으로 합작 투자를 했던 브라질 사마르코 광산에서 댐이 무너졌을 때 중요한 역할을 했다. 이는 광물자원이 풍부한 브라질 남동부의 미나스제라이스Minas Gerais 주에서 발생한 비극으로, 750명이 집을 잃고 적어도 15명이 사망하면서 브라질 역사상 최악의 광산 재해 중 하나로 기록되었다.[4]

사마르코 댐 미디어 언급 횟수

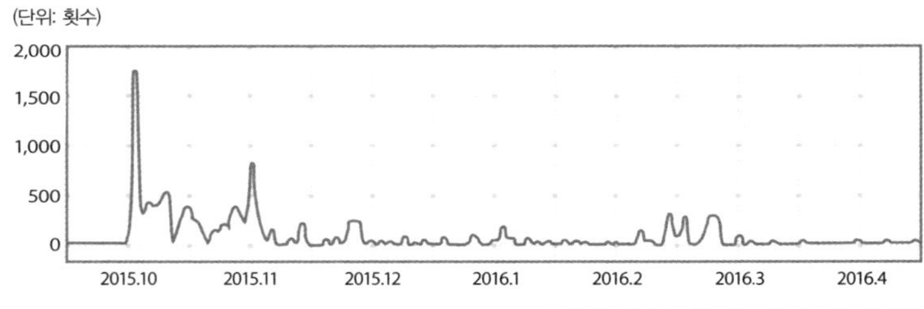

출처: 멜트워터(2015년 10월 26일~2016년 4월 28일)

이 그래프는 사마르코 댐이 2015년 10월까지 언론에서 단 한 번도 언급되지 않다가 2015년 11월 5일 갑자기 2,000번 언급되는 모습을 생생하게 보여준다.

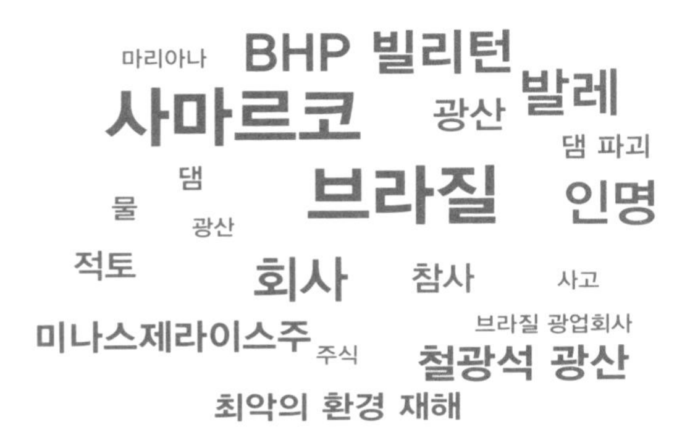

출처: 멜트워터

이 워드 클라우드는 2015년 댐+사마르코+브라질로 이루어진 세 개의 키워드와 관련된 뉴스 기사를 나열한다. BHP는 이러한 뉴스 기사에서 두드러진 존재감을 보여주었다.

BHP 빌리턴은 이번 재해가 전개되면서 이를 감시하고 분석하고 최신 정보를 얻고 경영진에게 보고하기 위해 멜트워터를 이용했다. 덕분에 그들은 대중들의 항의가 빗발치는 와중에 위기에 신속하고도 적절하게 대처할 수 있었다. 예를 들어, 영국의 일간지 「가디언」은 2015년 11월 10일 기사에서 BHP 빌리턴이 위기에 대처하는 모습을 발레의 모습과 비교했다.

BHP 빌리턴은 공식적인 반응을 신속하게 내놓았지만, 2013년 브라질의 전체 수출에서 10퍼센트를 넘게 차지하는 발레는 지금까지 초연한 자세를 취하고 있다.

BHP 빌리턴의 CEO 앤드류 맥켄지Andrew Mackenzie는 이번 재해가 발생한 지 몇 시간 만에 기자회견을 열었다. 그리고 그가 재해를 살펴보기 위해 브라질로 날아갈 것이라고 발표했다. 또한 이 회사는 회사 웹사이트 상단에 이번 재해에 관한 새로운 소식을 영어와 포르투갈어로 거의 매일 업데이트한다.

이에 반해, 발레는 댐이 무너지고 나서 24시간 만에 다섯 문장짜리 성명을 발표하고는 질문에 대한 대답을 사마르코 광산으로 넘겼다. 토요일에 발레의 CEO 무릴로 페레이라Murilo Ferreira가 아무런 예고도 없이 마리아나를 방문했는데, 발레 측은 이 사실을 이틀이 지나서야 외부에 알렸다.[5]

실시간 통찰로 문제를 해결한 미닛메이드

코카콜라의 미닛메이드도 사업 문제를 해결하기 위해 실시간의 위력을 이용했다. 코카콜라 경영진은 2013년 블룸버그 온라인 기사에서 실시간 외부 데이터가 어떻게 음료 회사가 대자연을 지배하여 표준화하는 데 도움을 주었는지 설명했다.[6]

이 브랜드는 농축 음료를 사용하지 않은 저온 살균 주스와 생과일 주스 시장에서 경쟁하는데, 미국에서 이 시장의 규모는 46억 달러에 달한다. 이런 주스의 제조 과정은 병에 든 탄산음료에 비해 훨씬 복잡하지만, 소비자들은 25퍼센트나 더 비싼 가격을 기꺼이 지불한다. 여기서 한 가지 어려운 과제는 농산물이 플로리다, 캘리포니아, 브라질, 이스라엘에서 생산되는 상황에서 오렌지 주스의 품질, 맛, 질감을 일정하게 유지하는 것이다. 게다가 과일, 생산 활동, 운송, 물 공급, 병충해에 대한 매우 다양한 기준을 생각하면 미닛메이드가 다루고 있는 문제가 얼마나 복잡한지 이해할 수 있을 것이다. 예를 들어, 2014~2015년에 미국 오렌지 생산량은 35만 톤 감소하여 580만 톤이었는데, 그 이유는 플로리다주 오렌지 나무의 약 70퍼센트가 아시안 감귤 사일리드asian citrus psyllid라는 일종의 나무 이가 바이러스를 퍼뜨리면서 발생하는 녹화병에 감염되었기 때문이었다.

미닛메이드의 가장 큰 고객사 중 하나인 패스트푸드 회사가 과일 함유량이 얼마 안 되는 오렌지 음료(그 자체로 예측 가능하고 안정적인 특징을 지닌다)로 사업을 전환하겠다고 발표하면서, 미닛메이드는 한시름 놓게 되었다.

미닛메이드는 데이터에 의지해 600가지 오렌지 맛(신맛, 달콤한 맛, 그 밖의 특성)을 분석했다. 이 회사는 제품의 일관성, 예측 가능성, 신뢰성을 보장하기 위해 상세한 위성 이미지, 기후, 비용 압박, 지역 선호로부터 도출된 예상 작물 수확량을 비롯하여 다양한 변수가 포함된 복잡한 모델을 개발했다.

미닛메이드는 이러한 데이터를 가지고 오렌지 주스 생산을 표준화하는 생산 모델을 만들기 위해 애틀랜타에 있는 리버뉴 애널리틱스Revenue Analytics라는 예측 및 최적화 전문 기관의 도움을 받았다. 오늘날 미닛메이드는 지역의 입맛을 고려하여 맛과 질감(과

육은 오렌지 주스 생산에서 중요한 요소다)의 일관성을 유지하는 오렌지 주스 제조법에 관한 정밀한 공식을 가지고 있다. 예를 들어, 아르헨티나 사람들은 매사추세츠 사람들과는 다른 기호를 가지고 있다. 가장 중요하게는 이러한 접근 방식이 외부 데이터 투입에 따라 조정되어 동적이라는 것이다. 폭풍이 오거나 예상하지 못한 서리가 닥치거나 노동 문제가 발생하거나 공급 체인이 끊어지면, 5~10분 안에 전체 생산 과정이 재조정을 거치면서 최적화된다.

이것은 비법이 아니라 그들이 더 블랙 북이라고 부르는 알고리듬이다. 이 알고리듬은 위성 데이터에 의해 오렌지 수확을 위한 최적 시점부터 전 세계의 슈퍼마켓 냉장고에서 마무리되는 주스의 정확한 맛에 이르기까지 모든 과정을 결정하며, 생산의 모든 측면이 제어된다. 이 말은 오렌지 주스가 더 이상 자연의 변덕에 의해 좌우되지 않고, 알고리듬, 정확한 과정, 엄격한 실시간 분석에 의해 제어된다는 뜻이다.

고객 행동을 예측할 수 있는 분석 방법

외부 통찰은 모든 산업에 커다란 영향을 미치지만, 특히 소매 부문에서 가장 많은 영향을 미쳤다. 오늘날 이 산업은 특히 온라인 기업(이들의 목표는 고객을 유치하고 충성도를 높이는 것이다)들이 마진을 적게 남기면서 시장 점유율을 잠식함에 따라 경쟁이 매우 치열하게 펼쳐지는 곳이다. 이제 대형 소매업체들은 직접적으로 가격을 비교할 수 있는 앱을 제공한다. 예를 들어, 영국의 작은 마을에서 육아 관련 소매업체 키디케어Kiddicare를 방문한다고 하자. 그러면 스마트폰으로 이 브랜드의 앱에 들어가서 시애틀에 본사를 둔 온라인 기업 아마존이 제시하는 가격과 키디케어가 제시하는 가격을 실시간으로 비교할 수 있다.

세계 최대 소매업체 월마트는 2015 회계연도에 매출이 4,850억 달러를 기록했고, 종업원 수도 220만 명에 달했다.[7] 월마트는 시간당 100만 건이 넘는 고객 거래를 취급하여 저장 용량이 2.5페타바이트(미국 의회도서관에서 찾을 수 있는 데이터 양의 167배)에 달하는 데이터베이스에 데이터를 입력한다.[8]

최근 월마트는 휴렛팩커드에 데이터 저장 용량이 4페타바이트(4,000조 바이트)에 달하는 데이터 웨어하우스(데이터는 자료, 웨어하우스는 창고를 뜻하는 영어 단어로, 회사의 각 사업 부문에서 수집된 모든 자료 또는 중요한 자료에 관한 중앙 창고라고 할 수 있다-옮긴이) 구축을 의뢰했다. 이것은 전 세계 6,000개의 매장 터미널에 기록되는 각각의 모든 거래(하루 약 2억 6,700만 건의 거래)를 보여줄 수 있다. 그들은 이러한 데이터에 머신 러닝(컴퓨터가 스스로 학습 과정을 거치면서 입력되지 않은 정보를 습득하고 문제를 해결한다. 인공지능과 다르며, 인공지능이 좀 더 넓은 의미다-옮긴이)을 적용하여 가격 전략과 광고 캠페인의 유효성을 표시하는 패턴을 감지하고 재고와 공급 체인을 더욱 효율적으로 관리할 수 있다.

그러나 월마트는 단순히 실시간 내부 데이터만 분석하지는 않았다. 월마트는 실시간 외부 데이터에도 관심을 가졌다. 예를 들어, 구글 애드워즈에서의 입찰을 최적화하기 위해 매일 1억 개에 가까운 키워드를 분석했다. 이런 식으로 월마트는 가격 전략을 형성하는 수많은 제품에 대해 변화하는 수요를 평가하고 어떤 재고품을 계속 보유하고 있어야 하는지 결정할 수 있었다.

이처럼 다양한 데이터 출처를 통해 고객을 이해하면 유용한 통찰을 얻을 수 있다. 빅 데이터 세트를 분석하면 때로는 특별한 통찰을 얻게 된다. 폭풍이 어떤 지역을 향해 불어오고 있으면, 어떤 제품(손전등, 양초, 생수)이 그곳에서 인기를 얻을 것인지 예상할 수 있다. 월마트는 기후 데이터와 내부 데이터를 결합하면서 더욱 놀라운 발견을 했다. 예를 들어, 맥주 판매량이 크게 증가했다고 하자. 이는 아주 놀라운 일이 아닐 수도 있다. 그러나 판매량이 가장 크게 증가한 제품이 딸기 팝타르트처럼 가격이 저렴하고 부패하지 않고 저장이 쉬운 패키지 제품일 수 있다. 월마트는 폭풍 피해 지역에서 이처럼 미리 구워놓은 페이스트리 판매량이 7배나 증가한 사실을 발견했다. 이는 월마트의 실시간 분석이 폭풍 경보를 인식할 때마다 매장 관리자들이 금전 등록기 근처에 팝타르트를 비치해야 한다는 것을 의미했다.

2011년, 월마트는 여기서 한 걸음 더 나아가 캘리포니아 주 마운틴뷰에 있는 데이터 분석 전문 기업 코스믹스Kosmix를 3억 달러에 인수했다.[9] 지금은 월마트랩WalmartLab으로 불리는 이 신생 기업은 소셜 미디어를 통해 주제별로 실시간으로 정보를 수집하는 일을 한다. 이로써 월마트는 소셜 미디어를 분석하여 소비자 수요를 실시간으로 예측하고 방대한 재고망을 더욱 효율적으로 관리할 수 있게 되었다. 페이스북 팬이 3,270만 명이나 되고 소셜 미디어에서 매주 30만 건에 가깝게 거론되고 있는 소매업체 월마트는 소셜 미디어를 통해 실시간으로 들어오는 데이터 스트림(한 번의 읽기 또는 쓰기 동작으로 전송되는 정보–옮긴이)을 분석하여 매우 개별화된 소비자 통찰을 얻을 수 있게 되었다. 과거의 (내부) 거래 데이터가 고객들이 과거에 무엇을 구매했는가를 보여준다면, 소셜 네트워크 데이터는 그들이 미래에 무엇을 구매할 것인가를 보여준다. 2011년, 월마트랩은 페이스북과 트위터에 나오는 소셜 미디어 대화를 근거로 케이크 팝 조리 기구에 대한 고객들의 관심이 높아질 것을 정확하게 예측했다. 몇 달이 지나서는 전기 주스기에 대한 관심이 높아지는 것도 파악했다. 이는 어느 정도는 주스를 예찬하는 다큐멘터리 〈뚱뚱하고, 병들고, 거의 다 죽은fat, sick and nearly dead〉이 인기를 끌면서 나타난 현상이었다.

이사회는 보통 분기별로 열린다. 그러나 소매업계는 3개월 동안 크게 변할 수 있다. 월마트는 소비자 수요를 실시간으로 이해하기 위해 정교한 분석을 활용할 수 있다는 것을 보여주었다. 월마트는 내부 데이터뿐만 아니라 외부 데이터에 대한 정교한 분석을 통해 매출을 늘리고 가격 책정을 최적화하고 재고 관리를 효율적으로 할 수 있었다.

항공기 지연 감소로 수십억 달러를 절감하다

2012년 11월 캐글Kaggle, 알래스카 항공, 제너럴 일렉트릭이 25만 달러가 걸린 플라이트 퀘스트 공모전의 1단계를 실시했다.

세계 최대의 데이터 과학자 집단 캐글은 복잡한 데이터 사이언스 문제를 해결하기 위해 경연대회를 자주 개최한다. 참가자들이 풀어야 할 문제 중에는 현대 여행객들의 재앙, 즉 항공업계 종사자들에게 엄청난 스트레스가 가해지는 것은 두말할 것도 없고 생산성에서 수십억 달러의 손실을 초래하는 현상을 해결하는 것도 있었다. 그것은 바로 항공기 지연 문제였다.

이번 경연대회의 목적은 비행을 효율적으로 하고 조종사가 착륙할 때 아주 정확하게 예측할 수 있도록 외부 데이터를 이용하는 것이었다. 각 팀에는 도착, 출발, 기상, 비행 시 위도와 경도와 같은 비행 데이터 2개월치가 주어진다.

이번 경연대회에 참가하는 각 팀들은 조종사들에게 비행 프로파일, 즉 이륙 전에 시작하여 착륙 이후에 끝나는 패턴에 관한 실시간 데이터를 제공하기 위한 알고리듬을 설계해야 한다. 보통의 민간 여객기는 비행 전, 이륙, 출발, 운항 중, 하강, 접근, 착륙이라는 7단계로 비행 프로파일이 구성된다. 모든 단계는 풍속, 항공기의 크기와 동력 장치와 같은 요소에 따른 특징을 갖는다.

비행 프로파일은 항공 산업에서 매우 중요하다. 예를 들어, 항공기는 비행 계획 혹은 활주로의 승인을 의미하는 '비행 허가clearance delivery'가 없이는 탑승구를 떠날 수 없다. 비행 계획을 승인하는 곳이 바로 관제탑인데, 이곳에서는 다른 항공기와 기후와 같은 변수를 고려한다.

그러나 비행이 예정대로 진행되지 않게 하는 다양한 요인이 있다. 예를 들어, 강한 역풍은 비행 속도를 늦출 것이다. 그러면 조종사는 항공 관제관에게 정시에 착륙하기 위해 연료를 더 많이 사용할 수 있도록 허가를 요청해야 한다. 이것은 운항 비용에 영향을 미치고 이에 대한 허가를 받는 과정도 필요하다. 이러한 과정을 자동화하면 탑승객과 항공사 모두 엄청난 혜택을 얻는다. 예를 들어, 2014년 영국의 휴가 여행객들은 항공기 지연으로 총 28만 5,000시간(32년 8개월)을 넘게 허비했다고 한다.[10]

이번 경연대회는 항공기가 정시에 도착할 수 있도록 공중에서 발생하는 일(비행 프로파일이 실행되는 방식)이 효율적으로 진행되도록 하는 알고리듬을 찾는 것이었다.

2013년 3월 우승 팀이 Gxav &*로 결정되었다. 팀원 다섯 명 중 항공 산업에 경험이 있는 사람은 아무도 없었다. 그들은 제너럴 일렉트릭에서 데이터를 넘겨받고는 예측 모델 소프트웨어를 이용하여 탑승구 출발부터 활주로 도착에 이르는 시간을 추정했는데, 이는 표준 산업 벤치마킹 추정치보다 40~45퍼센트 개선된 것이었다. 그들이 내놓은 해결책은 항공기 지연이 없는 최적의 의사결정이 이루어지도록 하는 것이었다. 이것은 항공사가 공항 탑승구에서 혼잡을 줄이고 승무원들을 효율적으로 관리하는 데 도움이 되었다. 또한 여행객들이 탑승구에서 5분을 절약할 수 있는데,

이에 따라 중간 규모의 항공사가 연간 승무원 유지비 120만 달러, 연료비 500만 달러를 절감할 수 있었다.[11]

이번 장에서 설명했던 사례들은 초점을 어디에 두는가, 발생하는 혜택은 무엇인가에 따라 크게 다르다. 우샤히디와 세바스티안 알레그리아의 지진 감지기는 생명을 구하는 데 사용된다. 미닛메이드는 오렌지 주스가 일정한 맛을 유지하도록 생산 과정을 표준화했다. 월마트는 고객 수요를 예측했고, 항공 산업은 항공기 지연을 감소하여 수십억 달러를 절감하는 방법을 찾았다.

이들은 한 가지 중요한 공통점이 있는데, 모두 실시간 분석의 가치를 활용했다는 것이다. 기업들이 외부 통찰의 중요성, 경쟁 환경에서 끊임없이 발생하는 변화를 관리해야 할 필요성을 인정하면서, 실시간 분석이 경영진의 도구 상자에서 중요한 부분을 차지하게 될 것이다.

이 주제에 대해 더 많은 사례 연구와 동영상 인터뷰를 보려면 안내용 앱을 사용하여 이 코드를 스캔하시오.
outsideinsight.com/app에서 다운로드하시오.
더 많은 읽을거리를 원하시면 outsideinsight.com을 방문하시오.

Outside

Insight

7장

벤치마킹의 가치

멜트워터가 미국으로 진출하여 마운틴뷰에 사무실을 차렸을 때가 2006년 봄이었다. 당시 첫 번째 고객들 중에는 온라인 동영상 부문에서 종업원 수 20명 규모에 별로 알려지지 않은 지역 신생 기업이 있었다. 우리는 그들이 무엇을 하고 있는지, 사업 모델이 어떤 것인지 제대로 이해하지 못했다. 그런데도 이 온라인 동영상 기업이 멜트워터의 서비스를 이용하는 방식이 호기심을 끌었다. 이 회사가 바로 유튜브였다.

그들은 경쟁 기업을 벤치마킹하기 위해 온라인 미디어에서 매체 점유율share of voice(각 브랜드가 모든 소셜 미디어에서 얼마나 많이 언급되었는지를 비율로 나타낸 것-옮긴이)을 실시간으로 측정해달라고 했다. 2006년 동영상 부문에는 몇 안 되는 시장 참여자들이 있었고, 누가 경쟁에서 이길지는 누구라도 쉽게 예상할 수 있었다.

당장 비메오, 데일리모션, 스투피드비디오즈Stupidvideos, 브레이크Break, 구글 비디오, MSN과 같은 모든 참여자들이 똑같이 거론되었다. 그런데 이때부터 변화가 일어났다.

2006년 초여름에 유튜브가 경쟁 기업들을 따돌리기 시작했다. 이때부터 탄력을 받기 시작한 것이다. 유튜브는 언론의 주목을 받았고, 이를 통해 브랜드를 강화하고, 그다음에 소비자들을 끌어들였다. 이것은 유튜브가 정상에 오를 것이라는 사실을 미리 알리는 신호였다. 2006년 10월 9일, 유튜브는 구글에 16억 달러에 매각되었다.[1] 오늘날 이 온라인 동영상 공유 기업은 키보드 캣Keyboard Cat, 드러매틱 스쿼럴Dramatic Squirrel에서 마틴 루터 킹의 '저는 꿈이 있습니다.'라는 연설에 이르기까지 전 세계 동영상을 위한 기본 저장소가 되었다. 거기에는 모든 것이 있다.

이처럼 특별한 산업에서는 규모가 아주 중요하고, 승자가 모든 것을 독식한다. 유튜브는 매체 점유율을 추적하여 경쟁 기업을 대상으로 기민하게 벤치마킹했다. 경쟁 기업을 통해 사용자 증가 지표와 그 밖의 견인 지표를 얻기가 쉽지는 않았을 것이다. 유튜브는 외부를 내다보면서 온라인 뉴스의 매체 점유율을 측정하여 경쟁 기업과 얼마나 성공적으로 경쟁하고 있는가에 대해 제3자의 객관적인 지표를 얻을 수 있었다.

벤치마킹은 성공을 위한 가장 정직한 척도다. 고립된 상태에서 얼마나 잘하고 있는가는 중요하지 않다. 경쟁 기업과 비교하여 우리 기업이 어떻게 하고 있는지가 더 중요하다. 예를 들어, 기업이 고객 만족을 10퍼센트 증가시키고 싶어 한다고 하자. 새로운 과정을 정의하고, 종업원을 교육시키고, 1년 동안 열심히 노력하여 15퍼센트 증가시켰다. 이는 훌륭한 결과라 할 수 있다. 그러나 잠시 생각해보자. 우리 기업의 지위가 실제로 상승했는지를 어떻게 알 수 있는가? 경쟁 기업들은 어떠했는가? 그들도 열심히 노력하여 고객 만족을 증가시켰는가? 그들이 우리 기업보다 더 많이 상승했다면, 실제로는 1년 전보다 나빠진 셈이다. 그들이 정체 상태에 있다면, 우리 기업의 지위가 상승한 것이다. 경쟁 기업을 대상으로 하는 벤치마킹이 없다면, 진실을 알 수 없을 것이다.

벤치마킹의 방법론

벤치마킹의 방법론은 듀폰, 모빌 오일 그리고 가장 최근에는 제록스의 경영자였던 로버트 캠프Robert C. Camp에 의해 정립되었다. 그는 가는 곳마다 제품, 서비스, 비즈니스 프로세스에서 모범 규준Best Practice을 정립하는 업무를 맡았다. 그는 벤치마킹을 '우수한 성과를 얻기 위한 산업 모범 규준의 탐색'이라고 정의했다.[2]

캠프가 제록스에서 근무하던 시절인 1980년대 초, 일본 경쟁 기업들이 고품질의 제품을 제록스 제품의 생산비로 판매하면서 시장 점유율을 빠르게 잠식하고 있었다. 캠프는 당장 '제품 품질과 기능 비교'라는 프로젝트에 착수했다. 여기에는 경쟁 기업의 제품을 구매하여 분해하고 분석하는 작업도 포함되어 있었다. 제록스는 일본 기업이 성공한 비결이 매우 효율적인 생산 공정에 있다는 것을 인식했고, 이를 통해 프로젝트 팀에 연구의 초점을 경쟁 기업의 조직 차원으로 옮길 것을 지시했다.

베를린에 있는 생산 시스템과 설계 기술 프라운호퍼연구소의 글로벌 벤치마킹 네트워크Global Benchmarking Network, GBN의 얀 파트리크 카프Jan-Patrick Cap에 따르면, "(기업에 대한 기본적인 비교를 포함하여) 벤치마킹은 뛰어난 경쟁 우위를 지닌 지속 가능한 개발을 가능하게 하는 모범 규준을 확인하기 위해 경쟁 환경을 객관적으로 감시하게 한다."

벤치마킹은 새로운 현상이 아니다. 카프는 헨리 포드가 도살장의 공정을 살펴보고 자동차 공장에 조립 라인을 도입한 것을 예로 들었다. 최근에는 다른 산업을 배운 의미 있는 사례도 있다. 예를 들어, 수술 시 실수를 줄이기 위해 린 원칙을 도입한 것(클레이튼 크리스텐슨Clayton M. Christensen의 『혁신 기업의 딜레마The Innovator's Dilemma』 참조)이나 맥클라렌 어플라이드 테크놀로지를 설립한 브루스 맥클라렌Bruce McLaren의 포뮬러 원 팀이 자동차 경주를 통해 얻은 연구 결과를 산업에 응용(예를 들어 글락소스미스클라인GlaxoSmithKline Plc.과 함께 메이든헤드 근처의 치약 공장의 실적을 최적화하기 위해 활용)한 것이 있다.

캅은 근본 원인을 인식하고 필요한 조치를 취할 수 있도록 데이터를 이해하기 쉽게 편집해야 벤치마킹이 성공할 수 있다고 주장했다. 오늘날 벤치마킹 소프트웨어 계기판은 과거에는 불가능했던 방식으로 이런 정보를 평가할 수 있게 해준다(이에 대해서는 13장에서 새로운 소프트웨어 시스템의 등장을 살펴보면서 자세히 설명하겠다). 그러나 조직이 자기 자신, 시장, 경쟁 기업을 객관적인 방식으로 살펴보게 만드는 도구는 무엇이든 전략적 사고에서 중요한 부분이 되어야 한다. 경영 컨설팅 기업 베인앤컴퍼니Bain&Company에 따르면, 벤치마킹은 지난 15년 동안 계속 최고의 경영 도구라는 위상을 유지했다.

카프는 이렇게 말한다. "벤치마킹을 실시하지 않는 조직은 장님이 세상을 지나가면서 엄청난 양의 소중한 정보를 무시하는 것과 같다. 벤치마킹을 하지 않으면, 단 하나의 데이터 포인트(도표나 그래프 따위의 그래픽 좌표에서 하나의 점을 표시하는 정보-옮긴이)를 바라보는 것과 같다. 단 하나의 데이터 포인트가 아무런 가치가 없는 세상에서 말이다. 이 데이터 포인트는 당신이 다른 데이터 포인트와 비교해서 둘 사이의 관계를 설정할 수 있을 때에만 가치가 있다. 나는 어떤 조직이든 벤치마킹 없이는 존재할 수 없다고 믿는다."

브랜드의 미래 강점을 예측한다

2015년에 발표된 어느 논문에서는 브랜드의 미래 강점을 예측하는 데 온라인 평가를 어떻게 활용할 수 있는지 분석했다.[3] 저자들은 애플, 소니, 모토롤라를 포함한 가전 기술 브랜드 77개를 대상으로 2009년 11월부터 2011년 2월까지의 데이터를 수집했다. 그들은 (미디어 감시 서비스 기관 닐슨을 통해) 토론 포럼에서 블로그, 소셜 미디어, 미디어 플랫폼에 이르기까지 매달 7,376개의 특별한 출처를 감시했다. 소셜 미디어를 통한 브랜드 감시에서 한 가지 문제는 엄청난 양의 콘텐츠가 생성된다는 것이다. 이 논문의 저자들은 2013년 소셜 미디어에서 애플 제품이 6억 100만 번 거론되었다는 사실에 주목하면서 이러한 사실을 인식했다. 그들은 "불행하게도 입수 가능한 데이터가 때로는 잡음이어서, 의미 있는 마케팅 통찰을 얻기가 어려웠다."고 말했다.

그들은 놀랍게도 소셜 미디어의 정서가 브랜드의 미래 강점과는 별로 관계가 없다는 사실을 확인했다. 경쟁 기업과의 관계에서 브랜드를 분석해야만 소셜 미디어의 정서와 브랜드의 미래 강점이 강한 상관관계가 있다는 것을 확인할 수 있었다.

이번 연구는 브랜드는 고립된 상태에서 존재하지 않는다는 것을 보여주었다. 제품에 대한 소비자 정서는 고립된 상태에서 확립될 수 없다. 그리고 브랜드 강점은 다른 브랜드와의 비교를 통해 확립되기 때문에, 다른 브랜드에 대한 견해를 고려해야 한다. 어떤 소비자가 GM 트럭보다 닷지Dodge 트럭을 선호할 수도 있다. 그러나 도요타 제품과 예전부터 오랜 관계를 맺고 있다면 GM도, 닷지도 구매하지 않을 것이다.

소비자는 기호에 근거하여 지속적으로 비교하고 결정한다. 다른 브랜드보다 오래 쓸 수 있거나 환경친화적이거나 가격이 저렴하기 때문에 특정 브랜드의 주방 세제를 좋아한다. 그것이 소비자가 생각하는 이상적인 제품이 아닐 수도 있다. 그러나 이용할 수 있는 선택을 비교하여 제품을 선택한다. 바로 벤치마킹을 하고 있는 것이다.

다양한 경쟁 환경을 공표한다

벤치마킹의 위력은 투명성에 있다. 벤치마킹은 잔인할 정도로 정직하다. 사업이 펼쳐지는 공간을 있는 그대로 보여준다. 숨을 곳이라고는 없다.

예를 들어, 제이디파워J. D. Power 연간 보고서는 소비자들이 구매 후 초기 90일 동안 겪게 되는 문제를 평가하는 초기 품질 지수Initial Quality Study, IQS와 구매 후 3년 동안 겪게 되는 문제를 평가하는 내구 품질 조사Vehicle Dependability Study, VDS를 통해 자동차 기업이 경쟁 기업과 비교하여 평가할 수 있는 방법을 제공한다. 마찬가지로 교통부가 발표하는 정시 도착과 수하물 분실 현황은 항공사가 벤치마킹하기 위한 또 다른 외부 지표다.

많은 기업들이 분야별 최고를 모아놓은 벤치마킹을 도입하고 있다. 예를 들어, 최고의 유통 시스템과 비교하기 위해 한 산업을 바라보고, 성과를 설정하기 위해 혁신 경로를 벤치마킹하려고 또 다른 산업을 살펴본다. 「하버드 비즈니스 리뷰」에 실린 어느 사례 연구에 따르면, 1996년 말 뉴저지의 (일반 대중이나 중소기업을 거래

처로 하는) 소액 거래 은행 커머스뱅크의 시장가치가 8억 달러였는데, 10년이 지나서 토론토-도미니언뱅크에 85억 달러에 매각되었다고 한다.[4] 이 은행의 경영진은 시티그룹과 같은 다른 은행을 벤치마킹하는 대신, 스타벅스, 타겟, 베스트바이와 같은 소매업체를 살펴보고 토요일과 일요일 영업이라는 혁신을 이루어냈다.

이와는 대조적으로 내부 데이터는 해석하기가 더 어렵다. 다양한 보고 체계와 부서장들과 제품 관리자들이 자신의 부서가 사내에서 가장 훌륭하다는 것을 입증하기 위해 사용하는 다양한 지표를 비교하기는 무척 어려운 일이다. 벤치마킹한 데이터가 이사회 회의실에서 이사진에게 대단한 호소력을 갖는 한 가지 이유는 그것이 명백한 진실이기 때문이다.

시장의 인식을 확인한다

미국 우정 공사United States Postal Service, USPS는 헌법에 의해 설립을 인가받았다는 보기 드문 특징과 함께 독립성을 가진 정부 기관이다. USPS는 미국에서 가장 규모가 큰 소매 네트워크를 보유하고 있다(미국 내에서 맥도날드, 스타벅스, 월마트를 모두 합친 것보다 크다). 2014년 USPS는 세계 우편물의 40퍼센트에 해당하는 1,554억 개의 우편물을 처리했다.[5] 또한 2015 회계연도에 3만 1,622개 지소에서 정규 직원 48만 6,822명이 689억 달러의 매출을 발생시키는 미국 최대의 고용주 중 하나다. USPS는 같은 해에 51억 달러의 적자를 기록했다. 이는 USPS가 전자 통신의 증가로 이 기관의 주요 서비스를 이용하는 고객이 줄어드는 상황에 직면했는데도 2014년의 적자액 55억 달러에 비하면 적은 금액이었다. 또한 USPS는 독일 택배 회사 DHL뿐만 아니라 UPS와 페덱스와 같은 미국의 양대 글로벌 택배 회사와도 경쟁해야 했다. 이러한 상황에서 UPS와 페덱스는 4억 7,000만 개가 넘는 택배물을 배달하면서 USPS 네트워크의 강점과 규모를 활용하기 위해 USPS에 우편 서비스 이용료를 지급해야 했다.[6]

스탬프스닷컴stamps.com의 조사 결과에 따르면 USPS는 배달 시간과 비용에서 UPS와 페덱스를 모두 능가한다. 평균 배달 시간이 USPS는 1.79일인데, UPS가 2.75일, 페덱스가 2.21일이다. 2파운드짜리 택배물을 보낼 경우, 평균 비용이 USPS는 7.34달러인데, UPS가 10.45달러, 페덱스가 10.40달러다. 이처럼 배달과 가격에 관한 벤치마킹은 USPS가 고객 서비스를 제공하는 측면에서 경쟁 기업에 비해 잘하고 있다는 것을 보여준다.

이제 USPS는 인식과 매체 점유율 측면에서 경쟁 기업과 비교하여 자신의 실적을 벤치마킹하기로 했다. 정부가 소유한 기관이자 미국 최대의 고용주 중 하나로서, 긍정적인 이미지를 유지하는 것은 중요한 일이다. 또한 USPS는 사업상 심각한 문제에 직면하고 있었다. 전자 통신의 증가로 실물 우편물이 감소했을 뿐만 아니라 자금이 풍부한 경쟁 기업들이 광고비 지출을 크게 늘리고 있었던 것이다.

잠재적인 시청률에 근거한 매체 점유율

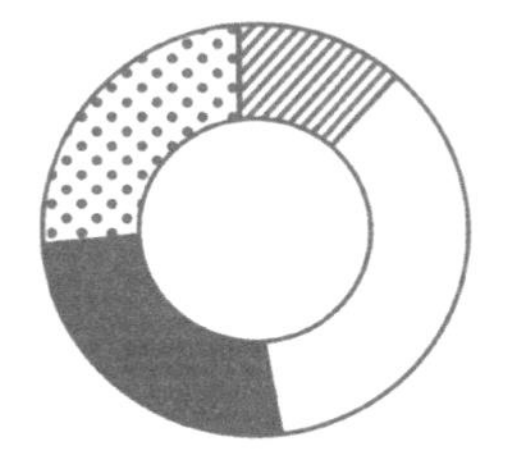

	36%	UPS
	26%	페덱스
	25%	DHL
	13%	USPS

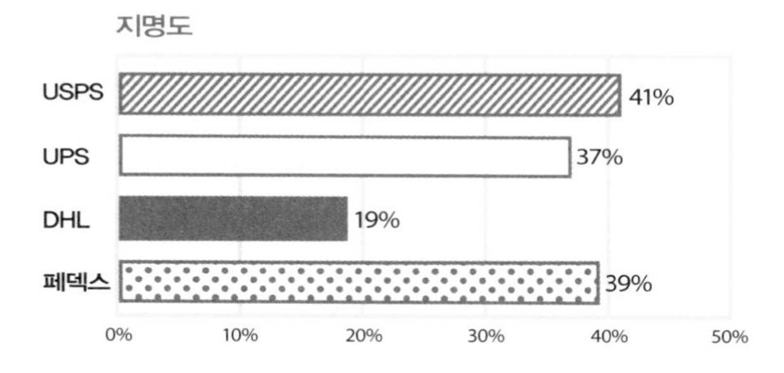

출처: 멜트워터

USPS가 경쟁 기업을 대상으로 벤치마킹한 결과 분석

PV potential viewership(잠재적인 시청률, 기업이 자신에 관한 이야기를 통해 얼마나 많은 사람들의 눈길을 끌지 나타내기 위해 사용되는 지표)

이처럼 방대한 규모의 운영으로, 문어발 식으로 뻗어 있는 조직에 대한 미디어 감시는 중요한 일이다. 더구나 매체 점유율과 긍정적, 부정적 감정의 측면에서 경쟁 기업을 벤치마킹하는 것은 USPS가 종업원들의 행위가 어떻게 조직 전체에 영향을 미치는지를 정확하게 인식하는 데에도 도움이 된다.

USPS는 브랜드가 시장에서 어떻게 인식되고 있는지 확인하기 위해 미디어에서 자신에 대한 이야기와 경쟁자에 대한 이야기를 비교하여 어떤 식으로 거론되고 있는지 추적할 목적으로 멜트워터를 찾았다. 분석 결과에 따르면, 2015년 USPS는 미국에서 매체 점유율이 13퍼센트에 달했다. 흥미로운 사실은 USPS가 경쟁 기업에 비해 매체 점유율은 낮았지만, 전체적으로 미디어 지명도(잠재적인 시청률과 미디어에서 얼마나 눈에 띄게 다루는가를 나타내는 지표)에서는 1위를 차지했다는 것이다. 이것은 USPS가 매체 점유율은 낮지만 아주 긍정적으로 거론되고 있다는 의미다.

USPS 브랜드 이야기에서 또 다른 흥미로운 측면은 USPS가 경쟁 기업과 비교하여 훨씬 더 긍정적인 정서를 느끼게 한다는 것이다. 이 같은 결과는 2014년 온라인 미디어에서 네 군데 업체를 나란히 비교했을 때 분명하게 나타났다. 각 업체들은 총 언급 횟수에서 긍정적인 언급이 12~13퍼센트 정도였다. 부정적인 언급을 보면, USPS가 페덱스에 비해 약 4분의 1 수준으로 나타났고, UPS와 DHL에 비해서는 절반 수준으로 나타났다. 모든 업체에 대한 부정적인 정서는 주로 신속성, 배달 서비스의 질이 못마땅했기 때문이다. 이는 USPS가 경쟁 공간에서 자신의 지위를 지켜낼 수 있다는 것을 보여준다.

기업들은 자신의 실적에 관해 이야기한다. 때로는 이것이 옳은 이야기일 수도 있고, 그렇지 않을 수도 있다. 제3자 데이터를 통한 제대로 된 벤치마킹은 기업의 실적에 대해 객관적이고도 잔인

경쟁 기업과의 정서 비교

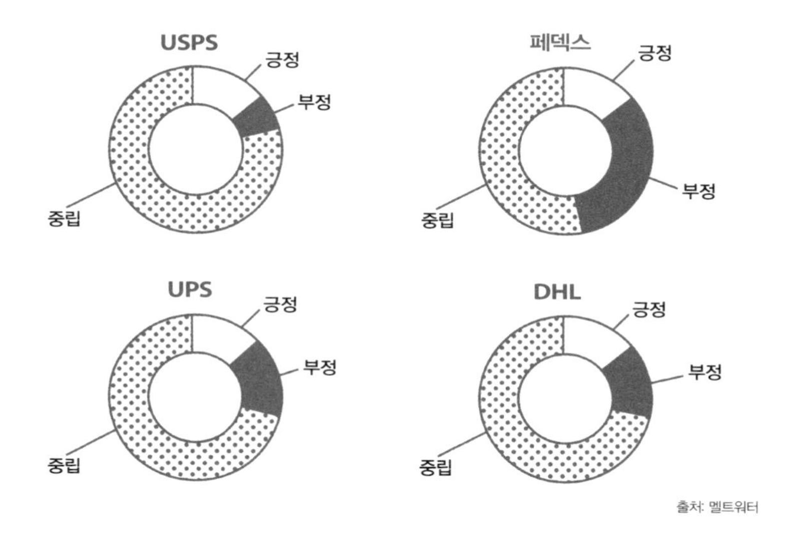

출처: 멜트워터

할 정도로 정직한 척도가 된다. USPS의 경우에는 가격과 신속성의 측면에서 경쟁력이 있는 한, 대부분의 고객들은 누가 우편물을 배달하는지에 대해서는 크게 관심을 갖지 않기 때문에 브랜드 이미지와 고객 만족이 상당히 중요하다. USPS를 분석한 결과는 가시성 측면에서 민간의 경쟁 기업들이 브랜드를 알리는 데는 성공했지만, 미디어에서 나타난 호감도, 고객 만족도의 측면에서는 USPS가 그들보다 낫다는 것을 보여준다.

벤치마킹: 원근감을 얻는다

15세기 초, 건축에 대해 정규 교육을 받지 못했던 금세공인 필리포 브루넬레스키Filippo Brunelleschi가 선형 원근법을 재발견했다. 선형 원근법으로 예술가들은 단 하나의 소실점을 사용하여 2차원 공간의 캔버스에 3차원 공간이라는 착각을 일으킬 수 있다.

브루넬레스키의 선형 원근법은 탁월한 사실주의 덕분에 이탈리아 전역에 빠른 속도로 퍼져갔고, 그다음에는 서유럽에 퍼졌다. 브루넬레스키가 선형 원근법을 통해 2차원의 평면 공간을 깊이와 생동감이 있는 3차원의 세계로 변모시킨 것과 마찬가지 방식으로, 벤치마킹 원근법도 기업의 강점과 약점에 관해 풍부하고 사실적인 세계관을 제공한다. 외부 데이터를 사용하여 경쟁 기업을 벤치마킹하는 것은 경쟁 환경에서 기업의 위치에 관해 정직하고도 사실적인 전망을 제공한다.

이 주제에 대해 더 많은 사례 연구와 동영상 인터뷰를 보려면 안내용 앱을 사용하여 이 코드를 스캔하시오.
outsideinsight.com/app에서 다운로드하시오.
더 많은 읽을거리를 원하시면 outsideinsight.com을 방문하시오.

3부

외부 통찰의 실제

8장. 의사 결정을 위한 외부 통찰

9장. 마케팅을 위한 외부 통찰

10장. 제품 개발을 위한 외부 통찰

11장. 위험 관리를 위한 외부 통찰

12장. 투자 결정을 위한 외부 통찰

Outside

Insight

8장

의사 결정을 위한 외부 통찰

2015년 10월 22일 목요일, 세계적인 토목 건축 및 광산 장비 업체 캐터필러 사Caterpiller Inc.의 이사회 회장 겸 CEO인 더그 오버헬먼Doug Oberhelman이 3분기 손익계산서를 발표하면서 월스트리트에 실망스러운 소식을 전했다. 그는 주당 조정 수익이 75센트이고 매출이 109억 6,000만 달러라고 발표했는데, 이는 애널리스트들의 기대치인 78센트와 112억 5,000만 달러에 못 미치는 수치였다.[1] 그는 회사가 험난한 시기를 겪고 있으며, 그해의 수익 전망을 조정하고 구조 조정 비용에 대한 추정치를 크게 올려야 한다는 점을 인정했다. 그는 CNBC의 〈스쿼크 박스Squawk Box〉에 출연하여 "좋은 시절은 올 것이다. 그러나 지금 당장은 아니다."라고 말했다.

캐터필러 사의 수익 보고서를 보고도 전혀 놀라지 않은 사람이 있는데, 그가 바로 예측 분석 전문 신생 기업 프레비디어의 설립자 겸 CEO인 리처드 와그너Richard Wagner였다. 그는 우리와의 미팅에서 이렇게 설명했다. "2015년 초에 우리는 캐터필러 사를 분석하고는 그해 3분기에 하락세에 접어들 것으로 내다봤습니다." 와그너와 그의 팀원들은 과거의 실적을 분석하고는 캐터필러 사의 매출이 에너지 가격, 채광 활동, 중국의 수요와 같은 외부의 거시 경제 요소와 커다란 상관관계가 있는 것을 확인했다.

그들은 이러한 사실을 고려하여 예측 모델을 개발하고, 거시 경제 요소들이 바람직하지 않게 전개되므로 캐터필러 사의 2015년 2분기와 3분기 전년 대비 매출이 감소할 것이라고 예측했다.

프레비디어의 모델을 살펴보면, 거시 경제 여건으로 인한 바람직하지 않은 압박이 이미 2014년 4분기에 시작되었고 시간이 지나면서 탄력을 받은 것을 알 수 있다. 2015년 3분기의 경우, 프레

프레비디어 경제적 위험 보고—캐터필러 사의 분기별 전년 대비 매출

(단위: 미국 달러)

선행 지표	2014 1분기	2014 2분기	2014 3분기	2014 4분기	2015 1분기	2015 2분기	2015 3분기
에너지 가격 지수	↓	↑	↑	↓	↓	↓	↓
석탄 수송	↓	↓	↓	↓	↓	↓	↑
원유 가격	↓	↑	↑	↓	↓	↓	↓
중국 자본 지출	↑	↑	↑	↑	↑	↓	↓
기업-전년도	132.1 억	146.2 억	134.2 억	144 억	132.4 억	141.5 억	135.4 억
경제적 위험	(596,668,060)	↓ (56,318,383)	↑ 457,830,511	↓ (212,215,224)	↓ (390,422,770)	↓ (1,152,917,590)	↓ (3,350,219,372)

출처: 프레비디어, 2015년

프레비디어의 분석 결과는 캐터필러 사의 매출을 바탕으로, 2014년 4분기에 시작되었고 2015년 3분기를 거치면서 탄력을 받은 엄청난 미래 압박을 보여준다. 모든 요소들의 순효과는 '경제적 위험'이라고 표시된 행에 나와 있다.

비디어의 모델은 캐터필러 사를 월스트리트의 기대치 이하로 끌어내리는 바람직하지 않은 압박이 금액으로 환산하여 30억 달러 정도 되는 것으로 추정했다.

안타깝게도 캐터필러 사는 와그너의 분석으로 전혀 혜택을 보지 못했다. 당시에는 와그너가 혼자서만 간직했기 때문이었다. 당시 와그너의 신생 기업은 설립된 지 얼마 되지 않았고, 캐터필러 사의 사례만을 가지고 모델의 타당성을 입증했다. 그러나 이후로 와그너는 네이션와이드보험Nationwide Insurance, BMW파이낸셜서비스BMW Financial Services, 허쉬Hershey, 해밀턴 캐피털 매니지먼트amilton Capital Management, 웬디즈Wendy's, 메이소나이트Masonite, 얌!브랜즈Yum! Brands와 같은 「포춘」 1,000대 기업을 가지고 예측 모델을 입증했다. 와그너의 신생 기업은 이러한 기업들이 재무 예측 모델에 외부 요소들을 반영하는 작업을 지원했고, 예측 오차를 평균 50퍼센트 정도 줄였다고 주장했다.

와그너는 기업의 60퍼센트가 재무 예측 모델에서 사업 실적에 영향을 미치는 외부 요소를 포함시키지 않는다는 사실을 보여주는 KPMG 연구 보고서를 인용했다.[2] 이 보고서에서는 미국 상장기업들의 분기별 예측이 13퍼센트 빗나간 것을 확인했는데, 이는 연간 매출이 2,000억 달러 가까이 기대에 못 미친다는 의미다. 와그너는 이렇게 된 이유가 대부분의 기업들이 내부 실적 데이터에만 의존하기 때문이라고 주장했다. 이들은 사업에 영향을 미치는 모든 외부 요소를 무시했다. 기업이 아시아 시장과 환율의 변동

성부터 에너지 비용, 소비자의 신뢰, 변화하는 기후 패턴에 이르기까지의 외부 요소를 모른다면, 미래의 실적을 예측하기가 상당히 어렵다. 와그너는 이렇게 말했다. “그들은 기본적으로 어둠 속에서 어림짐작만 할 뿐입니다. 그들이 예측 모델에 외부 데이터를 적극적으로 반영하지 않으면 계속 빗나간 예측만 하게 될 것입니다.”

이런 생각을 했던 사람은 와그너 말고도 또 있었다. 가트너 리서치의 부사장이자 저명한 애널리스트로서 ‘빅 데이터’라는 용어를 정의했던 이들 중 한 사람이기도 한 더그 레이니Doug Laney는 이렇게 말한다. “저는 많은 기관들을 상대로 더 이상 자기만의 데이터에 빠져들지 말고, 대단히 의미 있고 예언적이면서 규범적이고도 운영에 도움마저 주는 외부 데이터가 있다는 사실을 깨달아야 한다고 정기적으로 조언해왔습니다.”

2015년, 레이니는 정보 중심의 방식으로 외부 데이터에 접근하는 기업들의 재무 지표에 관한 연구를 실시했다. 이러한 기업들은 데이터 최고 책임자CDO를 두었고, 강력한 데이터 사이언스 프로그램을 보유하고 있었다. 또한 외부 데이터를 진지하게 수집하고, 관리하고, 활용하고, 전통적인 대차대조표에 나오는 내부 데이터만큼 중요한 자산으로 취급하는 결단력도 가지고 있었다. 레이니는 이렇게 말한다. “모든 기업들이 정보를 자산이라고 말합니다. 그렇지만 실제로 그렇게 행동하는 기업은 많지 않습니다. 우리는 이러한 종류의 재무 지표를 가진 기업을 찾아서 재무 보고서를 점검했습니다.” 이 연구에서는 토빈의 Q를 적용했다. 이것은 1969년에 경제학자 제임스 토빈James Tobin이 개발한 지표로, 실물 자산의 시장 가치를 실물 자산의 대체 가치로 나눈 값을 말한다. 레이니는 외부 데이터에 대한 강력하고도 일관적인 전략이 있는 기업과 그렇지 않은 기업 간에는 커다란 차이가 있는 것을 확인했다. 외부 데이터를 이용하는 기업이 데이터에 문화적, 재정적 지출을 적게 하는 기업보다 시장가치 지표가 200~300퍼센트 높았다.

외부 통찰을 위한 프레임워크

캐터필러 사의 사례에서 알 수 있듯이, 외부적인 경제 요소가 기업의 미래 실적에 엄청난 영향을 미칠 수 있다. 따라서 대다수의 기업들이 예측할 때 외부 데이터는 살펴보지 않고 내부의 사업 요소에만 의존한다는 것을 보여주는 KPMG 연구 결과는 놀랍기만 하다. 레이니의 연구도 외부 데이터를 이용하는 기업이 그렇지 않은 기업보다 훨씬 더 많은 가치를 창출한다는 사실을 보여준다.

나는 외부 통찰을 수용하는 출발점이 이사회와 경영진이라고 본다. 이러한 수준에서 내리는 의사 결정이 미래의 성공과 실패를 좌우하기 때문에 기업 전체에 가장 중요하다. 이처럼 중요한 의사 결정을 내리기 위해서는 변화하는 경쟁 환경에 대한 큰 그림의 이해가 중요하고, 이것이 필연적으로 미래의 실적을 이끌어내는 외부 요소에 대한 근본적인 이해라 할 수 있다.

이번 장에서는 외부 통찰을 이사회와 경영진 수준의 의사 결정 과정에 체계적으로 반영하기 위한 간단한 프레임워크(어떤 일에 대한 판단이나 결정 따위를 위한 틀-옮긴이)를 제시할 것이다. 외부 통찰은 아직 걸음마 단계에 있다. 그리고 앞으로 새로운 기술이 발달함에 따라 이사회와 경영진이 외부 통찰을 정교하게 활용하는 사례가 점점 더 늘어날 것이다. 나는 현재 사용할 수 있도록 충분히 구체적이면서도, 장기적으로 적용할 수 있도록 일반적인 프레임워크를 창출하려고 한다. 이러한 프레임워크는 (점점 복잡해지는) 3단계로 구성되어 있다. 각 단계는 간단한 세 개의 하위 과정으로 이뤄진다.

이번 프레임워크에서 A단계에서는 경쟁 환경의 변화가 어떻게 사업에 영향을 미칠 것인가를 이해하는 데 집중한다. 여기서 출발점은 사업이 가장 많이 노출된 외부 요소가 무엇인지를 알아내는 것이다. 외부 통찰을 이용하여 기회와 위협을 알리는 조기 경보 시스템을 만들어 이러한 요소들을 실시간으로 추적할 수 있다.

B단계에서는 명료한 전략 수립과 예측 모델의 창출, 실행 효과를 평가하기 위한 비판적인 피드백 순환과 같은 기본 과정에 외부 통찰을 반영한다.

C단계에서는 외부 통찰 패러다임으로 완전히 전환한다. 이 단계에서 외부 통찰은 내부의 재무 보고서보다 중요한 기능을 한다. 기업의 목표, 실적, 건전성은 외부 통찰이라는 관점을 통해 드러난다. 또한 데이터 사이언스, 게임 이론, 인공지능이 중요한 관리

도구로 등장한다.

A단계: 외부 통찰을 통해 경쟁 환경을 이해한다

첫 번째 단계에서 중요한 것은 외부 데이터를 이사회에 도입하는 것이다. 어떠한 기업이라도 외부 요소에 영향을 받는다. 그리고 이번 단계의 목표는 이러한 요소들 중에서 어떤 것이 미래의 실적에 가장 커다란 영향을 미치는지 이해하는 데 있다. 이사회와 경영진은 이와 같은 선행 지표를 체계적으로 추적함으로써 사업을 더욱 효과적으로 지휘하고 의사 결정을 더욱 잘할 수 있을 것이다.

이러한 과정의 1단계(의미를 정확하게 구분하기 위해 A1이라고 한다)는 거시 경제 추세와 같은 산업 전반에 걸친 외부 요소를 인식하는 것이다. 이러한 요소들 중 일부는 캐터필러 사의 사례에서 에너지 가격처럼 분명하게 인식될 수 있다. 좀 더 포착하기 까다로운 예를 들자면 6장에 나오는 미닛메이드의 사례처럼 미래의 오렌지 공급에 영향을 미치는 기후 조건이 있다.

광범위한 외부 요소들이 미치는 영향을 분석하는 일은 힘든 작업처럼 보일 것이다. 나는 실용적인 접근 방식이 도움이 되리라고 믿는다. 많은 경우에, 이러한 요소들의 20퍼센트가 전체 가치의 80퍼센트만큼 기여한다는 80 대 20 법칙이 적용된다. 많은 기업의 경우에, 의사 결정 과정에 외부 요소를 체계적으로 도입하는 것만으로도 큰 승리를 거둔 셈이다. 따라서 단순한 방식에서 출발하여 직관을 신뢰하길 권한다. 대개 기업 경영진이라면 어떠한 외부 요소가 계속 주시해야 할 만큼 중요한지 알아보는 훌륭한 감각이 있을 것이다. 이러한 외부 요소들이 과거의 기업 실적에 미쳤던 영향을 분석하는 방식으로 적절한 후보자들을 자세히 검토하다 보면, 미래에 벌어질 일을 훌륭하게 관리하는 데 어떠한 외부 요소들이 가장 중요한지 알 수 있을 것이다.

좀 더 엄격한 접근 방식으로는 회귀 분석 혹은 머신 러닝을 적용하는 것이 있다. 이를 통해 직관적으로 떠오르지 않았던 인과관계와 놀라운 통찰을 발견할 수 있다. 그러나 이와 같은 접근 방식은 훨씬 많은 작업을 요구하며, 올바른 결론에 도달하기 위해서는 전문가의 도움이 필요하다. 이러한 전문가가 사내에 없다면, 가장 분명한 외부 요소가 주는 혜택을 누릴 때까지 기다리라고 조언하고 싶다.

A2단계에서는 경쟁적 긴장 관계로 인한 외부 요소를 확인한다. 이러한 예로는 마케팅 지출과 고객 만족을 들 수 있다. A2단계에서 추적해야 할 대상을 선택하는 것은 A1단계의 과정과 매우 비슷하다. 또다시 실용적인 접근 방식과 엄격한 접근 방식 중에서 선택해야 한다. 나는 A1단계와 같은 이유로 실용적인 접근 방식을 선호한다.

A2단계에서 고려해야 할 새로운 요소는 적절한 측정 지표를 설계하는 것이다. 에너지 가격과 같은 경제적 요소는 공표되는 숫자이기 때문에 추적하기 쉽다. 경쟁적 긴장 관계의 영역은 정량화

하기가 훨씬 어렵다. 예를 들어 고객 만족을 생각해보자. 이것을 어떻게 정의할 것인가? 고객 피드백, 순추천 고객 지수net promoter score(추천 의향이라는 단 하나의 문항으로 고객 로열티를 측정하는 방법이다. 추천 의향 문항을 11점 척도로 측정하여 추천 고객 비율에서 비추천 고객 비율을 빼서 산출한다-옮긴이), 고객 충성도, 고객 이탈(주어진 기간 동안에 잃어버린 고객)로 판단할 것인가? 고객 만족에 대한 완벽한 정의는 존재하지 않는다. 여기서 한 가지 어려운 점은 어떠한 정의를 선택하든 동류 집단을 대상으로 같은 정의에 해당하는 데이터를 검색해야 한다는 것이다. 고객 만족이 향상되었다는 것은 긍정적인 일이다. 그러나 경쟁 기업의 고객 만족이 어떻게 변했는지를 모르면 우리 사업이 개선되었는지, 악화되었는지 알지 못한다.

우리가 찾는 신호가 들어 있는 온라인 데이터 유형을 선택하라고 조언하고 싶다. 고객 만족의 경우에는 소셜 미디어가 훌륭한 후보자이다. 소셜 미디어에 나타난 고객들의 정서와 경쟁 기업 고객들의 정서를 비교하는 방식으로 시간이 지나면서 상대적인 고객 만족이 어떻게 변했는지에 대해 객관적인 측정 지표를 얻을 수 있을 것이다.

A3단계에서는 조기 경보 시스템을 구축하기 위해 A1단계와 A2단계의 결과를 결합한다. 추세 분석은 온라인 계기판을 통해 공유되어야 하고, 이사회 보고서 양식에 포함되어야 한다. 주요 요소에서 갑작스러운 변화가 일어나면 경영진과 이사회가 즉시 경계

태세에 들어가는 시스템을 구축해야 한다.

이처럼 외부 통찰의 끊임없는 흐름이 기업의 재무 보고서와 그 밖의 내부 보고와 분석에 중요한 맥락을 제공한다. 이는 경영진과 이사회가 앞으로 맞이하게 될 중요한 시장 변화와 핵심 과제를 정확히 이해할 수 있도록 해준다. 또한 외부 통찰은 내부 편향을 바로잡게 한다. 내부의 이야기가 외부 데이터에서 찾을 수 있는 이야기에 의해 뒷받침되는가? 경영진이 시장이 어디로 가고 있는지를 이해하고 있는가? 기존 전략이 현재의 시장 변화의 관점에서 타당한가?

기업에 영향을 미치는 외부 요소에 대한 이해는 경쟁적 건전성이라는 기업 경쟁력에 관한 제3자의 지표를 구축하는 데에도 유용하다. 예를 들어, 기업 브랜드의 강점은 뉴스와 소셜 미디어에 남아 있는 온라인 활동 흔적의 크기로 측정할 수 있는 것이다. 동류 집단에 있는 모든 기업을 대상으로 이러한 활동 흔적의 크기를 측정하면, 산업 전체의 활동 흔적에서 각각의 기업이 차지하는 비중을 측정할 수 있다. 브랜드를 대상으로 할 때에는 이를 매체 점유율이라고 부르기도 한다.

다음의 그림은 서로 다른 4가지 상황을 보여주는 경쟁적 건전성 매트릭스인데, 기업들은 자신이 어떠한 상황에 처해 있는지 확인할 수 있을 것이다. 이 매트릭스는 일정 기간(예를 들어 지난달)에 발생한 기업의 경쟁력 변화를 평가하기 위해 사용된다. X축은 기업의 온라인 활동 흔적에서의 변화를 보여준다. Y축은 기업의

경쟁적 건전성 매트릭스

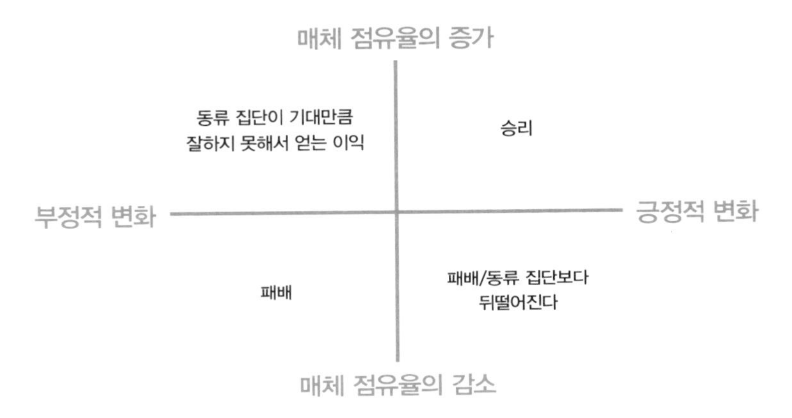

멜트워터의 경쟁적 건전성 매트릭스는 기업이 승리했는지, 패배했는지를 나타내기 위해 일정한 기간 동안의 변화를 분석한다.

매체 점유율에서의 변화를 보여준다. 두 가지 변화가 모두 긍정적이면 기업은 '승리' 사분면에 있다.

전통적인 분석에서는 X축에서의 변화만을 살펴보았다. 외부 통찰 접근 방식에서는 X축에서의 변화가 중요하지 않고, Y축에서의 변화가 중요하다. 동류 집단과 비교했을 때 긍정적인 변화가 바람직한 것이고 부정적인 변화는 바람직하지 않은 것이다. 역동적인 경쟁 시장에서 발전은 우리 기업이 경쟁 기업과 비교하여 얼마나 개선되었는가의 측면에서 정량화한 상대적인 지표로 측정되어야 한다.

외부 통찰 프레임워크 A단계

	서술	설명
A1 단계	미래의 실적에 영향을 미치는 거시 경제 추세와 같은 산업 전체에 걸친 요소를 확인한다.	에너지 비용, 소비자의 신뢰, 원재료 비용
A2 단계	미래의 실적에 영향을 미치는 경쟁적 긴장 관계의 영역에서 나오는 외부의 주요 사업 요소, 영역을 확인한다.	마케팅 지출, 고객 만족, 혁신 경로
A3 단계	기회와 위협을 알리는 조기 경보 시스템을 구축한다.	A1단계와 A2단계에서 발견한 요소들에 대한 실시간 분석을 갖춘 계기판-갑작스러운 변화가 즉각적인 경보를 발생한다. 실시간 경쟁적 벤치마킹과 경쟁적 건전성 매트릭스를 통해 경쟁적 건전성을 추적한다.

우리의 외부 통찰 프레임워크에서 A단계를 마치면 제3자 데이터에 의해 만들어진 산업 전망을 이사회 토론 주제로 삼을 수 있다. 외부 환경을 실시간으로 추적하고 분석하면 주도적이고도 앞을 내다보는 사고방식을 가질 수 있다. 외부 통찰을 체계적으로 활용하면 기업의 경쟁적 건전성 점수를 실시간으로 알 수 있고, 새로운 기회와 위협을 쉽게 발견할 수 있게 해주는 조기 경보 시스템을 구축할 수 있다. 외부 통찰이 지원하는 이사회는 그렇지 않은 이사회보다 더욱 주도적이고 더 많은 정보에 근거하여 의사결정을 한다.

에지웰 퍼스널 케어Edgewell Personal Care는 외부 통찰의 중요성을 인식하고 경쟁 환경의 변화를 지속적으로 추적하는 데 따른 혜택을 알고 있는 기업이다. 에지웰은 면도기 브랜드 윌킨슨 스워드Wilkinson Sword, 선케어 제품 브랜드 하와이안 트로픽Hawaiian Tropic, 여성용 제품 브랜드 플레이텍스Playtex와 케어프리Carefree, 스킨케어 브랜드 웨트원스Wet Ones를 보유한 소비재 패키지 제품 회사다. 이 회사의 종업원 수는 6,000명 정도이고, 세계 50개국에서 영업하고 있다.

이 회사는 규모가 훨씬 크고 이에 걸맞게 자원과 마케팅 예산을 더 많이 확보한 다국적기업을 상대로 경쟁이 치열한 부문에서 영업하고 있다. 이 회사가 우위를 유지할 수 있는 한 가지 방법은 정보의 흐름을 활용하는 것이다. 에지웰에서 광고 기획과 전략을 담당하는 폴 파실레오Paul Pacileo는 멜트워터 소프트웨어를 사용하여 에지웰 제품에 영향을 미칠 수 있는 외부 데이터를 모두 취합한 보고서를 매주 두 차례씩 작성한다.

파실레오의 과제는 매일 발생하는 산업 데이터의 홍수 속에서 어떠한 정보가 자기 회사와 관련이 있는지를 결정하는 것이다. 이 작업을 위해 그는 에지웰의 각 제품군을 위한 정교한 실시간 검색 방법을 고안했다. 이것은 에지웰 제품과 관련된 외부 데이터를 찾기 위한 시발점이 되었다. 그는 두 가지 영역에 집중했다. 첫 번째 영역은 시장에 새로 들어오는 신제품, 제품 강화, 경쟁 제품에 관한 소식과 같은 제품군과 관련된 전략적 정보였다. 두 번째 영역은 할인 판매 중인 제품, 월마트와 타겟과 같은 주요 소매업체에서의 변화, 할인 프로그램과 같은 전술적 데이터였다. 여기서 제3의 데이터 스트림은 경쟁 기업에 관한 뉴스(예를 들어 비용 절감 계획, 브랜드 인수와 매각)를 전한다.

파실레오는 이렇게 말한다. “우리는 재무 분석에 깊이 빠져들지 않고 예측을 검토합니다. 어떤 제품의 판매가 증가하거나 감소하게 된 이유를 알 수 있다면, 우리에겐 이것이 더 중요합니다. 우리는 이런 현상이 일어나게 된 이유에 관심이 있고, 이것을 모든 직원들에게 알릴 것입니다.”

파실레오는 매일 약 200개에 달하는 데이터 포인트를 접수한다. 그는 이렇게 말한다. “내가 맡은 업무 중에는 광고 과정도 있습니다. 그리고 우리가 주목하는 생각 혹은 사용하는 개념은 ‘해당 데이터는 하나의 진실만을 가리킨다.’는 것입니다. 우리는 정보가 중앙에 모이게 하여 그것을 사용하는 사람이라면 누구라도 똑같은 것을 보도록 합니다. 그래서 담을 쌓고 일을 하지 않도록 합니다. 우리는 버전 관리를 합니다. 그렇지 않으면 A라는 사람이 첫 번째 버전을, B라는 사람은 다른 버전을 가지고 각자 자기 일을 하다가, 갑자기 전략이 단절되고 어긋나게 됩니다.”

제3자 데이터는 그가 사업 전반에 걸쳐 관리하는 정보를 통해 시장 변화, 반응 혹은 일종의 대적對敵 정보 활동을 요구하는 뉴스에 대응하는 식으로 재빨리 의사 결정을 하게 지원한다. 파실레오는 이렇게 말한다. “경쟁 기업이 무엇을 할 것인가에 대한 감각을 가지고 이러한 움직임을 짚어낼 수 있다면, 상황에 잘 대처할 수 있습니다. 그리고 우리가 가질 수 있는 정보를 바탕으로 추세를 바라볼 수 있고 상황이 어떻게 전개되는지를 알 수 있다면, 계산된 위험(그러나 잘 확인한 위험)을 받아들일 수 있기 때문에 더욱 전략적일 수 있습니다. 우리는 경쟁 기업이 하는 것을 따라 하지는 않으려고 합니다."

또한 이렇게 말한다. "우리가 경쟁 기업이 무엇을 하는지 알려 하는 것은 그들의 효율성을 평가하고 싶기 때문입니다."

> "그들이 우리가 시장 점유율을 잃어버리게 만들 일을 한다면, 이런 일이 일어나지 않도록 조치를 취해야겠지요. 한편으로는 그들이 어떤 프로그램에 많은 돈을 투자하고 소비 및 실적 데이터가 변화하지 않는다면, 혹은 이러한 범주에서 변동이 없다면, 이때가 무엇인가를 하기에 적절한 시기가 아닌가 하는 생각이 듭니다. (중략) 에지웰은 달성 능력이 없습니다. 우리는 경쟁 기업처럼 자원을 많이 가지고 있지도 않습니다. 따라서 다른 자원을 활용해야 합니다. 그리고 이러한 자원 중 하나가 바로 지식입니다. 이것은 이 세상에서 어떤 일이 벌어지고 있는지를 정확하게 인식하는 것을 의미합니다. 비즈니스 세계에서 주변 환경에 대한 감각을 확장해야 합니다. 소매업체들이 어떤지에 대한 감각을 확장하고, 강력한 파트너십을 창출하기 위한 강점으로서 이러한 감각을 최대한 활용해야 합니다."

외부 데이터를 올바르게 관리하기 위한 에지웰의 노력은 감탄할 정도였다. 그들의 접근 방식은 실용적이지만 아주 체계적이었다. 그들은 외부 통찰을 수용하고 경쟁 환경에 대해 깊이 이해했으며, 이러한 이해를 바탕으로 그들이 속한 산업에서 그들보다 규모가 크고 자원이 풍부한 경쟁 기업들에 성공적으로 맞설 수 있었다.

B단계: 외부 통찰을 핵심적인 내부 과정에 반영한다

B단계에서는 외부 통찰이 핵심적인 내부 과정에 반영되는 방식으로 조작된다. 이번 단계에 나오는 세 개의 단계에서는 전략, 예측 그리고 성공을 측정하는 방법을 다룬다.

A단계에서 경쟁적 긴장 관계에서 비롯된 외부 요소의 가치를 설명했다. B단계에서는 이러한 개념을 한층 더 발전시킨다. 그 이유는 선행 성과 지표들이 항상 똑같이 만들어지지는 않기 때문이다. 어떤 것은 일시적으로 증가하는 매출처럼 단기적인 이익을 창출하는 데 도움이 되지만, 또 다른 어떤 것은 장기적인 성공을 위해 매우 중요하다.

바로 이 지점에서 전략의 중요성이 등장한다. '전략strategy'은 지휘관의 용병술을 의미하는 그리스어 '스트라테지아strategia'에서 나왔다. 이것은 불확실한 상황에서 한두 가지 목표를 달성하기 위해 만들어낸 높은 수준의 계획을 의미한다. 최고의 전략은 자기만의 특별한 기술을 활용하여 차별적인 시장 지위를 선택하는 것이다.

B1단계는 장기적으로 경쟁 기업과의 경쟁에서 승리하기 위해 지배해야 할 경쟁적 긴장 관계의 장場을 선택하는 측면에서 기업의 전략을 명료하게 설정하는 것이다. 이에 관한 간단한 예로는 '우리는 산업에서 최고의 고객 지원을 제공함으로써 승자가 될 것이다.'를 들 수 있다. 이와 같은 선택은 희망 고객의 선호를 조사하고, 내부의 역량을 정직하지만 야심 찬 관점으로 바라보고 이러한 선호에 맞추는 방식으로 전달되어야 할 것이다.

경쟁적 장의 관점에서 전략을 명료하게 설정하면, 이러한 접근 방식 자체가 객관적인 외부 데이터를 사용하여 중요한 목표를 만들어내도록 하고 기업이 이러한 목표를 바탕으로 실적을 평가할 수 있다는 장점이 있다. 경쟁적 벤치마킹을 적절히 설계하기 위해 외부 통찰을 사용함으로써 기업이 전략을 성공적으로 추진하고 있는지 여부를 실시간으로 평가하고 추적할 수 있다.

기업이 전략을 얼마나 성공적으로 추진하고 있는가에 대한 실시간 피드백 순환은 오늘날 많은 산업이 경험하고 있는, 점점 더 빨라지는 변화의 속도에 대처하는 데 아주 중요하다. 시장 상황이 갑자기 변하면 외부 통찰 접근 방식을 통해 소중한 시간을 낭비하지 않으면서 전략을 재평가, 재조정해야 한다.

2012년 9월 「하버드 비즈니스 리뷰」에 따르면 경영자의 90퍼센트가 사업 환경에서 실제로 나타나는 변화의 속도를 무시하고 1년 단위로 전략 계획을 수립하는 것으로 나타났다.[3] 이 논문에서는 보스턴 컨설팅 그룹이 10개 주요 산업 부문에서 세계 120개 기업을 대상으로 조사한 내용을 요약했는데, 경영자들이 전략 수립 과정을 경쟁 환경에서 비롯된 특정한 요구에 맞추어야 할 필요성을 잘 인식한 것으로 드러난다. 그런데도 이 조사에 따르면 실제로는 환경이 매우 불안정하고 가변적일 때에도 예측 가능하고 안정적인 환경에 더 잘 부합하는 접근 방식에 의존하는 것으로 보인다. 「하버드 비즈니스 리뷰」에 실린 이 논문의 저자들은 '당신의 전략이 전략을 요구한다Your Strategy Needs a Strategy'라는 적절한 제목을 달았다. 이 논문에서 지적했던 주요 과제들은 외부 통찰을 활용해야 잘 처리할 수 있다.

외부 통찰을 조작하는 B2단계에서는 주요 외부 요소를 예측 모델에 반영한다. 이번 단계의 목적은 예측 결과가 내부 데이터에만 의존하지 않고 기업에 영향을 미치는 외부 요소를 반영하는지를 확인하는 것이다.

이러한 작업은 통계와 데이터 과학에서 정교함을 필요로 한다. 일부 기업에서는 이러한 전문성을 내부에서 개발한다. 이러한 전문성을 가지고 있지 않은 기업은 다양한 외부 컨설팅 기관을 활용할 수 있다. 어떤 경우든, 너무 복잡한 모델을 만들지는 말라고 조언하고 싶다. 기업의 미래 실적을 결정하는 요인은 아주 많다. 데이터 과학의 마법을 적용할 때에는 모델이 복잡해져서 이해하기가 어려워지는 경향이 있다. 복잡한 장치가 되는 경우는 피해야 한다. 사람들이 이러한 장치에 문제를 제기하기도 어렵고, 고장이라도 나면 엄청난 잘못을 초래한다. 따라서 나는 모델을 최대한 단순하게 만들고 상식을 활용하여 이를 철저하게 살펴볼 것을 권한다.

기업의 예측 모델에 외부 통찰을 반영하면, 예측 결과가 내부 요소에만 의존하지 않기 때문에 더욱 신뢰할 만한 예측 결과를 얻을 수 있다. 예측의 정확성이 이처럼 높아지면, 내부의 긴장을 완화하고 경영진의 시간과 에너지를 자유롭게 하여 기업 자원을 더욱 효율적으로 배치할 수 있다.

프레비디어의 와그너가 함께 일했던 또 다른 기업으로 유통기한이 있는 제품을 만드는 세계적인 음료 회사의 사례를 살펴보자. 그들은 중국 시장에 진출하면서 지역 시장을 개척하기 위해 유통업체들과 협력하기 시작했다. 판매 예측은 주로 직감에 의존했고, 정확도는 70퍼센트 수준이었다. 이는 중국 대도시에서조차도 30퍼센트의 오차가 있다는 뜻이었다.

음료 산업에서는 각 브랜드들이 경쟁 기업에 선반 공간을 넘겨주고 싶지 않아서 재고가 넘치는 것은 흔한 일이었다. 프레비디어는 중국 정부의 제3자 데이터 중에서 고용, 가구 소득, 지출, 인구 통계, 지역별 소매 현황과 관련된 부분을 가져왔다. 여기에는 금전적인 이익이 상당히 컸다. 예측의 정확도가 1퍼센트 개선될 때마다 이 음료 회사가 재고를 줄일 수 있었던 것이다. 이 음료 회사는 제3자의 외부 데이터를 살펴보면서 예측의 정확도를 15퍼센트 이상 개선할 수 있었고, 수백만 달러를 절감할 수 있었다.

B3단계에서는 성공, 다시 말하자면 실행의 유효성을 평가하는

쪽으로 관심을 돌린다. 측정이 가능한 외부 요소를 전략과 예측에 반영하면서 무엇이 승리를 가져다주는지, 외부 요소가 어떻게 미래의 재무 성과로 연결되는지를 명확하게 이해할 수 있었다. 이것은 새로운 성과 지표를 창출함으로써 기업이 전략적 목표를 향해 얼마나 성공적으로 나아가고 있는지 확인할 수 있게 해준다.

이러한 새로운 성과 지표의 창출은 외부 통찰에 관한 두 가지 중요한 신조에 기반한다. 첫 번째 신조는 경쟁 기업과 비교하여 무엇을 얼마나 얻었는가의 측면에서 개선이 평가되어야 한다는 것이다. 두 번째 신조는 가장 중요한 지표는 본질적으로 미래를 내다보는 것이어야 하고 미래의 성과에 대한 선행 지표여야 한다는 것이다. 이러한 접근 방식은 기업의 성과를 평가하던 과거의 접근 방식과는 크게 다르다. 상장 기업의 재무 보고서에는 매출, 이익, 현금 흐름, 전년 대비 증가가 간단하게 기재되어 있다. 외부 통찰의 관점에서 기업을 살펴보면 이러한 정보만으로는 충분하지 않다. 매출, 이익은 과거의 지표이고, 전년 대비 증가는 기업이 지난 분기에 발전했는지, 혹은 퇴보했는지에 대한 정보를 주지는 않는다.

그렇다고 해서 오늘날 어느 누구도 시장 점유율 혹은 성공과 관련된 그 밖의 지표에 관심을 가지지 않는다는 말은 아니다. 미래를 내다보는 정보 또한 시장이 아주 민감하게 다루는 것이다. 재무 지표가 적절하지 않다는 이야기가 아니다. 새로운 성과 지표를 만들기 위해 외부 통찰을 어떻게 활용해야 할 것인지를 지적하는

외부 통찰 프레임워크 B단계

	서술	설명
B1 단계	지배해야 할 경쟁적 긴장 관계의 장의 선택의 측면에서 기업의 전략을 명료하게 설정한다.	예: '우리는 산업에서 최고의 고객 지원을 제공함으로써 승자가 될 것이다.' 기업이 전략을 성공적으로 추진하고 있는지 실시간으로 평가하기 위한 지표로 사용할 수 있는 중요한 목표를 만들어낸다.
B2 단계	재무 예측 모델에 외부 요소를 반영한다.	각각의 외부 요소가 미래의 성과에 기여하는 것을 정확하게 이해하고, 이를 통해 그것의 중요성을 평가하기 위해 A단계의 조기 경보 시스템을 더욱 강화한다.
B3 단계	외부의 선행 성과 지표를 경쟁적 벤치마킹하여 실행의 유효성을 평가한다.	전통적인 재무 지표를 보완하는 새로운 성과 지표를 만든다.

것이다. 이러한 제3자 데이터는 분기별로 업데이트될 때까지 기다리지 않고서도 산업 참여자들이 서로 비교하여 어떤 실적을 내고 있는지에 대해 실시간으로 전해줄 수 있다. 재무 지표와 같은 과거의 성과 지표에 집중하면 경영자들이 내부에만 지나치게 집중하게 되어 근시안적인 안목을 갖게 만든다. 외부 통찰을 활용한 성과 지표를 이용하는 것은 기업이 산업의 폭넓은 변화에 집중하도록 하여 장기적, 지속 가능한 성공을 위한 입지를 굳히는 데 도움을 준다.

외부 통찰 프레임워크의 B단계를 마치면서, 조기 경보 시스템에서 외부 데이터에서 찾아낸 가치의 종합적인 조작으로 넘어갔다. 전략적 목표의 추진은 경쟁적 긴장 관계의 전략적 장을 보여주는 벤치마킹을 활용하여 실시간으로 평가될 수 있다. 이것은 시장에 대한 기본 가정이 변하더라도 진로를 쉽게 조정할 수 있게 한다.

경쟁적 벤치마킹의 관점에서 전략을 명료하게 표현하는 것은 직원들이 각자의 업무가 전체에 어떻게 기여하는지 이해할 수 있도록 도와주는 부차적인 이점도 있다. 예측 모델에 외부 요소를 반영하면 경쟁 환경의 변화가 미래의 결과에 가져올 영향을 깊이 있게 이해할 수 있을 것이다. 기업의 실행의 유효성을 평가하기 위해 외부 통찰을 활용하면 외부 데이터의 잠재력을 완전히 이용할 수 있다. 간단히 말하자면, 중요한 경쟁적 벤치마킹을 증진시키는 계획은 어떤 것이든 기업이 더 나은 입지를 굳히게 하고 더 많은 투자를 정당화한다. 그렇지 않은 활동이라면 그만두어야 한다. 이러한 접근 방식은 기업의 성과에 대한 전통적인 재무 지표를 보완하는 견해를 제공한다. 이것은 산업의 폭넓은 변화, 장기적인 이익을 위한 기업 자원의 최적의 분배에 집중하도록 한다.

C단계: 외부 통찰 패러다임으로 전환한다

외부 통찰을 활용하는 마지막 세 번째 단계는 기업에 근본적으로 새로운 접근 방식을 제시한다. 이제는 재무 지표가 더 이상 핵심이 아니고 경쟁적 벤치마킹에서 과거의 순위를 보여주는 후행 지표로 인식된다.

C단계는 전통적으로 내부 데이터, 재무 지표, 과거의 사건에 집중하는 데에서 탈피하는 문화적 전환을 요구한다. 연간 목표는 더 이상 재무적 목표의 관점에서 표현되어서는 안 된다. 기업 건전성은 더 이상 이익 혹은 현금 흐름의 관점에서 평가되어서는 안 된다.

외부 통찰 패러다임으로 완전히 전환한 기업에 대해서는 외부 데이터에서 찾아낸 선행 성과 지표의 관점으로 바라보아야 한다. 성공은 상대적인 척도로 평가되어야 하고, 기업이 주요 경쟁적 벤치마킹에 따라 얼마나 잘 실행했는가를 보여주는 함수로 평가되어야 한다.

이것은 표면적으로는 급진적으로 들릴 수도 있지만, 주변을 살펴보면 이러한 사고방식이 이미 뿌리를 내리기 시작했다는 것을 알 수 있다. 공개 회사의 시장 가치는 이미 과거의 재무 지표보다 경영진의 예측에 더욱 민감하게 반응한다. 상장 기업에 관한 뉴스가 나오면, 이에 따라 경쟁 기업들의 주식 가격은 기업의 기본적인 지표가 변하지 않더라도 오르내린다.

실리콘밸리는 앞을 내다보는 외부 지표의 중요성을 인정하는 점에서는 얼리어답터다. 매출이 없는 실리콘밸리 신생 기업이 엄청난 가치를 지닌 사례를 자주 듣지 않았던가? 이것이 실리콘밸리 투자자들이 무슨 짓을 하는지 몰랐기 때문인가? 아니면 그들이 재무 지표를 초월하여 기업 가치를 평가하기 때문인가?

3장에서는 페이스북이 매출도 없고 종업원 수도 13명이고 창업한 지 18개월밖에 되지 않은 인스타그램의 기업 가치를 왜 10억 달러로 평가했는지 살펴보았다. 마찬가지로 2006년 구글은 매출이 전혀 없는 유튜브를 16억 5,000만 달러에 인수했다. 이러한 사례들은 실리콘밸리가 이미 전통적인 재무 지표가 아니라 선행 성과 지표의 관점에서 기업 가치를 판단한다는 사실을 보여준다.

마크 저커버그는 사용자 수가 증가하고 온라인 사진 공유 부문에서 시장 지위가 탄력을 받고 있는 점을 고려하여 인스타그램의 가치를 10억 달러로 판단했다. 4년이 지난 후, 금융 분석가들은 당시의 인수가 일종의 '도둑질'이었다고 말했다. 마찬가지로 크레디트스위스Credit Suisse의 애널리스트 스티븐 주Stephen Ju는 2015년 유튜브의 매출이 60억 달러에 이를 것으로 추정했다. 이는 구글 총수입의 8퍼센트를 차지하면서, 구글은 가장 빠르게 매출이 증가하는 기업 중 하나가 되었다.[4] 매출이 아니라 시장가치에 근거하여 유튜브의 현재 가치를 평가하면 약 500억 달러에 이른다. 이는 유튜브 인수가 구글 역사상 최고의 인수였다는 사실을 보여준다.

외부 통찰을 활용하는 C단계는 이익이나 현금 흐름과 같은 전통주의자들의 재무 지표를 버리지는 않는다. 미래의 가치 창출을 위한 경쟁적 벤치마킹에서 현재의 서열이 갖는 의미를 대체로 인정하고 있다. 유튜브와 인스타그램 사례는 이러한 가치가 결국에는 현금의 발생을 통해 실현되고 매출이나 이익률로 평가될 것임을 뜻한다. 그러나 경쟁적 벤치마킹에서 최고의 서열을 얻기 위한 싸움에서 승리하기 전에는 이런 상황이 벌어지지 않을 것이다.

C단계에서 도입되는 마지막 요소는 전략적 의사 결정을 지원하기 위해 정교한 모의 실험 소프트웨어를 사용하는 것이다. 이러한 소프트웨어는 외부 데이터와 내부 데이터에 기반을 두고 시나리오 분석을 실행한다. 이 소프트웨어는 머신 러닝과 게임 이론을 적용하면서 다양한 전략의 결과에 대한 모의 실험을 실행한다. 일부 기업에서는 최종적인 의사 결정에서 지능형 소프트웨어에 이미 발언권을 주기 시작했다. 일본의 벤처캐피털 딥 날리지Deep Knowledge는 인공지능을 이사회의 임원으로 임명하여 다른 임원들과 동등한 권한을 부여한 것으로 유명하다. IBM도 이와 같은 목적으로 〈제퍼디Jeopardy〉라는 퀴즈쇼에서 경쟁자들을 물리친 것으로 유명한 인공지능 왓슨의 또 다른 버전을 개발하고 있다. 이사회는 정교한 인공지능의 도움을 받아 시장, 고객, 경쟁 기업에 관해 그들이 보유한 많은 정보를 더 잘 인식할 수 있다. 로봇은 진단과 모델링에 사용되지만, 인공지능 소프트웨어는 사람들에게는 어려운 복잡한 시나리오 분석을 수행할 수 있고, 인간이 가장 잘하는 일(적절한 질문을 하고, 판단력을 활용하고, 다른 사람들에게 영감을 불어넣는 것)에 집중할 수 있도록 해방시켜준다.

나는 인공지능이 기업의 의사 결정에서 커다란 가치를 지닐 것이고, 이사회가 복잡하고 더욱 빠르게 변해가는 세상을 이해하고 주주, 종업원, 고객과 그 밖의 이해관계자들을 위해 탄탄한 정보

외부 통찰 프레임워크 C단계

	서술	설명
C1 단계	연간 목표를 재무적 목표가 아니라 선행 성과 지표의 관점에서 표현한다.	우리는 가장 근접한 경쟁자와 비교하여 고객 만족을 5퍼센트 증진시킨다.
C2 단계	재무 지표가 아니라 주요 경쟁적 벤치마킹에서 얼마나 높은 서열에 있는가의 관점에서 기업의 건전성을 평가한다.	
C3 단계	컴퓨터가 지원하는 의사 결정을 위해 정밀한 인공지능을 활용하고, 정교한 시나리오 분석과 게임 이론을 활용한다.	

와 데이터에 입각하여 의사 결정을 하도록 지원해줄 것이라고 믿는다.

외부 통찰 패러다임은 이사회 진행 방식과 기업 지배 방식을 변화시킬 것이다. 이번 장에서 다룬 외부 통찰 프레임워크는 경영자와 이사회를 위한 단계적인 접근 방식을 보여주었다. 이들은 의사 결정, 목표 설정, 예측, 실행의 유효성에 대한 평가에서 외부 데이터와 외부 통찰의 가치를 활용하고 싶어 한다. 외부 통찰 패러다임으로의 완전한 전환은 재무 지표와 운영 효율성에 집중하던 것에서 경쟁 역학(한 산업 내에서 경쟁 우위를 차지하고 있는 기업이 경쟁 관계에 있는 다른 기업의 전략적 결정이나 행동에 대응하는 전략-옮긴이)과 선행 성과 지표에 대해 깊이 있는 이해를 우선시하는 방향으로 급진적으로 전환하는 것을 상징한다.

다음 장에서는 외부 통찰이 마케팅, 제품 개발, 위험 평가, 투자와 같은 다른 업무를 뒷받침하기 위해 실제로 어떻게 사용되는지 좀 더 자세히 살펴볼 것이다. 이후의 장들에서는 프레임워크에 기반을 두지 않고 혁신 기업들이 산업에서 우위를 확보하기 위해 외부 데이터와 외부 통찰을 어떻게 사용하는지 알아볼 것이다. 나는 이러한 사례들이 지금 언급했던 업무 분야에서 일을 하든 그렇지 않든, 외부 통찰을 일상에서 실용적으로 사용하는 새롭고도 혁신적인 방식을 떠올릴 수 있도록 영감을 불어넣을 수 있길 바란다.

이 주제에 대해 더 많은 사례 연구와 동영상 인터뷰를 보려면 안내용 앱을 사용하여 이 코드를 스캔하시오.
outsideinsight.com/app에서 다운로드하시오.
더 많은 읽을거리를 원하시면 outsideinsight.com을 방문하시오.

Outside

Insight

9장

마케팅을 위한 외부 통찰

위키피디아에 따르면, 『더 기네스북 오브 월드 레코즈』가 시대를 막론하고 세계에서 가장 많이 팔리는 판권이 있는 책이라고 한다.[1] 이 책의 아이디어는 새 사냥 모임에서 검은가슴물떼새를 한 마리도 못 잡았던 기네스양조회사Guinness Brewery 전무이사인 휴 비버 경Sir Hugh Beaver이 떠올렸다. 유럽에서 가장 빠른 사냥감 새가 무엇인지에 대해 그 자리에 모인 사람들의 의견이 두 갈래로 나뉘었다. 검은가슴물떼새라는 사람도 있었고, 붉은뇌조라는 사람도 있었다. 비버는 이런 정보를 찾아볼 수 있는 책이 없고, 매일 전 세계의 술집에서 이와 비슷한 논쟁이 수없이 벌어지고 있는 것을 깨달았다. 세상에는 이런 논쟁을 해결해줄 책이 없었다. 그렇게 『기네스북 오브 월드 레코즈』라는 책이 매년 출간되는 전통이 시작되었다. 2017년판은 63년째 출간된 것이었다.

지난 63년 동안에 세상은 많이 변했다. 그리고 지금은 손가락만 움직여도 세상에 관해 통합되어 정리된 지식에 접근할 수 있다. 나는 잡다한 지식을 얻기 위해 구글을 검색하곤 한다. 에티오피아 인구는 얼마인가? (답은 9,410만 명이고, 2000년에 이집트를 넘어섰다.)[2] 노르웨이의 해안선 길이는 얼마인가? (답은 2만 5,148킬로미터인데, 2,650킬로미터는 본토의 해안선이고, 2만 2,498킬로미터는 길게 형성된 피오르, 수많은 작은 섬, 작은 굴곡 부문의 해안선이다.)[3]

나는 유럽에서 가장 빠른 사냥감 새를 검색하고는 검은가슴물떼새가 정답이라는 것을 알게 되었다. 세계에서 가장 빠른 사냥감 새를 검색하고는 시속 88마일(142킬로미터)로 날아가는 쇠오리라는 것을 알았다.[4] 그러나 쇠오리는 천천히 가속하기 때문에 사격장에서 사냥하기가 쉽지만, 도요새는 사냥하기가 어렵다.

세상에 관한 지식을 온라인으로 통합 정리하는 것은 사냥감 새의 비행 속도와 같은 잡다한 지식에 접근하는 방식을 바꾸어놓았다. 또한 이러한 통합 정리는 구매하려는 제품의 장단점을 조사하는 엄청난 기회도 제공한다. 우리는 온라인으로 조사하고, 이러한 조사를 바탕으로 구매를 결정한다. 이러한 추세는 지난 20년 동안에 무엇보다도 마케팅을 변화시켰다. 과거에는 소비자의 구매 결정이 마케팅에 상당히 민감하게 반응했다. 오늘날에는 소비자들이 마음을 정하기 전에 온라인 조사를 먼저 하기 때문에 전통적인 마케팅 기술은 그 효과가 크게 떨어진다. 그들은 마케팅을 신뢰하지 않는다. 그들은 다른 사람들이 기업에 대해 무슨 말을 하는지 검색하고 있다. 그들은 사회적 증거를 찾고 있다.

마케팅은 어떻게 변화했나

1부에서 설명했던 새로운 디지털 현실의 결과로, 지난 20년 동안 마케팅은 크게 변했다. 마케팅이 어떻게 변했는가에 관한 글은 상당히 많다. 이 주제에 관한 전문가, 저서, 블로그도 많이 있다. 한마디로 말하자면, 이 모든 저작들이 지금까지 발생했던 3가지 기본적인 변화의 결과를 설명한다고 주장하려 한다. 이 3가지는 그 자체로 변화를 일으키는 힘이 있다.

첫 번째 커다란 변화는 새로운 디지털 현실에서 모든 것이 측정 가능해졌다는 것이다. 모든 캠페인 혹은 사용자 참여가 엄밀하게 분석될 수 있다. 이 과정에서 마케팅은 투자 수익률return on investment, ROI의 의미가 때로는 모호해서 계산하기 어려울 때 주로 창조적인 규범의 역할을 하던 것에서, 페이지 노출page impression, 클릭률click-through rate, CTR(노출된 광고 중에서 실제 클릭을 하여 링크된 사이트로 이동한 횟수 비율—옮긴이), 사용자 참여를 실시간으로 분석하여 투자 수익률을 최적화하는 수치 처리number crunching 활동으로 옮겨 갔다.

두 번째 변화는 소셜 미디어의 도입이다. 소셜 미디어는 시장조사에서 완전히 새로운 시대를 열고 목표 고객의 요구와 선호를 찾아내는 엄청난 기회를 제공했다. 이제 기업은 역사상 처음으로 사람들의 마음과 생각에 직접 접근할 수 있게 되었다. 기업들은 요청하지 않고도 실시간으로 사람들이 제품에 대해 어떤 말을 하는지, 경쟁 기업의 제품과 어떻게 비교하는지를 엿들을 수 있게 되었다.

세 번째 변화는 사람들이 구매 결정을 하는 과정이 거꾸로 전개되고 있다는 것이다. 기업이 목표 고객을 대상으로 마케팅 캠페인을 밀어붙이던 시절은 끝났다. 오늘날 정보 흐름은 밀어붙이던 것에서 끌어당기는 것으로 변했다. 사람들은 구매 결정을 하기 전에 기업의 평판을 온라인으로 검색한다. 그들은 기업과 브랜드를 신뢰하게 만드는 증거를 찾는다.

오늘날 이 3가지 변화를 내면화하는 것은 성공적인 마케팅 전략 수립의 핵심이다. 마케터들은 마케팅 캠페인의 성과를 분석하고 최적화하기 위해 기술적으로 정통한 조직을 만들어야 한다. 그들은 목표 고객의 호감과 비호감을 정확히 알기 위해 소셜 미디어를 마이닝하는 강력한 프로그램을 설계해야 한다. 그들은 목표 고객이 검색하면서 더 쉽게 찾을 수 있도록 사회적 증거와 우호적인 온라인 흔적을 조성하는 데 집중하면서 마케팅 캠페인을 펼쳐야 한다.

마법에서 수치 처리로

필라델피아의 유명한 상인이자 마케팅의 개척자 존 워너메이커John Wanamaker, 1838~1922는 정가표, 환불 보장과 같은 혁신을 이루어 낸 인물로 알려져 있다(당시에는 백화점조차도 가격표를 붙여놓지 않았고, 가격을 흥정할 수 있었다). 그렇지만 그가 남긴 가장 유명한 유산은 자주 인용되는 다음의 말이었다. "내 광고비의 절반이 낭비되고 있다는 것을 알지만, 문제는 어느 쪽 절반인지를 모른다는 것이다."

이 말은 오랫동안 마케팅에서 골칫거리가 되었다. 마케팅 캠페인의 구체적인 효과를 측정하기 위한 피드백 순환이 없었다. 이는 인터넷의 등장으로 변했다. 인터넷에서는 모든 것이 추적과 평가의 대상이 될 수 있다. 예를 들어 어떤 광고가 얼마나 자주 노출되었는가? 얼마나 자주 클릭되었는가? 클릭 스트림(한 사람이 인터넷에서 보내는 시간 동안 방문한 웹사이트를 기록한 것-옮긴이)은 구매 결정을 하는 시점 혹은 구매 거부를 하는 시점을 처음부터 끝까지 추적할 수 있게 해준다.

이러한 과정에서 마케팅은 창조적인 산업에서 수치 처리를 하는 산업으로 변했다. 이를 보여주는 훌륭한 사례가 바로 2012년 버락 오바마 대통령의 재선 출마였다. 그가 2008년 대통령 선거에서 승리한 것은 소셜 미디어에서 선거운동을 성공적으로 추진한 덕분이었다. 오바마 대통령은 두 번째 선거에서도 2008년 소셜 미디어의 성공을 재현하는 데 사활을 걸고, 이후로 수년간 마케터들이 알린 데이터에 입각한 캠페인을 벌였다.

새로운 오바마 선거운동 본부의 중심에는 2009년 1월 미국 민주당 운영 조직인 민주당전국위원회Democratic National Committee, DNC의 전국 타겟팅 책임자로 임명된 댄 와그너Dan Wagner가 있었다. 그가 하는 일은 쉽게 말해, 버락 오바마에게 표를 줄 사람을 확인하여 그 사람이 선거일에 투표장으로 나오도록 설득하는 것이었다.

일반적으로 여론 조사 기관에서는 유권자 데이터에서 작은 표본을 추출하는 식으로 여론 조사를 실시하고, 여기서 얻은 정보가 더 많은 사람들의 정서를 대변하는 것으로 해석한다. 와그너는 이와는 전혀 다른 접근 방식을 취했다. 그것은 새로운 디지털 현실을 반영하는 것이었다. 와그너의 접근 방식은 외부 통찰이 정확하게 적용되면 얼마나 강력한지를 보여주는 첫 번째 대규모 사례 중 하나였다. 「MIT 테크놀로지 리뷰」에는 다음과 같은 글이 실려 있다.

> 그의 테크닉은 10년 동안 형성된 새로운 사고방식의 실현을 알리는 이정표였다. 이러한 사고방식에 의하면, 유권자들은 더 이상 과거의 정치적 지형에 사로잡혀 있지도, 나이 혹은 성별과 같은 전통적인 인구 범주에 묶여 있지도 않았다. (중략) 대신에 그들은 각자 나름의 방식으로 평가되고 측정되는 각기 다른 시민들의 집단으로 인식되었다.[5]

현장 연구자, 소비자 데이터베이스, 여론 조사원이 전하는 정보를 합쳐놓을 수 있고 이러한 정보와 페이스북 계정, 트위터 아이디, 모바일 폰 번호와 같은 더 새로운 정보를 결합시킬 수 있는 대규모 데이터 저장소가 만들어지고 있었다. 또한 이 시스템은 선거운동 본부가 유권자들에게 전달되는 메시지의 두 가지 형태 중에 어느 것이 더 잘 전달되는지를 확인할 수 있도록 했다. 더 잘 전달되는 메시지는 그렇지 않은 메시지보다 효과가 약 10배나 더 많은 것으로 나타났다. 이 팀은 유권자들이 미셸 오바마가 전하는 메시지에 가장 좋은 반응을 보이는 것을 확인했다. 조 바이든Joe Biden은 어떤가? 효과가 그다지 크지 않았다.

와그너의 팀은 18~29세 집단에서 이번 선거의 타깃 유권자들 중 절반이 전화 연결이 전혀 되지 않는다는 것을 확인했다. 그러나 소셜 미디어 분석은 중요하고도 강력한 통찰을 제공했다. 미국에서 페이스북 사용자들 중 98퍼센트가 오바마 팬인 친구를 가지고 있었다. 선거운동 본부는 세상이 빠르게 변하고 있는 것을 인식했다. 유권자들은 갈등을 없애고 삶을 단순하게 해주는 모바일 앱에 익숙해져 있었다. 이 팀은 이러한 사실에 근거해서 젊은 층의 120만 오바마 팬들이 다운로드한 앱을 만들었다. 선거운동 본부는 경합주에서 오바마 지지자들을 동원하기 위해 이 앱을 활용했는데, 페이스북 친구들에게 오바마에게 투표할 것을 독려하도록 했다. 또한 선거운동 본부는 페이스북 친구에게서 연락을 받았던 5명 중에서 1명이 투표 요청에 응한 것을 확인했는데, 이렇게 하여 오바마를 지지하는 유권자 500만 명을 동원할 수 있었다.

자금 모금을 살펴보면, 선거운동 본부가 신속한 헌금Quick Donate이라는 솔루션을 개발했는데, 이것은 사람들이 신용카드 정보를 입력하지 않고도 문자, 온라인 혹은 이메일로 기부할 수 있게 하는 소프트웨어 프로그램이었다. 이것은 정치 자금 모금에서 아마존의 원 클릭이 되도록 설계한 것이다. 여기에 가입한 사람들은 다른 형태의 기부에 비해 4배나 더 많이 기부한다. 그리고 타이밍이라는 또 다른 전략적 요소도 있었다. 선거운동 본부의 마케팅팀은 토론, 선거 유세 혹은 고위급 공화당 의원의 발표가 끝나고 감수성이 가장 예민해질 때 기부 가능성이 높아 보이는 사람들을 정확히 조준했다. 숫자가 결과를 잘 말해준다. 오바마는 첫 번째 선거운동에서 5억 달러를 모금했는데, 2012년에는 7억 달러 가깝게 모금했다.[6]

오바마의 마케팅 캠페인은 다른 어떤 정치적 선거운동보다 훨씬 정교했고, 이제껏 알려진 정치적 선거운동을 완전히 바꾸어놓았다. 오늘날 정치에 입문하려는 사람들은 모두 오바마의 각본에서 한두 페이지를 취한다. 2008년과 2012년의 오바마의 온라인 선거운동은 정치판을 뛰어넘어 기업의 마케팅 캠페인에도 한 획을 그었다. 이 선거운동은 오늘날 전 세계의 마케터들에게 영감을 주는 연구 사례가 되었다.

오바마는 외부 통찰을 수용하여 소셜 미디어와 그 밖의 이용 가능한 모든 정보를 활용했고, 단편적 정보에서 결론을 도출하기 위해 기술을 사용했다. 유권자 성향에 관한 실시간 분석은 선거운동 본부가 한정된 자원을 최적의 방식으로 할당하는 데 도움을 주었다. CNN에 출연한 어느 고위 관리가 하는 말에 따르면, "그들은 매일 밤 6만 6,000번 선거를 치를 수 있었다."[7] 오바마는 미국 대통령이 되기 위해 외부 통찰을 수용하여 변해가는 유권자의 표심을 누구보다 잘 이해했고, 자신의 직관을 활용했다. 그것도 두 번씩이나 말이다.

2012년 오바마의 재선 출마는 마케팅이 이번 장을 시작하면서 설명했던 3가지 방식 중에 2가지 방식이 어떻게 변화했는지를 보여준다. 그것은 기술과 분석의 새로운 역할과 함께 소셜 미디어가 기업의 목표 고객을 깊고도 자세하게 이해하는 데 얼마나 강력한 역할을 하는지를 보여주었다.

생각의 공유에서 사회적 증거로

과거에 마케팅은 가능한 한 눈에 많이 띄는 것이었다. 따라서 사람들이 기업의 제품 유형에 관해 생각할 때에는 브랜드가 당장 떠오르곤 했다. 크리넥스가 화장지를 대표하거나 리바이스가 청바지로 통하거나 후버가 진공청소기를 뜻하게 된 것은 바로 이런 이유에서였다. 소비자라는 단어 그 자체가 이러한 생각이 낳은 결과물이라고 주장할 수도 있겠다. 마케팅 메시지의 수용자들이 자기 자신을 제품과 서비스의 소비자로 전환시키기 때문에, 사람들과 잠재 고객들은 기업 목표의 관점에서 묘사된다.

오늘날 마케팅은 이러한 접근 방식을 다시 생각하게 만든다. 소셜 미디어는 소비자들을 적극적인 검색자로 바꾸어놓았다. 그리고 그들은 기업이 직접 홍보하는 내용에 대해 상당히 냉소적이다. 대신에 그들은 사회적 증거를 찾는다. 다른 사람은 그 제품에 대해 무슨 말을 하는가? 사람들은 경쟁 제품에 대해 무슨 말을 하는가?

트립어드바이저는 이전의 고객들이 미래의 고객들에게 정보에 입각하여 결정하도록 도와주기 위해 자신의 여행 경험과 후기를 공유하면서 온라인 허브가 된 소셜 미디어의 사례다. 옐프Yelp는 레스토랑을 찾는 사람들을 위한 소셜 미디어다. 트립어드바이저 혹은 옐프에 나오는 긍정적인 후기는 매출을 몇 배로 늘려줄 것이지만, 부정적인 후기는 폐업하게 만들 것이다.

기업 대 기업B2B 부문에서도 같은 현상이 일어났다. 액센츄어 인터랙티브의 액퀴티 그룹이 실시한 '2014년 B2B 조달 현황 조사'에 따르면, 기업 구매자의 94퍼센트가 구매 결정을 하기 전에 일반 구매자와 마찬가지로 온라인 검색을 하는 것으로 드러난다.[8]

기업의 브랜드를 창출할 때 입소문은 언제나 중요했다. 그러나 소셜 미디어의 등장으로 입소문이 제일 중요해졌다. 기업에 대한 온라인 평판은 대단히 중요하고, 모든 신규 고객들은 구매를 결정하면서 과거에 기업과 관계를 맺은 모든 고객 집단이 만들어낸 공공의 기록을 살펴보고 정보를 얻는다.

소셜 미디어는 오늘날 기업의 온라인 평판이 만들어지는 곳이다. 이곳은 기업의 과거, 현재, 미래의 모든 고객들이 기업의 강점과 약점을 논의하는 전쟁터다. 바로 이러한 이유 때문에, 소셜 미디어는 오늘날 마케터들에게 가장 중요하고도 힘든 영역이다. 또한 10년도 채 안 된 새로운 영역, 끊임없이 개발 중인 영역이기도 하다.

이번 장에서는 소셜 미디어를 강점이 되도록 능숙한 방식으로 활용했던 기업 세 곳을 살펴볼 것이다. 이러한 기업들은 아주 다른 분야에서 사업을 했지만, 사회적 증거의 위력을 이해했고 자사 제품을 보증하기 위해 그것에 만족했던 고객을 동원할 필요성을 인식했다는 공통점이 있다. 그들은 전통적인 마케팅에 많이 지출하지는 않았다. 그 대신 소셜 미디어에서 충성 고객들의 커뮤니티를 형성하는 데 자원을 투입했다. 결과적으로 이들은 온라인에서 널리 알려졌고, 많은 사람들에게서 사랑받고 신뢰받는 브랜드가 되었다. 이러한 과정을 거치며 아주 성공한 기업이 되었다.

인스타그램 마케팅 개척자, 다니엘 웰링턴

다니엘 웰링턴은 스웨덴의 시계 회사로, 여타 시계 회사들과는 다르게 시곗줄로 출발했다. 2006년에 필립 티샌더Filip Tysander는 오스트레일리아 배낭여행 중에 롤렉스 서브마리너를 찬 매력적인 영국 신사를 만났다. 시곗줄을 보니, 나토 스트랩이라는 진회색의 오래된 나일론 줄이었다. 이 영국 신사의 이름이 바로 다니엘 웰링턴이었다. 필립은 우연히 만난 사람의 흠잡을 데 없지만 수수한 스타일에 반해서, 단순하면서도 세련된 디자인에 교체 가능하면서도 다채로운 나일론 줄로 된 알맞은 가격대의 시계를 제작하는 회사를 설립하기로 마음먹었다.

2011년 설립된 다니엘 웰링턴은 처음부터 틀에 박히지 않은 마케팅 전략을 구사했다. 설립자 티샌더는 전통적인 마케팅에 예산을 투입하지 않는 것으로 유명하다(그의 시계가 사이트마다 나를 팔로우하기 시작하면서, 내가 이 책을 쓰기 위해 그를 온라인으로 검색하고는 그가 리타겟팅의 대가가 된 것을 알았지만 말이다). 대신에 그는 소셜 미디어를 활용했고, 인스타그램 마케팅의 개척자로 인정받는다. 그는 수천 명의 소셜 미디어 스타들에게 자신의 시계를 무료로 나누어주었다. 그들에게는 팔로워들과 공유하도록 개별 할인 번호도 부여되었다. 다니엘 웰링턴은 신세대 소셜 미디어 유명인사들의 명성과 신뢰를 활용하여 과거의 시계 제조업체는 이루지 못했던 속도로 시장에 진입했다. 2014년, 다니엘 웰링턴은 시계를 100만 개 넘게 판매했다.[9] 이에 비해, 이 산업에서 확고한 기반을 다져놓은 롤렉스와 태그호이어가 한 해 100만 개를 판매할 수 있다면 풍년이다. 이들이 지금 이 자리에 오기까지는 각각 111년과 156년이 걸렸다고 한다.

다니엘 웰링턴은 신세대 소비자와 사회적 평가의 중요성을 이해했다. 자사 시계를 타깃 그룹을 대상으로 직접 홍보하는 대신, 수천 명의 여론 주도자들을 동원하여 그 작업을 대신하게 했다.

다니엘 웰링턴의 인스타그램 계정을 자세히 살펴보면 흥미로운 사실을 알 수 있다. 2016년 2월, 그들의 팔로워는 200만 명에 달했다. 2015년 5월에 100만 명을 기록하고 겨우 9개월 만에 이룬 성과였다. 이는 엄청나게 증가한 것이다. 예를 들어 지금 코카콜라의 팔로워는 120만 명에 불과하다.

내가 다니엘 웰링턴의 인스타그램 계정에서 찾아낸 가장 흥미로운 사실은 사용자들이 콘텐츠의 95퍼센트를 만들어냈다는 것이다. 이는 콘텐츠를 브랜드 스토리와 조화를 이루도록 신중하게 만들어낸 다른 브랜드들과는 매우 다른 점이었다. 다니엘 웰링턴의 계정은 관리자가 관리하는데, 주로 팬들이 제출한 사진을 공유하는 데 중점을 둔다. 다니엘 웰링턴은 팔로워를 동원하기 위해 다양한 해시태그 행사를 추진한다. 팬들은 다니엘 웰링턴 시계가 나오는 재미난 사진 혹은 예술적인 사진을 자신의 인스타그램에 올려서 고급 시곗줄 혹은 새로운 시계를 받을 기회를 갖는다. 어떤 때에는 임의로 수상자를 정하기도 한다. 또는 게시한 사진의 창의성을 보고 정하기도 한다.

2015년 6월, 다니엘 웰링턴의 소셜 미디어 관리자 크리스토퍼 뢰프그렌Christopher Löfgren은 셰어러블리닷컴shareablee.com의 카라 로손Kara Lawson과의 인터뷰에서 이렇게 말한다. "우리의 가장 큰 목표는 과거, 현재, 미래의 고객들을 날마다 흥분시키는 환경을 유

다니엘 웰링턴의 사례

다니엘 웰링턴 해시태그 행사의 사례: '당신이 찍은 최고의 #DWELFIE를 공유한다'	
1 단계	재미난 셀프카메라 사진을 찍는다. 이때 당신의 다니엘 웰링턴 시계가 사진에 나오도록 해야 한다.
2 단계	이 사진을 인스타그램에 업로드하고, 거기에 #DWelfie로 해시태그를 건다.
3 단계	상을 받을 가능성을 높이기 위해 당신 사진에 친구 3명을 태그하고, 그들에게 #DWelfie로 해시태그를 건 사진을 게시하도록 권유한다(이것이 필수 단계가 아니라는 점에 유의한다).
4 단계	끝!

지하여 브랜드에 깊이를 더하는 것입니다. 우리 팔로워들은 분명하고도 큰 목소리를 냅니다. 그들은 매일 사진을 한 장씩 찍으면서 브랜드가 자리를 잡도록 도와줍니다. 기업이 할 수 있는 가장 좋은 일은 실제 고객들과 팬들이 포럼에서 목소리를 낼 수 있도록 하여 기업과 브랜드를 표현하도록 하는 것입니다."[10]

다니엘 웰링턴은 전통적인 마케팅을 거부하고 소셜 미디어와 사회적 증거에 역량을 쏟아 부었다. 이는 성공적인 전략으로 드러났다. 그들은 설립된 지 4년이 지난 2015년에는 매출 2억 700만 달러, 순이익 1억 달러를 기록했다.

게릴라 마케팅으로 아이폰에 도전한다

카를 페이Carl Pei는 26세의 중국계 스웨덴 청년이다. 스톡홀름 경제대학교를 중퇴한 그는 전자상거래에 관심이 많았다. 18세 때에는 중국의 제조업자를 설득하여 직접 맞춤형 MP3 플레이어를 설계하고 디자인한 적도 있었다. 이를 온라인으로 홍보하고 판매하면서 배운 경험이 나중에 스마트폰 시장에 뛰어들어 애플, 삼성, HTC, 블랙베리와 같은 기업과 싸움을 하는 데 도움이 되었다.

2012년 카를은 중국 모바일 폰 제조업체 메이주Meizu의 마케팅 부서에서 일했다. 그는 회사 방침에 크게 실망하고는 많이 개선되어야 한다고 생각했다. 그에게 깊은 인상을 준 중국의 경쟁 기업으로 오포Oppo라는 회사가 있었는데, 그는 중국의 트위터라 불리는 시나 웨이보Sina Weibo에서 오포 관리자 피트 라우Pete Lau에게 연락을 취했다. 카를은 종업원 수가 수천 명에 이르는 대기업의 고위직 임원에게서 답장이 올 것이라고 기대하지도 않았다. 그런데 의외로 피트는 답장을 보냈다. 카를은 피트에게 세상을 변화시키고 싶다고 말했다. 그는 아이폰과 경쟁하는 스마트폰들이 블로트웨어(불필요한 기능이 많아서 느리게 작동하는 소프트웨어), 저렴한 플라스틱 케이스, 볼품없는 디자인, 높은 가격이라는 약점으로 가득하다고 불평했다. 피트는 카를에게 이를 개선하기 위한 계획을 만들어보라고 자극했다. 그렇게 해서 그들은 2년 뒤에 원플러스라는 회사를 설립했다.

원플러스는 중국 센첸에 있는 스마트폰 제조회사다. 이 회사는 멋진 디자인, 뛰어난 사양을 갖춘 안드로이드 폰을 아주 공격적인 가격에 제공한다. 원플러스는 한편으로는 제품을 온라인으로만 판매하여 유통 비용을 절감하기 때문에, 다른 한편으로는 세계 4대 스마트폰 제조업체 오포와 투자자들을 공유하고 부품 조달에서 오포가 지닌 규모의 경제를 활용할 수 있기 때문에 이처럼 낮은 가격에 제공할 수 있다.

2014년 4월, 원플러스가 '절대 안주하지 않는다Never Settle'는 슬로건을 가지고 첫 번째 제품 원플러스원One Plus One을 선보이자 열렬한 리뷰가 뒤따랐다. 원플러스원은 업계 최고의 기술 사양을 갖추었고, 삼성 가격의 절반, 아이폰 가격의 3분의 1에 제공됐다.

원플러스는 설립 당시부터 마케팅 예산을 아주 적게 책정했고,

인지도와 수요를 최대로 창출하기 위한 마케팅 전략을 구사했다. 먼저 원플러스원은 초대받은 사람만을 위한 스마트폰이었다. 이 말은 초대장이 있어야만 구매할 수 있다는 뜻이다. 전문가라는 사람들은 이런 시스템을 가지고 '미친 짓'이라고 했고, "당신이 구매할 수 없는 최선의 스마트폰"이라고도 했다.[11] 초대장은 온라인 행사와 기존 원플러스 고객의 소개로 배부되었다. 이러한 초대 시스템은 많은 화제를 낳았다. 초대장이 주는 차별성 때문에, 사람들은 원플러스의 친구가 되기 위해, 혹은 그 대안으로 이베이에서 원플러스 중고폰을 구매하기 위해 소셜 미디어를 찾았다. 그렇지 못한 사람들은 차별받았다는 기분에 쓰라린 좌절감을 맛보았다.

원플러스가 처음 벌였던 '과거의 스마트폰을 박살내자Smash the Past'라는 소셜 미디어 캠페인은 많은 관심을 끌었다. 유튜브에 올린 영상에는 재활용 기계에 삼성 스마트폰을 투입하면 이 기계가 그것을 분쇄하고는 반짝이는 신제품 원플러스원으로 교환해주는 장면이 나온다. 그리고 사람들에게는 신제품 원플러스원을 받을 자격을 입증하기 위해 스마트폰을 박살내는 장면을 동영상으로 촬영할 것을 권장했다. 운이 좋아서 당첨된 사람 100명에게는 신제품 원플러스원을 1달러에 구매할 수 있는 자격을 부여했다. 원플러스는 6일 만에 동영상을 14만 건이나 접수했다. 유튜브에서 사람들이 망치, 회전 공구, 포테이토 건, 화물 열차로 스마트폰을 박살내는 장면을 찾아볼 수 있다. 사람들은 이처럼 초대장 없이는 가질 수 없는 스마트폰을 갖기 위해 다른 사람들보다 뛰어난 장면을 보여주려고 했다.

2014년 여름 동안, 원플러스는 캠페인, 온라인 행사, 판촉 행사를 계속 실시했다. 여기서 수상자에게는 원플러스원을 구매할 수 있는 초대장이 제공되었다. 중국의 풋내기 신생 기업 원플러스는 이렇게 데뷔작을 출시하고는 사람들의 관심을 끄는 데 뛰어난 능력을 보여주었다. 한번은 12일이라는 짧은 기간 동안에 세 번에 걸쳐서 판촉 행사를 실시했는데, 100만 명이 넘는 사람들이 참가하여 4만 명이 넘는 페이스북 팬과 트위터 팔로워를 확보했다. 그리고 웹사이트 순방문자 수unique visitor(한 웹 사이트를 일정 기간 동안 적어도 한 번 이상 방문한 사람들의 수)가 40만 명이 넘었고, 포럼에는 3만 1,000건의 코멘트가 달렸다. 원플러스는 마케팅 예산 없이도 제품을 홍보하기 위해 팬에게 의존했다. 그리고 설립된 지 불과 1년이 지난 2014년 12월, 원플러스 웹사이트의 순방문자 수는 2,560만 명에 달했다.

2014년 11월 28일 카를 페이와 그의 팀은 완벽한 타이밍 감각을 보여주었다. 블랙 프라이데이(미국 추수감사절 연휴 이후 첫 금요일. 1년 중 쇼핑센터가 가장 붐비는 날-옮긴이)와 사이버 먼데이(미국 추수감사절 연휴 이후 첫 월요일. 온라인 쇼핑몰의 판매량이 급증하는 날이다-옮긴이) 동안에, 원플러스는 일시적으로 초대장 요건을 해제하고 사람들이 웹사이트에서 스마트폰을 손쉽게 구매할 수 있도록 했다. 원플러스 웹사이트는 블랙 프라이데이에만 방문자 수가 250만 명에 달했는데, 이는 지난달 하루 평균 방문자 수의 226

퍼센트에 달한다. 원플러스의 소셜 마케팅 캠페인은 억압된 수요를 창출했고, 카를과 그의 팀은 우아하면서도 단순한 조치를 통해 어느 주말에 이를 훌륭하게 거둬들였다.

원플러스가 '플래그십 킬러'라고도 알려진 두 번째 스마트폰 원플러스투OnePlus 2를 출시할 무렵에는 고객들의 기대가 하늘을 찌를 듯했다. 신제품을 구매하기 위해 초대장을 신청하는 웹페이지를 개설하고 나서 72시간 만에 100만 명이 넘는 사람들이 신청했다. 스마트폰을 출시하기 전에 뉴욕의 타임스스퀘어에서 열린 어느 팝업 행사에서는 600명이 스마트폰을 슬쩍 보기 위해 줄을 섰다고 한다. 카를은 당시를 생각하면서 이렇게 자랑한다. "사람들이 애플 매장 앞에서 줄을 설 때에는 제품을 구매하려고 그랬습니다. 원플러스의 경우에는 사람들이 그냥 한번 보기만 하려고 그랬습니다."[12] 2015년 7월에 원플러스투가 출시되었는데, 초대장 신청자 수가 급증하여 그해 10월에는 500만 명에 이르렀다.

스마트폰 시장은 세계에서 경쟁이 가장 치열한 곳이다. 블랙베리, 노키아, 소니, 에릭슨, 마이크로소프트는 이러한 공간에서 경쟁하기 위해 아무런 성과도 없이 수십억 달러를 지출했다. 원플러스가 스마트폰 시장에 진입한 것은 다윗과 골리앗의 싸움과도 같았다. 원플러스는 이전에 실패했던 기업들과는 달리, 경쟁 기업과의 접근전을 피하고 그들이 지배할 수 있는 경기장에서 싸우려고 했다. 원플러스는 소셜 미디어에 탁월한 전문성을 갖추고 있었다. 그들은 잠재 고객들에게 쓰던 스마트폰을 박살내게 하여 사회적 평가의 중요성을 새로운 수준으로 끌어올렸다. 이는 신생 기업이 재정이 탄탄한 대기업 경쟁자에 맞서기 위해 팬들을 동원하는 방법을 보여준 비범한 사례였다. 설립된 지 3년이 지난 2016년에 원플러스는 세 번째 제품인 원플러스스리OnePlus 3를 출시했는데, 이 제품은 가장 빠르게 판매되는 스마트폰으로 애널리스트들은 매출이 10억 달러에 가까울 것으로 예상한다.

소셜 미디어는 스타 발굴의 장

2007년 20대 노르웨이 청년인 토마스 아담스Thomas Adams, 헨리크 노스트루Henrik Nostrud, 크누트 그레스비Knut Gresvig는 일요일에 술이 덜 깬 상태에서 최대한 편한 시간을 보내고 싶었다. 그렇지만 입을 만한 옷을 찾지 못했다. 그들은 전날 밤을 신나게 보내고서 그다음 날에 입을 만한 이상적인 레저 웨어로는 후드 스웨터와 스웨트 바지를 꿰매어 거대한 지퍼로 연결한 옷이라는 결론을 내렸다. 이렇게 하여 원피스OnePiece라는 브랜드가 등장한 것이다.

2009년 9월, 노르웨이에서 원피스가 처음 출시되자마자 전국적으로 반향을 일으켰다. 그들은 생각지도 않게 갑자기 성공한 나머지, 당시에는 로고조차 없었다.

그들이 성공한 비결은 사람들이 원피스를 입은 채 집에만 있지 않고 밖으로 나왔다는 것이다. 사람들은 거리에서, 슈퍼마켓에서, 때로는 클럽에서도 원피스를 몸에 걸쳤다. 이러한 추세는 어느 날

토마스 아담스가 자주색 원피스를 입고 사람들의 반응을 살펴보기 위해 공공장소에 나가면서 시작되었다. 그는 당시를 이렇게 회상한다. "사람들의 관심이 대단했습니다. 모두 '당신이 입은 게 뭐예요?'라고 물어봤죠. 사람들이 어디서 샀는지를 물어보자, 어디서든 입을 수 있겠다는 생각이 들었습니다."

나는 공공장소에서 원피스를 입은 사람을 처음 봤을 때, 터져 나오는 웃음을 참을 수 없었다. 그저 장난으로만 생각했다. 나만 그렇게 생각하는 것이 아니었다. 사람들은 놀라움에서 조롱에 이르기까지 다양한 반응을 보였다. 이 원피스 점프슈트는 〈텔레토비〉(BBC에서 만든 어린이용 TV 시리즈. 주요 캐릭터들이 원피스를 입고 나온다–옮긴이) 혹은 성인용 원시onesie(젖먹이용 바디슈트를 말한다–옮긴이)라고 불렸다. 2010년에 「가디언」의 패트릭 바컴Patrick Barkham 기자가 쓴 기사에 따르면, 패션 부문 부편집장 사이먼 칠버스Simon Chilvers는 깊은 인상을 받지 않았다고 전한다. "처음에는 후드 스웨터처럼 보이지만, 당신은 전부를 보게 된다. (중략) 기저귀 같아 보이기도 한다."[13]

공동 설립자 토마스 아담스에 따르면, 원피스 브랜드와 그 제품은 '느슨함의 예술' 혹은 원피스 웹사이트에서 말하듯이, '아름다운 무無로 가득 찬, 걱정이 없는 일요일의 본질을 포착하고 개념화하기 위한 욕구'에서 영감을 받는다. 원피스는 패션 스타일을 굳이 변명하지 않는다. 그리고 그들의 브랜드 선언에서 '우리는 태만한 사람, 순응하지 않는 사람, 패션에 적합하지 않은 사람'이라고 당

당하게 외친다.[14]

원피스가 게으른 사람의 라이프 스타일을 구현한다고 생각할 수도 있다. 그러나 전혀 그렇지 않다. 그들은 노르웨이에서의 성공을 발판으로 삼아 세계 시장으로 발 빠르게 진입하여 세계 패션 트렌드를 주도했다. 레이디 가가, 리한나, 저스틴 비버, 카다시안, 원 디렉션, 리처드 브랜슨과 같은 유명 인사들이 모두 원피스를 즐겨 입고 소셜 미디어뿐만 아니라 대중 앞에도 당당하게 등장했다.

토마스 아담스는 이렇게 말한다. "우리는 우리 제품을 입은 사람들에게 돈을 지급하지 않습니다. 전통적인 마케팅에 지출을 많이 하지 않습니다. 소셜 미디어와 고객들을 통해 우리를 홍보하는 데 관심이 있습니다. 고객들이 우리를 홍보하게 만들 수 있다면, 지출을 훨씬 적게 하고 믿음을 더 많이 줄 수 있습니다."

원피스는 항상 소셜 미디어 혁신자였다. 전략의 핵심은 원피스 브랜드 지지자(혹은 피스키퍼PieceKeepers라고 불린다)들을 동원하는 것이다. 그들은 처음부터 원피스 웹사이트에서 팬들이 개별화된 할인 코드를 생성시키는 방법을 만들어냈다. 팬들은 소셜 미디어에서 이것을 공유하여, 친구를 통해 발생한 모든 판매에 대해 사례금을 받을 수 있었다. 판매가 늘어날수록 사례금도 많아졌다. 이러한 사례금은 현금으로 지급되지만, 때로는 원피스 제품으로도 지급된다. 원피스는 이것을 게임으로 만들기 위해 리더 보드leader board(특히 골프 시합에서 최고 선수들의 명단 및 점수를 적은 판–옮긴이)와 '미션'을 시작했다. 미션을 완수하면 포인트를 얻고 순위를 올릴 수 있다. 미션은 페이스북에서 원피스에 '좋아요'를 클릭하거나 트윗을 공유하거나 인스타그램에 사진을 올리거나 「데일리 메일Daily Mail」 기사에 코멘트를 다는 것처럼 간단하고도 누구나 할 수 있는 일이다. 2014년 연말까지, 피스키퍼 프로그램을 통해 소셜 미디어 팔로워는 1,250만 명에 달했다.

2014년 11월 원피스는 #소셜커런시#SocialCurrency라고 불리는 혁신적인 소셜 미디어 캠페인을 시작했다. 이것은 세계적으로 관심을 받았다. 뉴욕에서 새로 개장한 원피스 팝업 매장을 찾아온 사람들은 소셜 미디어 팔로워 500명당 1달러를 할인받을 수 있었다. 매장에서 해시태그를 걸고 사진을 공유하면 20달러를 추가로 할인받을 수 있다.

이번 캠페인은 입소문을 통해 널리 퍼졌다. 불과 1주일 만에 2,100만 명이 참여했다. 저스틴 비버는 토마스 아담스의 메시지, "우리가 #소셜커런시 할인에 500달러 상한을 정한 것이 다행이다.", "@JustinBieber는 주최 측으로부터 31만 2,927달러를 받을 수도 있었다."를 리트윗했다.[15] 첫 주에 제공된 #소셜커런시 할인은 총 1만 2,000달러가 넘었다. 마케팅 캠페인이 엄청나게 성공한 것을 생각하면 얼마 안 되는 대가였다. 이번 캠페인은 원피스가 새로운 매장을 널리 알리고 엄청난 매출을 발생시킨 소셜 미디어 혁신의 한 예로 세계 언론의 조명을 받았다. 그러나 가장 중요한 것은 원피스가 충성도뿐만 아니라 규모의 측면에서 브랜드 팬층을 동원하고 강화한 것이었다.

원피스는 2015년에 #핵더프라이스#HackThePrice라는 또 하나의 혁신적인 소셜 미디어 캠페인을 시작했다. 이것은 열흘 동안에 해시태그 게시물이 페이스북, 트위터, 인스타그램으로 공유될 때마다 가격을 1센트 할인하는 캠페인이었다(각 게시물마다 3회까지만 공유가 인정된다). 열흘 동안의 행사가 끝날 무렵에, 캠페인 참가자들은 마음에 드는 슬래커 웨어를 할인 가격으로 구매할 수 있는 사이트가 링크되어 있는 이메일을 받는다. 원피스 웹사이트에서 최근까지의 공유 횟수와 할인 금액을 추적할 수 있다. 또한 이번 캠페인이 끝날 때까지 남은 시간도 확인할 수 있다.

원피스는 첫 번째 #핵더프라이스 캠페인에서 1만 1,000명이 해시태그 게시물을 공유하고, 이를 통해 점프슈트 7,000점을 판매하는 결과를 낳았다. 나는 토마스에게 어떻게 하면 이처럼 엄청난 판매 전환율을 기록할 수 있는지 물었다. 그는 이렇게 설명했다. "이번 캠페인에 참가하는 사람들은 우리 제품을 구매하는 데 관심이 많습니다. 이와 같은 캠페인은 일종의 특권을 창출합니다. 가격 할인에 기여했다면, 그에 따른 보상을 얻기를 원합니다."

원피스가 가진 독특한 전문성은 소셜 미디어 대화를 매출로 전환하는 것이다. 그들은 혁신적인 마케팅 캠페인을 통해 소셜 팔로워를 불러 모으고는 슬래커 웨어 판매에서 수년에 걸쳐 1억 달러가 넘는 매출을 창출했다.

원피스의 사례 1

	원피스 #SocialCurrency 캠페인
내용	소셜 미디어 팔로워를 뉴욕의 원피스 팝업 매장에서 현금과 바꿀 수 있는 소셜 커런시로 전환한다.
1 단계	뉴욕에서 새로 개장한 원피스 팝업 매장을 찾아간다.
2 단계	당신의 소셜 미디어 계정을 피스키퍼라는 온라인 앰배서더 프로그램과 연결한다.
3 단계	피스키퍼 시스템이 페이스북, 트위터, 인스타그램, 링크트인, 텀블러, 유튜브, 바인에 걸친 팔로워 수에 근거하여 적용되는 할인 금액을 계산한다. 팔로워 500명당 1달러를 할인받을 수 있다.
4 단계	소셜 미디어에 #SocialCurrency로 해시태그를 건 매장 사진을 공유하면 20달러를 추가로 할인받을 수 있다.
5 단계	끝!

원피스는 다른 브랜드들이 브랜드 지지자들을 동원할 수 있도록 지원하기 위해 피스키퍼 프로그램이 제공하는 솔루션을 중심으로 브랜드바사도르BrandBassador라는 솔루션 전문 기업을 신설했다. 토마스는 원피스가 소셜 커머스에서 이룬 성공이 다른 브랜드에도 적용된다고 믿고 자신이 배운 것을 공유하고 싶어 했다. 그는 이렇게 말했다. “모든 브랜드가 수천 명의 팬을 확보하고 있습니다. 팬이 고객일 때 그들을 위한 마케팅에 돈을 많이 쓰는 것은 미친 짓입니다. 그들이 어떤 사람인지를 알고 있으면, 돈을 많이 쓰지 않고도 직접 온라인으로 말할 수 있습니다.”

원피스의 사례 2

	원피스 #HackThePrice 캠페인
내용	점프슈트 가격을 할인받기 위해 #HackThePrice 게시물을 공유한다. 각 게시물이 공유될 때마다 가격이 1센트씩 할인된다. 가격 할인은 최대 57달러까지, 혹은 행사 기간이 종료될 때까지 실시된다. 이제 시작하자!
1 단계	페이스북, 인스타그램, 트위터를 사용하여 #HackThePrice 게시물을 공유한다. 각각의 네트워크에서 한 번 공유할 수 있다.
2 단계	공유한 사람이 많을수록, 가격이 더 많이 할인된다. 점프슈트를 사기 위해 내야 할 가격은 6월 2일까지 정한 가격이다.
3 단계	끝!

원피스는 전자상거래에서 소셜 미디어를 통한 브랜드 형성, 사회적 평가의 중요성에 대한 이해를 바탕으로 패션업계에서 예상 밖의 실세가 되었다. 이 노르웨이의 젊은이들은 마케팅과 매출 창출을 위해 전적으로 팬들에게 의존하는 정교한 시장 진입 전략Go-To-Market Strategy을 사용했다. 그들은 소셜 미디어가 돈이 되도록 했고, 그 과정에서 소셜 커머스의 혁신자로 인식되었다.

원피스는 처음에는 점프슈트에서 시작했지만, 지금은 내의, 바지, 재킷, 부츠, 모자, 액세서리까지 아우르는 슬래커 웨어 컬렉션으로 사업을 확장했다. 그들은 전 세계에 콘셉트 스토어 10곳을 보유하고 있으며, 1,000개가 넘는 매장에서 제품을 판매하고 있다. 그리고 매달 100개가 넘는 국가로 제품을 발송한다. 그들의 목표는 점프슈트로 일으킨 세계적인 운동을 고조시키고, 1조 달러에 달하는 세계 의류 시장에서 그들만의 틈새시장을 개척하는 것이다. 원피스의 잠재력은 무궁무진하다. 그들이 말했듯이, 파자마 파티는 아직 시작조차 하지 않았다.

다니엘 웰링턴, 원플러스, 원피스는 소비자 브랜드의 새로운 세대를 보여주는 3가지 사례다. 그들은 주로 온라인에 집중했고, 외부 통찰 유형의 지표에 본능적으로 관심을 가졌다. 충성 고객 커뮤니티의 규모와 활력에 사활이 걸려 있는 기업이기 때문에, 그들에게 가장 중요한 지표는 소셜 미디어 참여와 관련된 것이다. 이러한 기업들은 자신에게 유리한 이야기를 전하기 위해 고객에게 의존하기 때문에 전통적인 마케팅 경로에 많이 지출하지 않는다. 그들의 제품에 만족한 고객들은 다른 고객들이 제품을 구매하도록 설득하는 사회적 평가를 생성한다. 이것은 기본 원칙이며, 그들은 이러한 원칙에 기반을 두고 외부 통찰 마케팅 캠페인을 추진하면서 새로운 세대의 성공 기업을 만들어간다.

이 주제에 대해 더 많은 사례 연구와 동영상 인터뷰를 보려면 안내용 앱을 사용하여 이 코드를 스캔하시오.
outsideinsight.com/app에서 다운로드하시오.
더 많은 읽을거리를 원하시면 outsideinsight.com을 방문하시오.

Outside

Insight

10장

제품 개발을 위한 외부 통찰

1995년 7월 14일, 미국의 유명한 암호 기술 분야 활동가 할 피니Hal Finney가 온라인으로 암호 문제를 게시했다. 이것은 나중에 보안 소켓 계층Secure Socket Layer, SSL 문제로 알려졌는데, SSL은 넷스케이프가 개방된 인터넷을 통해 정보를 암호화된 데이터로 전송하기 위해 개발한 기술을 말한다. 미국은 암호 키가 40비트 이상인 암호 기술의 수출을 금지했는데, 할은 이것이 얼마나 쉽게 뚫릴 수 있는지 보여주고 싶었다. 그리고 8월 15일, 프랑스의 박사과정 학생 다미앵 돌리게Damien Doligez가 무차별 대입 공격을 시도하여 암호 코드를 해독했다. 그는 암호 키를 5,000억 번 넘게 무작위로 추측하여 8일 만에 정확한 값을 우연히 찾아냈다.

다미앵이 암호 코드를 해독했다는 소식이 인터넷을 통해 순식간에 퍼져갔고, 주요 통신사들도 이 소식을 알게 되었다. 이후로 언론이 이 소식을 떠들썩하게 다루자, 넷스케이프가 이를 잠재우기 위해 8월 17일에 입장 발표를 했다. 겨우 메시지 하나가 뚫린 것에 불과하며(사용된 계산력의 측면에서 추정된 비용은 1만 달러), 기본적인 암호 알고리듬은 건재하다는 주장이었다.[1] 넷스케이프는 메시지 하나를 뚫는 데 걸리는 시간과 비용을 고려하면 그들의 기술은 소비자 수준에서의 거래를 보호하기에 충분히 강력하다고 주장했다. 그러나 사람들은 이 말을 듣고서 미국 정부를 상대로 암호 키가 40비트 이상인 암호 기술의 수출 금지를 철회할 것을 요구하게 되었다.

이로부터 2개월이 지난 1995년 10월 10일, 넷스케이프가 버그 바운티Bug Bounty라는 프로그램을 출시했다. 넷스케이프가 할의 SSL 문제에 대해 언론이 보인 반응에 영향을 받아서인지, 제품에서 버그를 발견한 사람에게는 금전적으로 보상할 것이라고 했다. 이것은 노출된 취약성을 기회로 전환시킨 혁신적인 방법이었다. 넷스케이프 마케팅 부사장 매트 호너Matt Horner는 당시에 이렇게 설명했다. "버그를 신속하게 찾아내어 보고한 사용자들에게 금전적인 보상을 제공함으로써, 이 프로그램은 넷스케이프 내비게이터 2.0에 대한 광범위하고도 공개적인 검토를 촉진하여 최고의 제품을 지속적으로 제공하는 데 도움을 줄 것입니다."[2]

넷스케이프는 더 나은 제품을 만들기 위해 직원에게만 전적으로 의지하지 않고 전문가들과 팬들의 글로벌 커뮤니티를 활용했다. 금전적인 가치로만 보면 보상이 많지는 않았지만, 사람들의 기여를 인정한 것 자체가 커뮤니티에서 큰 환영을 받았다. 넷스케이프의 혁신 프로그램(나중에 구글, 마이크로소프트, 페이스북처럼 많은 기업들이 모방하게 된다)은 회사 내에 지능이 뛰어난 사람들이 있는데도, 기업이 외부 세계의 집단 지성보다 결코 뛰어날 수 없다는 통찰에 근거한 것이다. 넷스케이프의 버그 바운티 프로그램은 제품 개발에서 때로는 크라우드소싱이라는 새로운 변화를 일으키기 시작했다.

버그 바운티 프로그램이 출시된 이후로 제품 개발에는 급격한 변화가 일었다. 이러한 변화는 인터넷이 빠르게 보급되고 전 세계의 사람들이 쉽게 소통하고 협력하고 정보를 공유할 수 있게 되면서 탄력이 붙었다.

넷스케이프의 버그 바운티 프로그램이 출시되기 전까지는 제품 개발은 기존 제품을 유지하고 신제품을 기획하는 부서에서 하는 일로 분명하게 정의되었다. 넷스케이프의 버그 바운티는 제품 개발을 제품 개발부에서 벗어나 넷스케이프 직원들을 뛰어넘어 고객, 전문가, 열성 팬을 비롯하여 협력할 수 있는 사람이라면 누구든지 참여하는 글로벌 커뮤니티의 집단 노력으로 전환시켰다.

제품 개발은 여러 가지 형태로 나타난다. 이번 장에서 버그 바운티 프로그램에서 영감을 받은 접근 방식을 살펴볼 것이다. 이것은 혁신을 자극하고 더 나은 제품을 생산하기 위해 집단을 동원하는 것을 말한다. 이러한 제품 개발의 유형은 2가지 주요 형태로 나타난다. 모든 참여자들이 더 나은 솔루션을 만들기 위해 같은 솔루션을 두고 집단적으로 작업하는 크라우드소싱이나, 최상의 솔루션이 상을 받고서 자랑할 수 있는 특권을 갖는 경연대회를 주관하는 것이다.

이러한 제품 개발의 유형은 전혀 새로운 것이 아니다. 그러나 키보드만 몇 번 치면 멀리 떨어진 사람들과 쉽게 연결되는 세상에서, 이것이 주류가 될 것이라고 믿을 만한 이유가 있다. 또한 대중이 참여하고, 온라인에서 이루어지고, 글로벌 커뮤니티 참여자에 의해 속도가 붙는다는 점에서 외부 통찰과 관련된다.

이러한 추세를 자세히 살펴보기 전에, 먼저 과거로 돌아가서 지난 역사를 살펴볼 것이다. 또한 크라우드소싱의 개념을 이해하고 이에 동조하는 참여자에 기반한 운동으로서 오픈소스 운동을 하나씩 살펴볼 것이다.

대중들을 동원한다: 역사적 고찰

어려운 문제를 해결하기 위한 대중 동원 기술은 역사가 오래되었다. 1714년, 영국 정부는 해상에서 선박의 경도를 계산하는 좋은 방법을 찾기 위해 상금 2만 파운드를 걸었다. 믿을 만한 지도를 만들어서 세계의 바다를 탐사하려면 선박이 동쪽 혹은 서쪽으로 얼마나 멀리 항해했는지 알기 위해 경도 문제를 반드시 해결해야 했다. 아마도 이것은 18세기에 가장 골치 아픈 문제였을 것이다. 갈릴레오와 아이작 뉴턴과 같은 위대한 지성들이 이 문제를 풀려고 했지만 실패하고 말았다. 이 상을 받은 사람은 존 해리슨John Harrison이라는 목수 겸 시계 제조공이었다. 그는 이 문제를 가지고 40년 동안 고민하다가 1764년에 드디어 해결했다. 해리슨은 이 문제를 해결하면서 세 종류의 대형 해상 시계를 만들고는, 지금은 H4로 알려진 좀 더 작고 실용적인 해상 시계가 최고의 해결책이라고 생각했다. 그러나 이후 몇 년 동안 존 해리슨이 해결한 것은 요행으로 치부되었다. 8년이 지나 해리슨이 79세가 된 1772년이 돼서야 국왕 조지 3세가 개입하여 해리슨의 편을 들어주었고, 결국 해리슨이 상을 받았다. 그사이에 해리슨의 발명품은 쿡 선장이 오스트레일리아를 발견하는 데 도움이 되었다. 쿡 선장은 해리슨의 발명품을 "온갖 종류의 일기 변화에도 충실한 안내자"라고 예찬했다.[3]

경도 상Longitude Prize 이후로도 혁신을 자극하기 위해 상금을 건 경연대회가 많이 열렸다. 그중에서 가장 유명한 것으로 뉴욕에서 파리까지 최초로 논스톱 비행을 한 사람에게 주는 오르테이그 상Orteig Prize이 있었는데, 찰스 린드버그Charles Lindbergh가 수상했다. 그리고 안사리 엑스 프라이즈Ansari X Prize는 최초로 민간 자본을 가지고 우주여행에 성공한 사람에게 주는 상이다.

소프트웨어 산업은 혁신을 자극하기 위해 대중을 동원하는 경향이 있다. 과거에는 하나의 큰 문제를 해결하기 위해 하나의 큰 상을 준다는 생각에서 상을 제정했다. 넷스케이프의 버그 바운티 프로그램은 새로운 접근 방식을 위한 길을 열었다. 이 프로그램에서는 모든 이들이 같은 솔루션을 두고 집단적으로 작업하여 더 나은 솔루션으로 만든다. 이것이 크라우드소싱이라고 알려진 접근 방식이다.

2006년에 「와이어드Wired」 편집자 제프 하우Jeff Howe와 마크 로빈슨Mark Robinson은 기업들이 제품 개선, 아이디어, 서비스, 데이터를 떠올리기 위해 직원과 납품 업체에만 의존하지 않고 공개된 커뮤니티가 기여하게 만들려는 새로운 추세를 표현하기 위해 이 용어를 만들어냈다. 하우와 로빈슨은 제임스 서로위키James Surowiecki의 2004년 베스트셀러 『대중의 지혜Wisdom of Crowds』에서 영감을 얻었다고 한다. 한편 서로위키는 찰스 매케이Charles Mackay가 1841년에 출간한 『대중의 미망과 광기Extraordinary Popular Delusions and the Madness of Crowds』에서 많은 도움을 받았다.

크라우드소싱은 처음에는 기술 세계를 변화시켰다가 나중에는 모든 산업에서 혁신, 문제 해결, 제품 개발에 엄청난 영향을 미쳤던, 놀라울 정도로 영향력이 큰 아이디어가 되었다. 나는 이 책을 쓰기 위해 2001년에 지미 웨일즈Jimmy Wales와 래리 생어Larry Sanger가 처음 시작한, 세계에서 가장 큰 백과사전 위키피디아를 수시로 참조한다. 위키피디아는 순식간에 잡다한 지식에 열중하는 수백만 명의 팬들이 벌이는 세계적인 운동으로 발전하여 종합적인 지식을 위한 세계에서 중요한 저장소 중 하나가 되었다. 다음 표에는 주요 상 혹은 크라우드소싱 이벤트가 연도순으로 나열되어 있다. 이들 중 일부는 이번 장에서 더욱 자세히 살펴볼 것이다.

문제 해결을 위한 외부 통찰의 예

1714년	영국 정부는 해상에서 선박의 경도를 계산하는 신뢰할 만한 방법을 찾기 위해 '경도 상'을 제정하여 상금 2만 파운드를 지급하기로 했다. 이 상은 시계 제조공 존 해리슨에게 돌아갔다.
1884년	『옥스퍼드사전』의 A분책分冊이 처음으로 발간되었다. 이것은 단어를 수록하기 위해 800명의 독자들을 활용했다.
1916년	플랜터 피너츠Planter Peanuts가 로고를 개발하기 위해 경연대회를 개최했다. 미스터 피넛Mr. Peanut을 제안하여 오늘날까지도 널리 알려진 로고를 만든 14세 소년이 수상했다.
1919년	오르테이그 상은 프랑스의 호텔 경영자 레이먼드 오르테이그가 제정한 상으로 뉴욕에서 파리까지 최초로 논스톱 비행을 한 사람에게 상금 2만 5,000달러를 지급했다(1927년 찰스 린드버그가 수상했다).
1981년	론리 플래닛Lonely Planet 여행 안내서 3판이 출간되어 독립 여행자가 직접 업데이트하고 정보를 제공하고 내용을 수정하는 시대를 열었다.
1983년	리처드 매튜 스톨먼(때로는 이니셜을 따서 rms라고도 불린다)이 GNU 프로젝트를 시작했다. 이것은 자유 소프트웨어 운동과 오픈소스 운동의 출발점이 되었다.
1991년	핀란드의 컴퓨터 과학자 리누스 토발즈가 리눅스를 만들었다.
1995년	넷스케이프가 세계 최초로 버그 바운티 프로그램을 출시했다.
1996년	넷플릭스가 넷플릭스 상을 제정하여 자사의 영화 추천 알고리듬을 능가하는 알고리듬을 개발한 사람에게 상금 100만 달러를 지급하기로 했다.
1996년	엑스프라이즈재단이 안사리 엑스 프라이즈를 제정하여 최초로 민간 자본으로 우주여행에 성공한 사람에게 상금 1,000만 달러를 지급하기로 했다.
1999년	아파치 소프트웨어 재단이 설립되었다.
2000년	클레이 수학연구소Clay Mathematics Institute가 밀레니엄 문제Millennium Prize Problems를 발표했다. 일곱 개의 수학 난제 중 하나를 해결하는 사람에게 100만 달러를 지급한다.
2001년	지미 웨일즈와 래리 생어가 온라인 백과사전 위키피디아를 시작했다.
2005년	아마존이 마이크로태스크microtask 플랫폼 메커니컬 터크Mechanical Turk를 개설했다.
2009년	크라우드소싱 사이트 킥스타터가 개설되었다.

자유 소프트웨어 운동

1991년, 핀란드의 유명한 컴퓨터 과학자 리누스 베네딕트 토발즈 Linus Benedict Torvalds는 누구라도 사용하고 변경할 수 있는 무료 운영 체제를 꿈꾸었고, 나중에 리눅스라고 불린 것을 만들었다. 그는 자신과 비전을 공유하는 전 세계 1만 명이 넘는 컴퓨터 과학자들로부터 여러 해에 걸쳐 도움을 받았다. 모두 자발적으로 나서서 무료로 도움을 주었다. 오늘날 리눅스는 세계에서 가장 성공한 운영 체제다. 세계 웹 서버의 3분의 1이 리눅스 기반 운영 체제를 적용하며, 세계 모바일 장치의 50퍼센트 이상이 리눅스 커널에 기반을 둔 안드로이드 기반 운영 체제를 적용한다.[4]

리눅스는 리처드 매튜 스톨먼 Richard Matthew Stallman의 업적과 1983년에 그가 시작한 GNU 프로젝트(GNU는 GNU's Not Unix GNU는 유닉스가 아니다의 약자로 유닉스의 상업적 확산에 반발하여 리처드 스톨먼과 그의 팀이 무료로 개발하여 배포한 유닉스 호환 운영 체제인 동시에 정보 공유 프로젝트 그 자체를 의미한다–옮긴이)에서 비롯된 자유 소프트웨어 운동과 오픈소스 운동의 한 부분을 차지했다. 스톨먼은 기술 세계 외에는 잘 알려지지 않았지만, 이 시대의 소프트웨어 개발에서는 영향력이 가장 큰 인물이다. 그의 업적은 오픈소스 코드와 함께 무료로 제공되는 수천 개의 소프트웨어 프로그램을 만드는 데 자극제가 되었다. 그는 사회를 위해 공용 도메인 소프트웨어 public domain software라는 비전을 품었는데, 이러한 비전을 통해 만들어진 것으로는 리눅스와 같은 운영 체제뿐만 아니라 웹 서버, 데이터베이스, 검색 엔진, 프로그래밍 언어를 포함하여 수많은 프레임워크가 있다. 지금까지 그는 중요한 업적을 바탕으로 세계 여러 대학으로부터 명예 박사학위를 15개나 받았다. 수많은 기업가, 과학자, 컴퓨터광이 스톨먼의 업적으로 혜택을 입었다. 구글, 야후, 아마존, 페이스북, 트위터를 비롯하여 많은 기업들이 그의 오픈소스 비전에 영감을 받은 소프트웨어에 기반을 두고 있다. 전 세계의 연구 팀들이 스톨먼의 정신에서 비롯된 수학 계산과 데이터 시각화data visualization(마케터가 계획과의 편차를 신속하게 알아내어 수정된 행동을 취할 수 있도록 하는 데 사용되는, 조직의 마케팅 측정법에 대한 정보의 그래픽 프레젠테이션-옮긴이)를 위한 오픈소스 프레임워크를 바탕으로, 아무 방해를 받지 않고 편안하게 자신의 연구에만 시간을 쏟을 수 있었다.

나도 마찬가지로 스톨먼과 오픈소스 커뮤니티의 은혜를 입었다. 2001년 자본금 1만 5,000달러만 가지고 멜트워터를 설립했을 때, 유명한 램프 스택(LAMP stack, 여기서 L은 리눅스 운영 체제를 의미하고, A는 아파치Apach 무료 웹 서버, M은 마이에스큐엘MySQL 무료 데이터베이스, P는 무료 오픈소스 프로그래밍 언어인 펄Perl을 의미한다)을 기반으로 했다. 오픈소스 소프트웨어가 없었다면, 혹은 이 모든 기초 소프트웨어를 구매하기 위한 자금이 부족했다면, 멜트워터와 같은 작은 신생 기업이 사업을 시작하여 성장할 수 없었다.

오늘날 오픈소스 소프트웨어는 자발적인 자원봉사자가 무료로 작업하여 만든 것인데도 상용 소프트웨어보다 더 큰 신뢰를 받고 있다. 이 운동은 사람들이 소프트웨어를 사용하고 연구하고 보급하고 수정할 자유를 지키려는 활동가들의 운동으로 시작되었다. 이것은 특허권, 저작권, 그 밖의 지적 재산권을 추구하는 상업 세력에 맞서 싸우기 위한 대항 운동이었다.

오늘날 오픈소스 운동은 세계에서 가장 중요하고도 널리 사용되는 소프트웨어를 구축하고 지원한다. 이 운동은 처음에는 초라하게 출발했지만, 처음에 대항했던 소프트웨어 거대 기업보다 훨씬 유력해질 정도로 성장했다. 이 운동은 자신의 재능을 대의를 위해 사용하기를 원하는, 세계에서 가장 뛰어난 지성들을 지속적으로 끌어 모으고 있다. 그리고 앞으로도 지금과 같은 분위기가 계속 이어진다면, 이 운동은 우리 모두에게 혜택을 주는 소프트웨어를 계속 만들어갈 것이다.

크라우드소싱을 활용하라

오늘날의 제품 개발 과정에서 크라우드소싱의 아이디어를 채택하기 시작한 기업들이 점점 더 많아지고 있다. 스타벅스는 더 나은 서비스를 제공하기 위한 아이디어를 팬들에게 들으려고 마이 스타벅스 아이디어My Starbucks Idea라는 사이트를 개설하여 많은 찬사를 받았다. 이 사이트는 2008년에 개설되었는데, 덕분에 스타벅스는 소셜 미디어 참여에서 얼리어답터가 되었다.

스타벅스는 처음 5년 동안에 15만 건의 제품, 매장 서비스, 기업의 사회적 책임의 개선을 위한 제안을 받았고, 200만 명이 넘는 고객들이 좋은 아이디어를 뽑는 투표에 참여했다.[5] 이 프로그램에서 나온 가장 유명한 혁신이 스타벅스가 실행에 옮겼던 첫 번째 아이디어로, 컵 뚜껑의 구멍 사이로 커피가 튀는 것을 방지하기 위해 뚜껑 구멍에 끼워 넣는 스플래시 스틱splash stick일 것이다. 이후로 스키니 모카, 모카 코코넛 프라푸치노, 헤이즐넛 마키아토, 펌프킨 스파이스 라테와 같은 새로운 음료와 무설탕 시럽, 높이가 있고 재사용이 가능하고 차가운 컵인 텀블러, 무료 와이파이를 포함하여 수백 개의 아이디어가 실천에 옮겨졌다.

2013년 영국의 식품점 체인 테스코가 '세계 최초의 소셜 와인'을 창출하기 위해 혁신적인 소셜 미디어 캠페인을 시작했다. 테스코는 고객들에게, 그리고 인터넷으로 (블로거와 테스코 와인 커뮤니티에서 선택된) 다섯 개의 후보 와인 중에서 테스코 영국 체인과 세계 체인을 통해 판매할 와인을 최종 선택하여 병을 디자인하고 신제품 와인의 이름을 정하는 작업을 도와달라고 요청했다. 테스코는 테스코 페이스북 페이지에 만들어놓은 앱을 통해 3주 만에 1,688건을 접수했다. 버킹엄셔에 사는 주부 레베카 보아마Rebecca Boamah가 와인을 만드는 포도를 재배하는 사람들이 모인 블랙 와인 커뮤니티의 이름을 따서 '에날레니의 꿈Enaleni's Dream'이라는 와인명을 제안하여 상을 받았다. 이 와인은 브랜드 측면뿐만 아니라 매출 측면에서도 크게 성공했다. 이 신제품 와인은 홍보를 시작한 지 처음 몇 주 만에 8만 병이 넘게 팔렸다.

피아트 미오Fiat Mio(영어로는 'My Fiat')는 세계 최초의 크라우드소싱 자동차다. 15개월에 걸쳐 세계 160개국의 1만 7,000명이 넘는 사람들이 제작에 참여한 미래형 콘셉트 카 피아트 미오는 2010년 10월 상파울루 자동차 쇼에서 모습을 드러냈다.[6] 피아트는 처음에 소수의 자동차 팬들이 참여할 것으로 예상하고는 피아트 미오를 소규모 프로젝트로 기획했다. 그러나 참여자들이 점점 많아지면서, 이 프로젝트는 피아트 관리자, 디자이너, 엔지니어 사이에서 지엽적인 주제가 아닌 중심 주제가 되었다.

피아트 생산 전문가와 일반 참여자들 사이에 총 21개 범주의 주제를 놓고 철저한 토론이 벌어졌다. 인기 있는 주제는 실내 공간, 연비, 조용함, 차내 생체 인식 시스템과 디자인이었다. 피아트의 전문가들은 이번 토론이 실용적이고도 기술적으로 실현할 수 있는 제안이 되도록 스케치, 공학적 직관, 그 밖의 다양한 형태의 지원을 통해 이 과정에 기여했다. 그러나 피아트와 크라우드소싱 참여자들은 이 콘셉트 카가 대량 판매를 위한 자동차로 제작되지 않고 심지어는 상품화되지 않을 수도 있다는 것을 알고 있었다.

이 자동차는 판매를 위해 제작되지는 않았지만, 엄청난 가치를 창출했다. 이 콘셉트 카는 소비자의 소망을 나타내는 지도 역할을 하면서 피아트의 차세대 제품 개발에 기여했다. 피아트의 어느 관리자는 이번 프로젝트가 시작되고 나서, 이것이 자동차업계 전체를 정신분석가의 소파로 보내고는 피아트의 모든 직원들이 일하는 방식을 바꾸어놓았다고 말했다.

9장에서 원플러스의 마케팅 스토리를 살펴보았다. 원플러스는 중국의 신생 기업으로, 2015년 세계 스마트폰 시장에 뛰어들어 최고급 스마트폰을 초대장을 가진 사람에게만 판매하여 애플처럼 열광적인 입소문을 일으키면서 명성을 얻었다. 또한 원플러스는 제품 혁신을 유도하기 위해 커뮤니티를 활용한 브랜드의 사례가 되었다.

원플러스는 첫 번째 스마트폰이 찬사를 받은 이후에, 두 번째 스마트폰 원플러스투에 대해 다양한 피드백을 받았다. 세 번째 스마트폰 원플러스스리에 대해서는 공동 설립자 카를 페이가 '당신의 이상적인 스마트폰Your Ideal Smart Phone'이라는 프로그램을 내놓았다. 그는 이 프로그램에서 제품에 관한 중요한 결정을 내리는데 정보를 얻으려고 원플러스 팬들을 온라인에서 적극적으로 동원했다. 그의 팀은 내수성, 근거리 무선 통신near field communication, NFC, 맥박 수 센서, 확장 가능한 저장 공간, 디자인과 같은 바람직한 기능을 조사하기 위해 1주일 단위로 여론 조사, 토론을 통해 커뮤니티와 교감한다. 원플러스 팀은 이러한 참여를 통해 기술 사양, 스크린의 크기, 카메라, 배터리, 지문 센서의 선택, 배터리 충전을 위한 새로운 혁신 기술의 선택과 같은, 제품에 관한 중요한 결정을 내린다.

카를 페이는 이렇게 말한다. "원플러스스리의 사양, 디자인, 기능은 원플러스 커뮤니티에서 2만 명이 넘는 사람들이 참여한 결과입니다." 그리고 이런 접근 방식은 효과가 있었다. 원플러스스리는 원플러스 역사상 가장 빠르게 팔린 제품이었다. 2016년 8월부터 9월까지, 원플러스는 재고가 바닥이 나서 판매를 중단해야 했다.

B2B 기업도 제품 개발에서 크라우드소싱을 통해 혜택을 본다. 2006년 IBM은 신제품 아이디어를 개발하기 위해 이노베이션잼InnovationJam이라는 크라우드소싱 이벤트를 추진했다. CEO인 사무엘 팔미사노Samuel Palmisano가 이를 총괄했는데, 그는 연구실에서 자기가 보았던 혁신을 세상으로 가져오고 싶었다. 그러나 전통적인 개발 방식을 사용해서는 시장으로 나올 것 같지 않았다. 그는 이번 이벤트를 통해 최고의 아이디어를 개발하여 시장으로 가져오기 위해 1억 달러를 투자하기로 약속하면서 이렇게 말했다. "우리는 우리 연구실을 개방했습니다. 여기에는 우리의 크라운주얼crown jewel(왕관의 보석을 뜻하는 이 말은 매수 대상 회사의 가장 가치 있는 자산을 뜻한다-옮긴이)이 있습니다. 오셔서 한번 보시기 바랍니다."[7]

이 이벤트는 72시간 세션을 두 차례 거치면서 104개국, 67개 기업에서 15만 명이 넘는 사람들을 동원했다. 첫 번째 72시간 이노베이션잼 세션에서는 게시물이 4만 6,000개가 쏟아졌는데, 이것은 31개의 유망 제품 아이디어로 요약되었다. 두 번째 72시간 세션에서는 경쟁과 사업 기회의 관점에서 이러한 아이디어의 가능성을 분석했다. 일부 아이디어는 철저한 검토를 거치면서 더욱 탄탄해졌지만, 일부는 도중에 무산되고 말았다. 10개의 유망 아이디어가 선정되어 닉 도노프리오Nick Donofrio IBM 부회장이 이끄는 가속 개발 프로그램으로 들어갔다. 이 중에서 〔교통 흐름에 대한 실시간 분석을 위한 즉시 응답 시스템on-demand system의 신설, 세계 유틸리티 그리드로의 정보 주입, 스마트 헬스케어 결제 시스템의 도입, 환경에 직접적으로 도움이 되는 솔루션과 서비스를 제공하기 위한 새로운 사업 단위의 신설을 포함하여〕 가장 성공한 프로젝트가 IBM의 똑똑한 지구Smarter Planet 계획의 일부가 되었다. 그리고 IBM에 따르면, 이후로 이러한 프로젝트는 수십억 달러의 매출을 창출했다고 한다.

경연대회: 혁신을 위한 보상 체계

널리 입증된 크라우드소싱의 또 다른 유형은 해결되지 않은 중요한 문제에 해법을 제시한 사람에게 상금을 제공하는 것이다. 역사적으로 과학과 수학 분야에서 이런 상을 자주 찾아볼 수 있다. 앞에서 역사적으로 유명한 경도 상과 1919년 프랑스의 호텔 경영자 레이먼드 오르테이그가 뉴욕에서 파리까지 최초로 논스톱 비행을 한 사람에게 2만 5,000달러의 상금을 제공하기로 했던 오르테이그 상에 대해 살펴보았다. 이 상을 받기 위해 많은 사람이 경쟁하다가 6명이 사망했고 여러 사람이 부상을 입었다고 한다. 결국 이 상은 1927년 스피릿 오브 세인트루이스Spirit of St. Louis라는 비행기를 몰았던, 언더도그(성공할 가능성이 적은 약자-옮긴이)였던 찰스 린드버그에게 돌아갔다.[8] 이 상은 상 자체가 갖는 가치보다 항공 산업에 대한 훨씬 더 가치 있는 투자를 촉발시켰고, 오늘날 상업 항공을 위한 길을 열었다.

더욱 최근에는 상금을 제공하는 상이 혁신과 제품 개발을 자극하는 데 성공적으로 활용되었다. 누군가는 돈에 이끌리기도 하고 누군가는 명예에 이끌려서, 이처럼 다양한 경연대회에 참가한다.

오르테이그 상에서 영향을 받은 상으로서 엑스프라이즈재단XPRIZE foundation이 1996년 5월에 제정하고 상금이 1,000만 달러나 되는 안사리 엑스 프라이즈가 있는데, 이것은 민간 자본으로 3인승 우주선을 제작하여 2주 동안에 우주에 두 번 다녀온 팀에 주어진다. 이 상은 저가 우주선의 개발을 촉진하기 위해 제정되었는데, 이것을 처음 생각해낸 사람은 그리스 출신의 미국 기업가 피터 디아만디스Peter H. Diamandis였다. 원래는 엑스 프라이즈였는데, 나중에 기술 기업가 아누셰흐 안사리Anousheh Ansari와 아미르 안사리Amir Ansari가 수백만 달러를 기부하면서 안사리 엑스 프라이즈로 이름이 바뀌었다.[9] 이 상을 타기 위해 1억 달러가 넘는 돈이 신기술 개발에 투자되었다고 한다. 결국 이 상은 2004년 10월 4일, 마이크로소프트 공동 창업자 폴 앨런Paul Allen에게서 자금을 지원받아 우주선 스페이스십 원SpaceShip One을 제작한 항공 우주 공학자 버트 루탄Burt Rutan에게 돌아갔다. 이후로 이 상은 테슬라 설립자 엘론 머스크, 아마존 설립자 제프 베조스, 버진 설립자 리처드 브랜슨Richard Branson과 같은 기업가들에게 영향을 미쳐서, 우주여행을 좀 더 저렴하게 만들고 널리 보급하기 위한 기업을 설립하도록 했다.

2006년 10월 2일, 당시 주문형 비디오를 통신 판매하던 넷플릭스가 엑스 프라이즈에 영향을 받아 경연대회를 창설했다. 이 대회는 널리 알려져서 과학 분야의 상이 상업적 제품 개발의 영역에 도입되는 신호탄이 되었다. 넷플릭스는 자사의 자동화된 영화 추천 알고리듬을 최소한 10퍼센트만큼 능가하는 알고리듬을 개발한 사람에게 상금 100만 달러를 제공하기로 했다.[10] 이 대회는 5년 동안 계속될 예정이었고, 개최 기념일마다 그때까지 가장 우수한 알고리듬을 개발한 사람에게 상금 5만 달러의 '향상 상Progress Award'을 수여하기로 했다.

세계 186개국에서 수천 팀이 알고리듬을 제출했다. 대회가 열리고 나서 6일이 지난 10월 8일, 넷플릭스 알고리듬을 능가하는 첫 번째 팀이 나왔다. 13일이 지난 10월 15일, 이러한 팀이 둘이나 더 등장했다. 넷플릭스는 놀라움을 금치 못했다. 그들은 자신의 머신 러닝 팀이 세계 최고라고 생각했다. CEO인 리드 헤이스팅스Reed Hastings는 "그것 참! 우리가 최고라고 생각했는데."라고 말했다. 토론토대학교에서 컴퓨터 공학을 가르치는 제프리 힌턴Geoffrey Hinton 교수는 그렇게 놀라지는 않았다. 그는 이렇게 말한다. "사실, 이 회사는 돈을 거의 쓰지 않고서 머신 러닝 커뮤니티의 많은 부분을 가져오고 있습니다." 경연대회가 시작되고 3년이 지난 2009년 9월 21일, 미국, 오스트리아, 캐나다, 이스라엘 출신의 통계학자, 머신 러닝 전문가, 컴퓨터공학자로 이루어진 7인의 팀(두 팀이 합쳐진 것이다)이 상금 100만 달러와 함께 자랑할 만한 특권을 부여받았다.

2011년 9월, 의학 교육을 받아본 적이 없는 사람들이 에이즈 치료에 중요한 기여를 했다. 지난 15년 동안 과학자들을 괴롭혔던 에이즈 퍼즐이 폴딧Foldit이라는 온라인 협업 게임에 참가한 선수들에 의해 열흘 만에 풀린 것이다. 여러 나라의 과학자들로 이루어진 팀이 수년에 걸쳐서 붉은털원숭이에서 발견되는 에이즈와 같은 바이러스로부터 단백질 절단 효소의 자세한 분자 구조를 확립하려고 했다. 이 분자 구조를 확립하면, 에이즈 바이러스를 퇴치할 신약 개발에 한걸음 더 다가갈 수 있었다. 그들은 최후의 수단으로서 이 문제를 워싱턴대학교가 개발한 게임 폴딧에 올렸다.[11] 간단하게 말하자면, 게임 플레이어가 단백질의 분자 구조와 연관된 퍼즐을 해결하도록 한 것이다. 이 게임에서는 특정 분야의 지식이 필요하지는 않았지만, 어떤 플레이어가 기존의 분자 구조의 에너지 상태보다 저에너지 상태의 분자 구조를 제시하면 점수가 올라가게 되어 있었다.

폴딧의 수석 설계자이자 개발자인 세스 쿠퍼Seth Cooper는 이렇게 말한다. "사람들에게는 공간 추론 능력이 있습니다. 아직은 컴퓨터가 사람보다 못합니다." 당혹스럽게도 생화학 교육을 전혀 받지 않은 더 컨텐더스The Contenders라는 팀이 며칠 만에 원숭이 바이러스 퍼즐을 해결할 수 있었다. 팀원들은 캐나다, 미국, 유럽, 뉴질랜드 출신으로 구성되어 있는데, 폴딧에 내장된 채팅 기능을 통해 협력했다고 한다. 미미Mimi라는 사용자명으로만 알려진 어느 팀원은 자신이 이 문제를 어떻게 해결했는지를 다음과 같이 말한다.

> 저는 제시된 선택지의 구조를 살펴보고는 단백질의 본체에 좀 더 가까이 다가가기 위해 한 번 '펄럭거려주면' 낫겠다는 생각이 들었습니다. 그런데 나 혼자만의 해법을 가지고 이것을 시도했을 때에는 제대로 되지 않았습니다. 하지만 이런 접근 방식을 다른 팀원들이 내놓은 진화된 해법에 적용하면서 제대로 맞춰 넣을 수 있었습니다. 그리고 이것이 답이라는 사실이 밝혀졌습니다.

워싱턴대학교 게임 사이언스 센터 소장 조란 포포빅Zoran Popović은 이렇게 말한다. "폴딧은 게임으로 초보자가 특정 분야에서 최고의 과학적 발견을 할 수 있는 전문가가 될 수도 있다는 것을 보여줍니다."

의학 분야에서 혁신을 달성하기 위해 경연대회를 활용했던 또 다른 기업으로는 거대 제약 회사 머크Merck가 있다. 2012년 8월, 머크는 특정 분자가 효과적인 약물이 될 잠재력을 예측하기 위한 최선의 알고리듬을 개발한 팀에 상금 4만 달러를 제공하는 머크 분자 활동 대회Merck Molecular Activity Challenge를 개최했다. 참가 팀에는 생물학적으로 관련이 있는 표적에 대한 15개의 데이터 세트가 제공되었는데, 각각의 데이터 세트는 수천 개의 개별 분자에 대한 화학 구조 정보를 가지고 있었다.

이 대회는 60일 동안 진행되었는데, 거의 3,000개 팀이 참가했다. 영예의 우승은 토론토대학교 컴퓨터 공학 박사 과정 학생인 조지 달George Dahl이 이끄는 팀에 돌아갔다. 달과 그의 팀은 의학 분야에 대한 지식 없이 불과 2개월 만에 산업 기준보다 17퍼센트나 개선된 알고리듬을 개발할 수 있었다. 달의 팀은 지금까지 제약 분야 연구에 한 번도 적용되지 않았던 딥 러닝 신경망deep learning neural networks이라는 데이터 과학 분야의 새로운 혁신 기법을 적용하여 이처럼 획기적인 결과를 이루어냈다. 크라우드소싱은 데이터 과학 분야의 새로운 혁신을 머크의 연구 개발 부서로 가져왔고, 제약 산업 전체가 데이터 과학의 참신한 기법이 지닌 미래 잠재력에 열광하게 만들었다.

혁신을 자극하고 신제품을 개발하기 위해 대중을 동원하는 것은 제품을 생산하기 위한 획기적이고도 강력한 방법이다. 아이디어와 혁신을 위해 커뮤니티를 폭넓게 활용하면 (규모와 자원과 무관하게) 이 세상의 어떠한 기업보다도 많은 혁신을 이루어낼 수 있을 것이다. 이번 장에서 머크와 피아트와 같은 기업이 속한 다양한 산업에서 크라우드소싱과 상금이 걸린 경연대회를 통해 어떻게 혁신과 제품 개발을 자극할 수 있는가를 살펴보았다.

이러한 추세는 앞으로도 더욱 강화될 것이다. 일종의 공익 법인으로 크라우드 펀딩 플랫폼의 역할을 하는 킥스타터와 같은 기관의 성장이 이를 잘 보여준다. 특히 킥스타터는 창조적 프로젝트의 수행을 지원하기 위해 20억 달러에 가까운 기금을 모금했다고 한다.[12] 이 중에서 가장 유명한 프로젝트가 바로 페블 스마트워치일 것이다. 이 프로젝트는 첫 번째 스마트워치를 제작하기 위해 불과 17분 만에 목표로 했던 50만 달러를 모금하고, 총 2,000만 달러가 넘는 금액을 모금한 것으로 유명하다.[13] 이렇게 선봉에 섰던 페블이 스마트워치를 가지고 스타의 반열에 올랐지만, 이 부문에서 초반에 주도권을 잡았는데도 2016년 12월에 이보다 규모가 큰 경쟁기업 핏빗Fitbit에 인수되었다.

제품 개발에서 개방적 협업 추세의 강화를 보여주는 또 다른 사례로는 소프트웨어 애플리케이션들이 서로 소통하게 해주는 공개 애플리케이션 프로그래밍 인터페이스Application Programming Interface, API의 성장을 들 수 있다. 오늘날 대부분의 소프트웨어 기업들은 공개 API를 제공한다. 고객들이 어떤 특별한 기능을 원한다면, 그들에게는 이것을 스스로 구현할 수 있는 권한이 부여된다. 이것은 제품 개발의 어느 한 부분을 고객과 파트너를 통해 외주 제작하는 훌륭한 방식이다.

애플은 아이폰 앱스토어를 만들 때 이러한 전략을 구사했다. 앱스토어가 나오기 전에는 스마트폰 제조업체들이 주로 자사의 소프트웨어를 깔아놓은 스마트폰을 출시했다. 애플은 고객의 모든 요구를 예상하는 대신, 제품 개발 업무를 고객에게 효과적으로 넘겨주었다. 그래서 선택의 폭이 다양한 앱이 등장했고, 아이폰은 대체할 수 없는 제품이 되었다. 앱스토어는 애플이 최고급 스마트폰 시장에 대한 주도권을 얻고 이를 유지하는 데 결정적으로 작용했을 것이다. 많은 기업들이 애플을 따르고 있다. 특히 세일즈포스의 강력한 앱 생태계는 CRM 플랫폼을 선택하려는 이들에게는 가장 끌리는 요인이 되었다.

크라우드소싱을 통한 제품 개발은 앞으로도 계속될 것이다. 이것은 고객이 자기가 원하는 제품을 개발하는 데 적극적으로 참여하게 만드는 효과적인 방법이다. 내부 통찰에만 의존하는 제품 부서는 이에 맞설 수 없을 것이다.

이 주제에 대해 더 많은 사례 연구와 동영상 인터뷰를 보려면
안내용 앱을 사용하여 이 코드를 스캔하시오.
outsideinsight.com/app에서 다운로드하시오.
더 많은 읽을거리를 원하시면 outsideinsight.com을 방문하시오.

Outside

Insight

11장

위험 관리를 위한 외부 통찰

2004년, 필리파 다브레Philippa Darbre 박사가 화장품, 보습제, 탈취제, 샴푸, 선탠 제품의 방부제로 사용되는 파라벤이라는 인공 화합물에 대해 광범위한 우려를 불러일으켰다. 다브레 박사가 「응용 독물학지The Journal of Applied Toxicology」에 발표한 「인간의 유방 종양에서 나타난 파라벤 농도」라는 논문에서는 이 화합물이 발암물질일 수 있다는 것을 보여준다.[1] 당장 여러 화장품 기업들이 다브레 박사의 연구 결과에 문제를 제기했지만, 2005년에 EU는 독립적인 자문 기관인 소비자 제품 과학 위원회가 실시한 위험 평가에 근거하여 일정 농도 이상의 제품을 금지했다.[2]

이 문제에 양심적으로 접근했던 기업으로 영국 슬라우Slough에 본사가 있는 레킷 벤키저Reckitt Benckiser가 있었다. 이 회사는 소비자 제품을 생산하는 다국적기업으로 거의 200개 국가에서 제품을 판매한다. 레킷 벤키저는 배니시, 칼곤, 뉴로펜, 피니시를 포함하여 널리 알려진 가정용 제품 브랜드를 여러 개 보유하고 있다. 이들 제품이 아주 복잡한 성분으로 이루어져 있기 때문에, 레킷 벤키저는 멜트워터에 찾아와 브랜드의 인지도에 영향을 미칠 수 있는 화합물과 건강에 관한 온라인 대화를 감시해줄 것을 요청했다.

레킷 벤키저는 파라벤에 대한 대중들의 우려에 이 방부제를 함유한 64개 제품을 새로 만들거나 바꿔주거나 판매를 중단하는 식으로 대응했다. 이러한 대응 방침은 이 회사의 화학자들과 미생물학자들이 가능성이 있는 대안을 발견했던 2015년 말에야 비로소 끝났다.

이것은 대단한 업적이었다. 회사가 만든 각 제품마다 그 성분을 웹사이트에 나열해야 했고, 어떤 성분이 앞으로 소비자들이 우려하는 대상이 될 것인지 예측하기 위해 소셜 미디어와 같은 외부 데이터 출처를 감시해야 했다. 대량 생산되는 가정용 청소용품에서 성분 변경에 따르는 비용은 공급 체인 전체에 걸친 연구 개발부에서부터 여러 지역에 흩어져 있는 가공 처리 공장에 이르기까지 엄청나게 많이 발생했다. 레킷 벤키저가 이러한 변화를 추진하기 전에, 소비자에게 가해지는 위협 혹은 레킷 벤키저에 대한 평판을 적절하게 평가할 필요가 있었다.

레킷 벤키저는 어떤 성분이 뜨거운 주제가 될 것인가를 예측한 다음, 이러한 주제에 관한 교육의 새로운 계획을 수립하기 위해 외부 통찰을 적시에 활용할 목적으로 연구 개발, 대외 홍보, 준법 감시, 지속 가능성, 원재료 분야의 전문가들이 참여하는 대책 본부를 구성했다. '더 나은 성분Better Ingredients'이라는 프로그램은 공개된 데이터를 통해 얻는 외부 통찰에 바탕을 두고 회사가 주도적으로 조치를 취할 수 있도록 성분에 대한 관리 모델을 수립하는 것이었다.

레킷 벤키저는 이 프로그램의 일환으로 제한 물질 리스트를 작성했는데, 이것은 제품 개발자가 제품을 만들기 위해 결합해야 할 대체 성분의 범위를 정해주고, 회사가 자신이 하는 일에 대해 외부와 소통하기 위한 방식으로 작용했다.[3] 대책 본부는 분기별로 만나서 외부 데이터 출처가 보여주는 추세를 검토하고 의견을 제시했다. 여기서 나온 새로운 계획은 회사가 성분을 둘러싸고 벌어지는 온라인 대화를 이해함으로써 자신이 취해야 할 조치에 관해 일찌감치 의사 결정을 할 수 있었기 때문에, 어느 정도는 미래에 대한 대비였고 어느 정도는 경쟁 우위를 위한 활동이었다.

파라벤 논쟁은 제품 성분에 대한 소비자들의 우려 때문에 발생할 수 있는 다양한 쟁점 중 하나에 불과하다. 모든 논쟁이 소비자들에게 직접적인 피해를 가하는 화합물로 인해 일어나는 것은 아니다. 어떤 성분이 환경에 안 좋은 영향을 미치고, 이러한 사실 때문에 소비자들이 그것을 부정적으로 바라보는 관계로 논쟁이 벌어질 수도 있다. 예를 들어 지금은 지속 가능하지 않은 야자유를 사용하는 기업을 알려주는 지표도 있다.

야자유는 식물성 식용유의 일종으로 아프리카의 야자수의 열

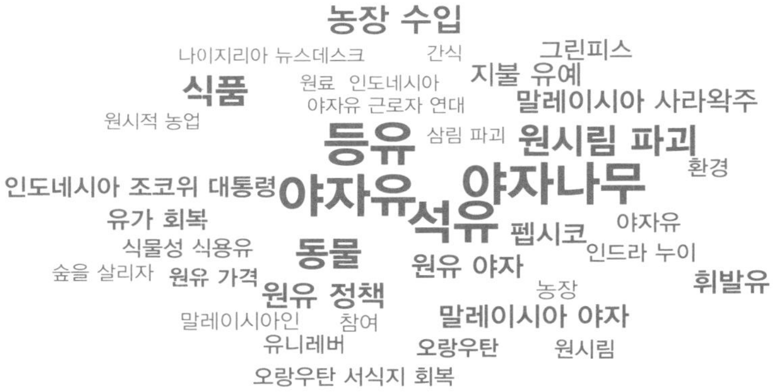

농장 수입
나이지리아 뉴스데스크 간식 그린피스
식품 원료 인도네시아 지불 유예
야자유 근로자 연대 말레이시아 사라왁주
원시적 농업
등유 삼림 파괴 원시림 파괴
환경
인도네시아 조코위 대통령 야자유 야자나무
유가 회복 석유 펩시코 야자유
식물성 식용유 동물 인드라 누이
숲을 살리자 원유 가격 원유 야자 휘발유
원유 정책 농장
말레이시아인 참여 말레이시아 야자
유니레버 오랑우탄 원시림
오랑우탄 서식지 회복

출처: 멜트워터

매에서 추출한 것이다. 슈퍼마켓에서 판매하는 모든 포장 제품 중 약 50퍼센트 정도가 야자유를 함유하고 있는 것으로 추정된다. 그리고 마가린, 비스킷, 빵, 시리얼, 인스턴트 국수, 샴푸, 립스틱, 양초, 세제, 초콜릿, 아이스크림에 흔히 들어가는 성분이다.

오늘날 야자유의 85퍼센트 정도가 인도네시아와 말레이시아에서 생산되고 수출된다.[4] 그러나 주로 지속 가능하지 않게 생산하고 있어서 이것이 삼림 파괴, 서식지 파괴, 공동체 파괴가 빠른 속도로 진행되는 원인이 된다. 많은 사람들이 야자유 농장이 오랑우탄 개체수를 감소시키고, 인도네시아와 말레이시아 토종의 호랑이, 코뿔소, 코끼리처럼 멸종 위기에 처한 동물을 위협하는 것으로 생각한다. 세계 자원 연구소The World Resources Institute는 2000년부터 2012년 사이에 인도네시아의 원시림 중 600만 헥타르(영국면적의 절반)가 넘게 파괴된 것으로 추정했다.[5] 이런 이유로 이제는 많은 기업들이 야자유의 대안을 찾거나 야자유를 환경 친화적으로 생산하는 방법을 찾아야 하는 상황에 처해 있다. 2016년 4월 야자유에 관한 언론 보도와 소셜 미디어 활동이 만들어낸 다음의 단어 구름이 주요 관심 영역을 잘 보여준다.

실시간 위험 평가

멜트워터의 고객인 헤이즐우드 스트리트Hazelwood Street는 인질 납치와 같은 커다란 위험이 도사리는 세계에서 고객들이 어려움에 처하지 않도록 사전에, 그리고 실시간으로 지원하기 위해 세계의 어떠한 위도나 경도, 즉 도시, 주, 지방 자치체, 도시 지역에 이르기까지 모든 지역에서의 위험을 정량화하는 데 외부 통찰을 활용했다. 이 회사의 전무이사 브루스 카플란Bruce Kaplan은 이렇게 말한다. "우리 산업에서 어느 누구도 이렇게 하지 않았습니다. 우리가 여기저기에서 이런 사건을 다 가져갑니다." 마이애미에 본사가 있는 헤이즐우드 스트리트는 국가적, 정치적 위험 관리뿐만 아니라 위기관리, 예방, 대응 서비스를 제공한다.

국방정보국Defense Intelligence Agency 국장을 지냈던 팻 휴스Pat Hughes 장군이 이 조직을 이끌고 있으며, 조지 허버트 워커 부시 대통령 시절에 국무부 차관보를 지냈고 이후로 조지 워커 부시 대통령 시절에 국토안보부 차관보를 지냈던 크레센시오 아르코스 2세

Cresencio S. Arcos Jr.가 의장을 맡고 있다. 이 조직은 런던로이즈의 두 신디케이트Lloyd's of London syndicates(런던에 있는 국제 보험업자 협회가 런던로이즈이고, 런던로이즈의 회원들은 수백 개의 신디케이트로 이루어지며, 각 신디케이트는 몇 명부터 수백 명의 회원들로 구성된다-옮긴이)를 위해 전 세계에서 몸값을 노린 인질 납치, 갈취, 테러 위협에 대응하는 역할을 한다.

카플란은 이렇게 말한다. "정보업계에서 쌓은 경험을 바탕으로 인간 정보와 전자 정보가 최상의 지표라는 것을 알고 있습니다. 따라서 데이터를 단순화하기 위해 우리만의 알고리듬을 통해 그것을 살펴보고 측정하는 강력한 실시간 방식을 개발하기를 원합니다."

카플란과 그의 팀원들은 국가의 위험 수준을 나타내기 위해 1부터 5까지의 척도를 개발했다. 1은 스위스처럼 위험이 매우 낮은 것을 의미하고, 5는 아프가니스탄처럼 극심한 위험이 도사리는 것을 의미한다. 일단 점수가 정해지면, 헤이즐우드 스트리트와 고객들이 소셜 미디어와 주요 언론 보도에 나오는 최근의 사건에 관한 데이터를 검토하여 위험을 평가하고 이에 대응하며, 사건을 적절히 처리하기 위해 몸값 지급의 한계와 같은 지표를 생각하기가 훨씬 간단해진다.

카플란은 이렇게 말한다. "우리는 예방을 믿습니다. 그리고 이때 데이터는 쓸모가 있습니다. 우리는 고객들에게 문제가 있다는 증거를 사실에 입각하여 실시간으로 제공할 수 있습니다."

헤이즐우드 스트리트에서는 데이터 분석가들이 매시간 멜트워터의 데이터와 다양한 출처(공공 부문과 민간 부문의 데이터, 기밀로 취급되거나 그렇지 않은 데이터)에서 가져온 그들의 데이터베이스를 결합한다. 카플란은 이렇게 말한다. "정보업계는 뉴스, 감정, 평가를 통한 메시징의 모든 스펙트럼에 걸쳐서 오픈소스 정보가 커다란 가치가 있다는 사실을 깨달았습니다. 이것이 인간 정보와 신호 정보에 결합되면 예측을 위한 강력한 도구가 될 것입니다."

헤이즐우드 스트리트가 보유한 소프트웨어의 예측 능력은 처음에는 15일의 시간 프레임time frame(구체적인 상황이나 사건하에서 사용할 수 있는 시간의 한계-옮긴이)이 있었다. 그다음에는 30일이 되었다가 지금은 60일이 되었다. 데이터 포인트에는 정치 안정, 계약의 타당성, 사회정의, 형사 사법 제도, 부패, 낮은 수준의 범죄도 포함되어 있다. 5점은 고객들이 예방 조치를 취해야 하고 헤이즐우드 스트리트가 앞으로 계속 주시해야 한다는 의미다.

카플란은 이렇게 말한다. "이제 납치는 하나의 사업이 되었고, 이러한 관점에서 사건을 처리하려고 합니다." 모든 경우에 데이터는 사건 처리 속도를 높이기 위해 사용된다. 그는 다음과 같이 말했다. "2015년 2월에 어떤 사건을 맡았는데, 그들은 채굴지에서 나오는 버스 한 대분의 당번 근무자들을 납치했습니다. 인질 수가 19명이었습니다." 인질범들이 회사로 전화하여 자신을 어느 범죄단체의 조직원이라고 소개했는데, 헤이즐우드 스트리트의 탐정들은 이것을 좋은 징조라고 생각했다(바로 그들이 앞으로 협상하게 될 전문가들이다).

카플란은 이렇게 말한다. "우리는 데이터 출처, 트윗, 도청한 메시지, 언론 보도를 포함하여 우리의 알고리듬에 들어가는 그 밖의 모든 것을 활용하기 시작했습니다."

> 우리는 그 범죄 단체의 누군가가 이런 말을 했던 것을 발견했습니다. "이봐, 몇 년 전에 우리가 그 녀석(인질범)을 쫓아냈어. 그 녀석은 미치광이에다 동네 양아치에 불과해." 따라서 이런 정보를 손에 쥐고는 접근 방식을 당장 바꾸었습니다. 우리는 인질범에게 이 상황에서 원하는 것이 있다면 인질들은 한 사람도 해치지 않는 것이 좋을 거라고 말했습니다. 그래서 당장 인질 12명을 석방했습니다. 이후로 3일 동안에, 그는 인질을 모두 석방했습니다. 실시간으로 데이터를 확보했기 때문에 모든 생명을 구할 수 있었습니다.

주요 고객의 건전성을 추적하라

위험은 여러 가지 형태로 다가온다. 그리고 인질 협상과 같이 항상 강렬한 형태인 것은 아니다. 기업에 한 가지 중요한 과제는 주요 고객들의 상황을 훤히 아는 것이다. 이것은 회사가 몇 안 되는 중요한 고객에게만 의존하고 있을 때에는 특히 중요하다.

외부 통찰은 고객의 건전성을 추적할 때 매우 중요하다. 우리는 뉴스나 소셜 미디어를 통해 정리 해고, 전략 변화, 그 밖의 중요한 사건과 같은 고객 측의 새로운 변화를 확인할 수 있다. 구인 광고를 분석하면 고객의 투자 속도를 평가할 수 있다. 예를 들어, 구인 광고가 갑자기 줄어드는 것은 경계해야 할 중요한 신호다. 또 한 가지 우려되는 변화는 고객이 고소당하는 것이다. 이러한 변화는 온라인 뉴스, 소셜 미디어 혹은 직접적으로는 온라인 법원 문서를 통해 감지된다.

때로는 경계해야 할 위험이 특정 산업에만 나타나는 경우도 있다. 앞에서 나왔던 파라벤 사례는 소비자 선호에 영향을 미치는 성분이 지닌 위험성을 보여준다. 고객이 금융 서비스 부문에서 활동할 경우에는 정부 규제를 추적하는 것이 중요하다. 정부 규제의 변화가 경쟁 상황에 역효과를 미칠 수 있기 때문이다. 전자제품 기업은 소비자 반응에 특히 취약하다. 따라서 신제품 출시와 같은 변화를 일찍 읽는 것은 미래의 실적을 측정하기 위한 강력한 척도가 될 수 있다.

우리는 외부 통찰을 활용하여 주요 고객을 대상으로 걱정할 만한 변화를 감시할 수 있다. 외부 데이터를 나열함으로써, 조기 경보 신호를 감지하여 불행한 상황이 발생하더라도 대처할 시간을 벌 수 있다.

스캔들은 최대한 일찍 파악하라

위험을 감지하기 위해 외부 통찰을 활용할 수 있는 또 다른 영역이 바로 공급 체인과 파트너십이다. 다시 한 번 말하지만, 조직이 공급 체인에서 많은 부분을 특정 납품 업체에만 의존한다면 취약해질 수 있다. 제3자 데이터(예를 들어 수출과 수입 데이터)를 추적하면 공급 체인의 어떠한 기업이든 생산에 영향을 미칠 만한 문제를 일으키지 않도록 보장하는 데 상당한 이점을 누릴 수 있다. 애플의 경우, 납품 업체가 22개국 이상에 퍼져 있으며 생산 공장 수가 수백 개에 달한다고 한다. 이것은 상당히 복잡하고도 섬세하게 균형을 이룬 생태계다. 여기서 갑작스러운 결함이 발생하면(예를 들어 전자 산업에서 전기 절연체 소재로서 꼭 필요한 규산염 광물 운모가 부족하면), 생산 과정 전체가 위험해질 수 있다. 따라서 이러한 결함으로 인해 손실이 커지지 않도록 공급 체인에서 주요 납품 업체의 상황을 잘 파악해야 한다. 이런 측면에서 외부 통찰은 정보가 공식적인 경로를 통해 조금씩 흘러들어오기 전에 개방된 인터넷으로 먼저 확보하게 해주므로 다양한 상황에서 가치가 있다.

파트너들도 면밀하게 감시해야 한다. 특히 어린이 노동과 관련해서는 출자자들과 입법자들이 면밀하게 관찰하는 영역이 바로 노동 조건이다. 애플의 경우, 2013년 감사 보고서에서 2006년부터 2013년까지 349명의 어린이 노동자들이 공급 체인상의 공장에서 일한 사실을 적시했다.[6] 이러한 투명성은 기업의 평판에 큰 도움이 되지만, 기업은 2차 납품 업체 혹은 3차 납품 업체까지 평가하기 위해 공급 체인을 면밀하게 살펴봐야 한다.

애플은 어린이 노동자를 고용한 것으로 드러난 납품 업체들에 보상의 일환으로 그들이 학교를 졸업할 때까지 교육비를 계속 지원할 것을 요구했다. 월마트, 하네스, 퓨마, 아디다스, 디즈니를 포함하여 많은 기업들이 노동 조건이 열악한 납품 업체들과 거래하기 때문에 비난을 받는다. 이러한 제3자 납품 업체들은 때로는 기업 본사에서 수천 마일이나 떨어져 있고 그들의 기업 관행에 대해 거짓으로 발표한다. 이러한 납품 업체들의 평판이나 기업 관행을 추적하고 노동자들이 정당한 대우를 받는지 확인하기 위해 외부 통찰을 활용할 수 있다.

윤리적인 쟁점은 차치하더라도, 이러한 종류의 스캔들은 기업 이미지에 막대한 영향을 미칠 수 있다. 기업이 불행한 상황을 맞이하게 되면 이를 최대한 일찍 알아야 한다. 그리고 바로 이 지점에서 외부 통찰이 매우 소중해진다.

고객 신원 확인

2012년, 시장가치 기준으로 영국에서 가장 큰 은행 HSBC와 스탠다드차타드는 자금 세탁 의혹 때문에 미국 당국과 합의하면서 벌금 26억 달러를 납부하기로 했다.[7] 스탠다드차타드가 내야 할 벌금 6억 6,700만 달러와 HSBC가 내야 할 벌금 19억 달러는 미국 당국이 지금까지 제재 정책을 위반한 금융 기관에 부과한 것 중 가장 큰 처벌이었다.

HSBC는 이란 기업으로 확인된 고객과의 자세한 거래 내역을 삭제한 혐의를 받고 있다. 이는 이 은행이 미국의 제재 정책을 위반했다는 말이다. 또한 HSBC는 현금 수십억 달러가 불법 마약 판매에서 나온 이익금일 수도 있다고 미국 당국이 의심했는데도 이 돈을 멕시코 지점에서 미국으로 송금한 것으로 전해진다.

HSBC의 CEO인 스튜어트 걸리버Stuart Gulliver는 이렇게 말한다. "우리는 지난 과오에 대한 책임을 인정합니다. 이에 대해 깊은 사과의 뜻을 표했습니다. 그리고 또다시 그런 일을 저질렀습니다. 이제 우리 HSBC는 과거에 그러한 잘못을 저지르던 조직과는 근본적으로 다른 조직이 되겠습니다."[8]

세계의 은행들은 자금 세탁 방지 규정을 위반하면 벌금을 내야 한다. 어떤 경우에는 정직하지 못한 행동 때문에 위반하기도 한다. 또는 의심이 가는 고객에 대한 심사 과정을 생략하여 위반하기도 한다. 자금 세탁 방지와 고객 신원 확인을 위한 엄격한 규정에 따라 고객을 심사하는 일은 비용과 시간이 많이 드는 작업이다. 이때 외부 통찰은 신규 고객에게 요구되는 다양한 심사를 자동화하고, 의무적인 연례 평가를 수행하는 데 활용될 수 있다. 수상한 자금의 출처를 확인하고 정치적으로 노출된 연루자를 찾는 데 뉴스, 소셜 미디어, 기업 회계, 무역 정보 등을 사용할 수 있다.

행동주의 투자자

2016년 1월 6일, 행동주의 투자자 스타보드 밸류 엘피Starboard

Value LP가 야후 이사회에 "투자자들이 경영진과 이사회에 대한 신뢰를 완전히 잃어버렸다."라는 엄중한 내용의 공문을 세 번째로 보냈다.[9] 스타보드의 CEO인 제프 스미스Jeff Smith는 야후 지도부가 가치를 지속적으로 파괴한다고 주장하면서, 열린 마음과 신선한 관점으로 이 상황에 접근할 수 있는 새로운 경영진과 이사회를 구성할 것을 요구했다.

스타보드 밸류 엘피는 탁월한 행동주의 투자자 겸 고압적인 접근법으로 소문난 헤지펀드다. 제프 스미스는 올리브 가든 레스토랑의 모기업 다든Darden에서 열린 연례 주주총회에서 위임장 경쟁에 승리한 후, 이사진 전원을 교체하고 자신을 의장에 앉힌 적도 있었다.

2016년 4월 야후는 어쩔 수 없이 이사 네 자리를 스타보드에 주기로 합의하면서, 이사진 전원을 교체하려는 이 행동주의 투자자의 활동을 중단시켰다.[10] 결국 야후는 인수자를 찾아야 하는 처지가 되었고, 2016년 7월 버라이즌Verizon이 과거의 인터넷 거물을 현금 48억 달러에 인수하기로 결정했다.[11]

올리브 가든과 야후만이 행동주의 투자자들의 목표물인 것은 아니다. 이제 주식 공개 회사는 새로운 의제와 방향을 설정하기를 원하는 투자자들에게서 점점 더 많은 압박을 받고 있다. 구글을 잠깐만 검색해도 다음과 같이 행동주의 투자자들에 관한 뉴스가 나온다.

- 행동주의 투자자들은 "시월드Seaworld의 이사진을 교체해야 한다."고 주장했다.
- 밸리언트Valeant가 CEO를 교체하고 행동주의 투자자 빌 아크만Bill Ackmann을 이사회 이사로 영입했다.
- 행동주의 투자자들은 아마존을 양성 평등 문제로 계속 곤경에 빠지게 했고, 마이크로소프트와 익스피디아도 함께 조준하고 있다.
- 오토데스크Autodesk는 행동주의 투자자들과 화해하기로 했다.
- 롤스로이스가 행동주의 투자자들의 압력에 굴복하여 이사회 이사 한 자리를 주기로 했다.
- 유나이티드 에어라인은 행동주의 투자자들과의 유쾌하지 않은 싸움에 직면해 있다.
- 과연 메이시Macy's가 행동주의 투자자들을 저지할 수 있을까?

2014년 6월 「파이낸셜 타임즈」는 (세금 혜택으로 인해) 미국 대기업 중 상당수가 등록되어 있는 델라웨어 주의 대법원장 레오 스트라인Leo Strine이 했던 말을 인용했는데, 일부 주주총회는 유엔 총회처럼 되어가고 있다고 했다. 이곳에서는 관리자들이 지분이 얼마 되지 않은 투자자들이 제기하는 다양한 주제에 관한 투표 때문에 끊임없이 시달리고 있다.[12]

행동주의 투자자들의 위험에서 자유로운 기업은 없다. 그러나 이러한 위험을 평가하고 우려되는 행동을 최대한 조기에 알릴 수 있도록 외부 통찰을 활용할 수 있다. 이를 위한 한 가지 방법으로 소셜 미디어와 온라인 뉴스에서 벌어지는 토론을 면밀하게 감시하는 것이다. 또 한 가지 방법으로 유명한 행동주의 투자자들의 주식 거래를 추적하여 그들이 우리 회사의 문을 두드릴 것이라는 사실을 미리 알아차리는 것이다.

때로 위험관리에는 주로 내부 과정에 집중하는 관행이 있다. 외부 통찰은 외부 요소와 관련된 위험을 이해하기 위해 사용할 수 있는 강력한 도구다. 브랜드와 관련된 위기, 주요 고객들과의 문제, 공급 체인 혹은 주요 파트너와의 문제는 모두 외부 통찰을 통해 조기에 감지될 수 있다. 이것은 기업이 곧 다가올 난국을 피하기 위해 준비하고, 사전에 할 수 있는 일을 할 만한 시간을 준다.

이 주제에 대해 더 많은 사례 연구와 동영상 인터뷰를 보려면 안내용 앱을 사용하여 이 코드를 스캔하시오. outsideinsight.com/app에서 다운로드하시오. 더 많은 읽을거리를 원하시면 outsideinsight.com을 방문하시오.

Outside

Insight

12장

투자 결정을 위한 외부 통찰

아카디안 벤처스Akkadian Ventures는 샌프란시스코에 본사가 있는 전문 벤처 캐피털 투자자로, 신생 기술 기업의 설립자와 초기 직원을 위해 유동성을 창출하는 소규모의 유통 거래에만 집중한다. 이 회사는 자신만의 소프트웨어를 사용하여 이러한 투자 기준에 적합한 기업 1만 4,000개를 추적하여 2,000만 달러가 넘는 매출을 올렸다. 그리고 이러한 매출은 매년 75~100퍼센트 증가한다.

설립자 벤 블랙Ben Black은 이렇게 말한다. “우리는 우버와 같은 세계 기업들과 함께 일하고 싶습니다. 누구라도 이들이 우버라는 것을 알기 전에 말이죠. 「월스트리트저널」 기사에서 ‘이 회사의 매출이 1억 달러이고, 연간 100퍼센트 증가하고 있다.’고 하면 이는 우리와는 아무 상관이 없는 이야기입니다.”

블랙이 전통적인 벤처 캐피털에서 일하고 있던 2009년 즈음에, 친구 여러 명이 그에게 그들이 가진 기술 기업 자산을 팔려고 했던 적이 있었다. 유동성이 필요했기 때문이었다. 블랙은 어느 날 제3자에게서 전화가 왔을 때에, 500~1,000만 달러짜리 거래를 몇 차례 주선했던 적이 있었다. 그는 매출이 3,000만 달러인 어느 유명한 소프트웨어 회사의 CTO로 10년 넘게 근무했다. 문서상으로는 500만 달러의 자산을 가지고 있었지만, 수중에 현금이 없었다. 그는 여전히 학자금 융자를 갚아야 했고 원룸에서 살고 있었다. 이 CTO는 결혼할 생각이 있었는데, 그러려면 주식을 일부 팔아야 했다. 그러나 50만 달러밖에 되지 않았다.

블랙은 그에게 이렇게 말했다. "액수가 참 애매합니다. 부자 한 사람이 수표를 발행하기에는 너무 큰 금액이고, 기관의 자금이 되기에는 너무 적은 금액입니다." 블랙은 이 CTO가 정말 그런 거래를 원한다면 일이 많아질 것이고, 부자 10명이 5만 달러짜리 수표를 한 장씩 발행해야 할 것이라고 설명했다. 블랙은 구매자들의 관심을 끌기 위해 자기가 생각하는 공정 시장가치의 67퍼센트에 주식을 제공할 것을 제안했다. 이 CTO는 흔쾌히 동의했다.

이 순간이 바로 블랙에게 깨달음의 순간이었다. 그는 주식 유통 시장secondary market(이미 발행된 유가증권이 투자자들 사이에서 매매, 거래, 이전되는 시장. 유통 시장은 발행 시장에서 발행된 유가증권의 시장성과 유동성을 높여서 언제든지 적정한 가격으로 현금화할 수 있는 기회를 제공한다-옮긴이)에서 기회가 있다는 것을 깨달았다. 문제는 까다롭고도 시간이 많이 걸리는 거래를 찾는 것이다. 블랙은 자기가 나설 수 있는 종류의 기업을 확인하고, 사람들에게 똑똑하고도 민첩하게 접근하기 위해 소프트웨어를 개발해야 할 필요성을 인식했다.

2010년에 설립된 아카디안 벤처스는 자신만의 데이터 주도형 조사 방법론을 적용했는데, 이 방법론은 가장 의욕적인 실리콘밸리 신생 기업의 발전을 이해하고 자사의 투자 프로그램을 위해 어느 기업을 사전에 승인할 것인지 결정할 수 있도록 했다.

아카디안 벤처스는 민간 기업의 매출 성장과 밀접한 관계가 있는 데이터 포인트를 찾기 위해 웹 크롤러web crawler(웹 상의 다양한 정보를 자동으로 검색하고 색인하기 위해 검색 엔진을 운영하는 사이트에서 사용하는 소프트웨어-옮긴이)를 사용하여 공개된 데이터를 마이닝했다. 이러한 데이터 포인트의 사례는 다음과 같다. 자금을 얼마나 많이 모집했는가? 자금을 누구에게서 모집했는가? 얼마나 빨리 모집했는가? 종업원 수는 몇 명인가? 회사를 떠난 직원은 몇 명인가? 가입 해지율은 얼마나 되는가? 회사 웹사이트에 모집 공고를 얼마나 많이 냈는가? 트위터 팔로워 수는 얼마나 되는가? 링크드인 접속 수는 얼마나 되는가? 페이스북 친구 수는 얼마나 되는가? 블랙은 이렇게 말한다. "이 모든 데이터가 매우 흥미롭습니다. 기본적으로 우리의 세계는 150대 벤처 캐피털 기업에서 적어도 한 번은 자금을 모집했던 기업들로 이루어져 있습니다."

아카디안 벤처스가 보유한 소프트웨어는 목표 대상 기업의 개인 주주도 찾는 데에도 사용된다. 아카디안 벤처스는 링크드인을 통해 정보를 분석하고는 관심을 가질 만한 신생 기업의 종업원 15~20명을 확인할 수 있었다. 이들이 주식의 대부분을 보유할 것이고, 블랙의 투자회사에 가장 매력적인 잠재 고객들일 것이다. 또한 아카디안 벤처스의 알고리듬은 이들이 주식을 언제 판매할 것인지도 파악할 수 있다. 블랙은 이렇게 말한다. "팔고 싶은 마음이 생기는 일정한 때가 있습니다. 그때가 바로 경영진이 교체되거나 회사가 매각될 시점입니다. 우리의 소프트웨어는 뉴스와 소셜 미디어를 분석하여 이러한 상황을 자동적으로 알려줍니다. 팔려고 하는 주식이 유통 시장으로 몰려온다는 사실을 말입니다."

블랙과 아카디안 벤처스의 벤처 투자를 위한 혁신적인 접근 방식은 아주 성공적이었다. 아카디안 벤처스가 투자했던 기업 20곳 중에서 일곱 개가 성공적으로 출구를 찾았다. 다섯 개(스플렁크Splunk, 로켓 퓨얼Rocket Fuel, 링센트럴RingCentral, 오파워Opower, 콘바이오Convio)는 주식 공개 상장을 마쳤고, 두 개(우얄라Ooyala, 메디오 시스템즈Medio Systems)가 인수자를 찾았던 것이다. 2014년 10월 아카디안 벤처스는 세 번째 자금 모집을 마쳤고, 지금은 1억 달러가 넘는 투자 자금을 관리하고 있다.[1]

마더브레인이 보여준 지혜

외부 통찰이 벤처 투자에서 점점 더 많은 역할을 하고 있다는 신호는 유럽에서도 찾을 수 있다. 2016년 5월 유럽의 거대 투자자 EQT는 6억 3,200만 달러의 벤처 자금을 모집하고, 이것을 마더브레인이라는 자신만의 비밀 소프트웨어 시스템의 도움을 받아 유럽 시장에 투자할 예정이라고 발표했다.[2]

이러한 비밀 무기의 이름은 지능형 컴퓨터 시스템과 1989년 세가Sega가 만든 컴퓨터 게임 판타지 스타 II의 등장인물인 마더브레인Motherbrain에서 영감을 받은 것이다. 위키피디아에서 판타지 스타 II를 검색하면 다음과 같은 내용이 나온다. "마더브레인이 스스로 자비로운 능력을 갖추고서, 자신이 보살피는 모든 사람들의 꿈과 희망을 충족시켰다." 이것은 이면에 있는 사람들의 진지함이 없다면 어린이 만화에나 나오는 시시한 소리처럼 들린다. 1994년에 설립된 EQT는 320억 달러에 가까운 투자 자금을 관리하는 유럽 최대의 투자회사 중 하나다. 이들은 새로운 벤처 투자 계획을 추진하기 위해 부킹닷컴의 설립자이자 전 CEO였던 네덜란드의 키즈 쿨렌Kees Koolen과 같은 유럽에서 가장 성공한 기술 기업가들과 파트너 관계를 맺었다. 그는 2012년부터 우버를 상대로 세계적으로 사세를 확장하는 데 관해 조언을 해오다가 2015년 말에 EQT 벤처스의 설립 파트너가 되었다. EQT 의 CEO인 토머스 본 코흐Thomas von Koch는 신설된 기술 벤처 펀드의 포부가 아주 크다는 점을 분명히 밝히면서 이렇게 말했다. "오늘날 유럽에는 벤처 캐피털 펀드가 있지만, 그 규모가 보잘것없습니다. 시리즈B 투자나 시리즈C 투자의 경우에는 샌프란시스코의 기업을 지원합니다. 이는 유럽과 유럽 기업에 좋지 않습니다. EQT가 투자했던 기업에는 0달러부터 400억 달러까지 가치가 있습니다. 우리는 유럽에서 유망 벤처기업의 산파역을 하기를 원합니다."

EQT의 마더브레인은 회사의 모든 펀드에 걸쳐서 투자를 지원하기 위한 전사적인 시도였다. 알고리듬의 자세한 작동 내역은 공유되지 않지만, 이것이 페이스북, 트위터와 같은 소셜 미디어뿐만 아니라 신생 기업 데이터베이스인 크런치 베이스Crunch Base와 온라인 트래픽 측정 사이트 컴스코어와 같은, 적어도 20개의 온라인 출처에서 데이터를 수집하는 것으로 알려져 있다. 또한 보도에 따르면 마더브레인은 EQT가 투자했던 기업인 뷰로반다익Bureau van Dijk에서 받은 데이터를 사용했다고 한다. 이 회사는 세계 1억 6,000만 개가 넘는 기업의 재무 데이터를 추적한다. 목적은 다른 누군가가 알아차리기 전에 어느 기업이 관심을 끌 수 있는지 확인하는 것이다.

선행 지표로서의 소셜 미디어

아카디안 벤처스와 마더브레인이 투자 결정을 할 때 의지하는 중요한 데이터 유형 중의 하나가 바로 소셜 미디어다. 2010년 자문회사 브런스윅 그룹Brunswick Group이 448개의 투자회사를 대상으로 조사한 바에 따르면, 이들 중 43퍼센트가 투자 결정을 할 때 소셜 미디어가 중요한 결정 요인이라고 대답했다고 한다. 왜 그럴까?

시장이 투명한 정보 시스템을 가지고 있다면, 모든 투자자들이 기업에 관한 모든 정보(기업 보고서, 기업 공개 자료, 보도 자료)를 곧바로 보게 될 것이다. 그러나 현실 세계에서는 이러한 정보는 가끔씩만 이용 가능하다(매출 보고서는 월별로, 손익계산서는 분기별로만 나온다). 이에 반해, 소셜 미디어는 주식 가격의 변화를 예측할 수 있는 외부 데이터와 정보를 실시간으로 생성할 수 있다.

소셜 미디어는 미래를 내다보는 분석을 가능하게 한다. 높은 빈도(매일, 심지어는 매시간)로 관찰할 수 있다. 그리고 고객들이 제품을 온라인으로 조사하면서, 자신과 같은 소비자들의 의견이나 평가를 볼 것이고 영향을 받을 것이다. 예를 들어, 흡입력에 대한 긍정적인 평가가 많은 진공청소기라면 매출이 증가할 것이고, 부모들이 자녀가 금방 관심을 잃어버린다고 말하는 장난감이라면 매출이 감소할 것이다.

2011년에 휴스턴대학교 세샤드리 티루닐라이Seshadri Tirunillai와 서던캘리포니아대학교 제라드 텔리스Gerard J. Tellis는 공동 저작의 논문「온라인 채팅이 정말 중요한가? 사용자가 생성하는 콘텐츠와 주식 성과의 역학 관계」에서 소셜 미디어 채팅이 주식시장의 성과와 관계가 있는지를 분석했다.[3] 저자들은 경영자들이 달성하려는 진정한 척도가 바로 주식 가치라고 생각하면서 온라인 정서와 주식시장 성과를 비교하기로 했다.

티루닐라이와 텔리스는 제품 평가와 등급이라는 매우 구체적인 종류의 소셜 미디어를 선택했다. 이러한 데이터 유형이 블로그,

동영상, 네트워크 사이트보다 잡음이 덜할 것이라고 판단했기 때문이다. 제품 평가와 등급은 의지를 구체적으로 반영한다. 따라서 이러한 콘텐츠가 일반적인 출처의 콘텐츠보다 더욱 명료하다.

그다음에 그들은 15개 기업의 데이터를 4년에 걸쳐서 일별로 수집했다. 시장은 여섯 곳이 선정되었다〔퍼스널 컴퓨터(휴렛팩커드, 델), 모바일 폰(노키아, 모토롤라), PDA와 스마트폰(림, 팜), 신발(스케처스, 팀버랜드, 나이키), 장난감(마텔, 해즈브로, 립프로그), 데이터 저장(시게이트 테크놀로지, 웨스턴 디지털, 샌디스크)〕.

2005년 6월부터 2010년 1월까지, 많은 사람들이 사용하는 미디어 플랫폼 세 곳(아마존, 오피니언스닷컴, 야후 쇼핑)이 등급 수치, 1일 등급 게시량(혹은 볼륨), 선호가 얼마나 긍정적인가, 혹은 부정적인가(유의성)를 측정하는 일간 수량 분석의 대상으로 선정되었다.

저자들은 채팅의 볼륨이 비정상 수익abnormal return과 거래량에 영향을 미치면서 이번 연구에 나오는 모든 지표에 강력한 영향을 미치는 것을 확인했다. 물론 채팅의 볼륨이 오프라인 마케팅에 의해서도 (긍정적인 채팅의 볼륨이 커지고 부정적인 채팅의 볼륨이 작아지면서) 직접적으로 영향을 받을 수 있다.

티루닐라이와 텔리스는 논문에서 소셜 미디어가 미래의 매출, 현금 흐름, 주식시장의 성과를 말해주는 훌륭한 지표라는 사실을 밝혔다. 온라인에서 제품에 관한 이야기가 많이 나올수록 주식시장의 성과는 영향을 많이 받는다.

로봇의 등장

해석해야 할 데이터의 양이 볼륨과 복잡성의 측면에서 증가하면서, 인공지능과 로봇이 등장하기 시작했다. 2014년, 홍콩의 생명과학 벤처기업 딥 날리지 벤처스Deep Knowledge Ventures는 바이탈VITAL이라는 인공지능 시스템을 투자자 이사회의 이사로 임용하여 모든 투자 결정에 의결권을 부여했다.

2016년 8월 런던 쇼디치에서 멜트워터의 데이터 과학 협업 공간CoWorking Space 개장 기념 패널 토의에서 이 문제가 논의되었는데, 당시 윈턴 캐피털Winton Capital의 전략 담당 수석 부사장이 자기 회사에서는 컴퓨터가 모든 의결권을 행사한다고 우스갯소리를 해댔다. 윈턴 캐피털은 유럽에서 가장 규모가 큰 헤지펀드 중의 하나로 300억 달러에 달하는 투자 자금을 관리하고 있다. 윈턴은 투자에서 알고리듬에 입각한 접근 방식을 채택한다. 그리고 직원 400명 중 200명이 데이터 과학자들이다. 윈턴 홈페이지는 그들의 투자 철학을 잘 보여준다. "투자 관리에 대한 윈턴의 접근 방식은 투자 영역을 방대한 양의 데이터로 이루어진 세계로 취급하는 것이다. 이곳에서 예측 가능성을 보여주는 패턴과 구조를 찾을 수 있다."[4]

스티븐 타우브Stephen Taub가 2016년 5월 헤지펀드 업계를 위한 온라인 저널 「기관 투자가를 위한 알파」에 발표한 논문에 따르면, 인공지능 전문가이자 퀀트 헤지펀드인 투 시그마Two Sigma의 공동 설립자이기도 한 데이비드 시겔David Siegel이 언젠가는 컴퓨터가 인간보다 더 나은 투자자가 될 것이라고 예상했다고 한다.[5] 타우브는 이렇게 말했다. “투자업계가 직면한 과제는 인간의 지능이 100년 전에 비해 더 나아지지 않았고, 세계 경제의 모든 정보를 머릿속에서 처리하기 위해 전통적인 방법을 사용하는 것이 아주 어려워졌다는 사실입니다. 결국 투자 관리자로서 인간이 컴퓨터를 능가하지 못하는 때가 올 것입니다.”

타우브는 먼 미래가 아니라 오늘날 곧 눈앞에서 실현될 모습을 예상한 것이다. 「기관 투자가를 위한 알파」에 나오는 2016년 헤지펀드 리치 리스트에 따르면, 세계에서 최고의 수입을 올리는 헤지펀드 관리자 세 사람 모두 퀀트, 즉 투자 결정을 할 때 주로 컴퓨터 시스템에 굉장히 많이 의존한다. 리치 리스트에서 8위까지를 보면, 겨우 2명(!)만이 인간의 분석에 의존하여 의사 결정을 내리는 전통적인 방법을 사용한다.

세계 최고 수준의 펀드 매니저들의 이력을 살펴보면 놀라운 패턴이 나타난다. 월스트리트에서 가장 높은 연봉을 받는 사람 중에는 전직 수학 교수와 컴퓨터 공학 교수, 수학 올림피아드 수상자, MIT에서 컴퓨터 공학으로 박사 학위를 받은 인공지능 전문가들이 많다. 최고 수준의 펀드 매니저 중에서 절반이 수학 천재이면서 나중에 투자를 전공한 사람들이다.

헤지 펀드의 수입 순위

순위	투자자	유형	회사	수입
1	케네스 그리핀 (Kenneth Griffin)		시타델 (Citadel)	11억 6,000만 파운드
2	제임스 사이먼스 (James Simons)		르네상스 테크놀로지스 (Renaissance Technologies)	11억 6,000만 파운드
3	레이몬드 달리오 (Raymond Dalio)		브리지워터 어소시에이츠 (Bridgewater Associates)	9억 5,800만 파운드
4	데이비드 테퍼 (David Tepper)	인간	아팔루사 매니지먼트 (Appaloosa Management)	9억 5,800만 파운드
5	이스라엘 잉글랜더 (Israel Englander)		밀레니엄 매니지먼트 (Millennium Management)	7억 8,800만 파운드
6	데이비드 쇼 (David Shaw)		D. E. 쇼 그룹 (D. E. Shaw Group)	5억 1,400만 파운드
7	존 오버덱 (John Overdeck)		투 시그마 인베스트먼츠 (Two Sigma Investments)	3억 4,200만 파운드
8	데이비드 시겔 (David Siegel)		투 시그마 인베스트먼츠 (Two Sigma Investments)	3억 4,200만 파운드

출처: 「기관 투자가를 위한 알파」

시장을 이기기 위한 공식

월스트리트에서 가장 널리 알려진 수학 천재는 하얀 턱수염을 기르고 친절한 성품을 지닌 제임스 사이먼스James Simons다. 그는 양말을 잘 안 신는다고 알려져 있다. 사이먼스는 1958년에 MIT 수학과를 졸업하고, 캘리포니아주립대학교 버클리에서 23세의 나이로 수학 박사 학위를 받았다. 이후로 MIT와 하버드에서 수학을 가르치다가 프린스턴 국방 분석 연구소에서 미국 국가 안전 보장국과의 계약으로 냉전시대에 암호 해독 작업을 했다. 베트남전쟁을 두고 NSA 지도부와 공개 토론을 하고 나서(사이먼스는 미군 철수를 강력하게 주장했다), 계약 해지와 함께 뉴욕주립대학교 스토니브룩 수학과 학과장으로 자리를 옮겼다.

과학계에서 그는 천-사이먼스 방정식Chern-Simons equation, 1974을 공동으로 만든 살아 있는 전설로 통한다. 이것은 끈 이론String Theory이라 불리는 현대 이론물리학의 가장 중요한 이론에서 커다란 비중을 차지한다. 끈 이론은 중력과 입자물리학을 통일된 이론으로 설명하고 '모든 것의 이론the theory of everything'이 되기 위해 아인슈타인의 일반 상대성이론을 양자역학과 결합하려는 시도였다. 사이먼스는 이러한 업적을 인정받아 미국 수학회가 주는 오즈월드 베블런 상을 받았다(기하학에서는 최고의 영예로 여겨진다). 이후로도 그는 오랫동안 과학계에 중요한 기여를 많이 했다. 75세 생일을 맞이했을 때는 수학과 과학계의 권위자 4명이 사이먼스가 발전시킨 학문 분야를 주제로 강연을 했다.

사이먼스는 학문적인 성공을 거두고도 지금은 투자자(실제로 가장 뛰어난 투자자 중 한 사람)로 잘 알려져 있다. 1982년, 그는 수학과 통계학이 시장을 이기는 트레이딩 결정에 쓰일 수 있다는 믿음을 가지고 투자 관리 회사 르네상스 테크놀로지스Renaissance Technologies를 설립했다. 르네상스는 최초로 알고리듬 트레이딩 펀드를 내놓았고, 엄청난 성공을 거두었다. 2015년 6월 15일자 블룸버그의 기사에 따르면, 르네상스가 내놓은 펀드 메달리언Medallion

이 수수료를 제하기 전을 기준으로 1994년부터 2014년 중반까지 평균 71.8퍼센트의 연간 수익률을 기록했다.[6] 르네상스 테크놀로지스가 이처럼 엄청난 수익률을 기록하면서 사이먼스는 투자자들에게 고액의 수수료를 청구했다. 일반 헤지펀드는 관리하는 투자 자금에 2퍼센트의 수수료를 부과하고 20퍼센트의 수익률을 기록한다. 사이먼스의 헤지펀드는 5퍼센트의 수수료를 부과하고 47퍼센트의 수익률을 기록한다. 이처럼 고액의 수수료를 부과해도 투자 자금은 계속 들어왔다. 현재 르네상스 테크놀로지스는 650억 달러에 달하는 투자 자금을 관리하고 있으며, 세계에서 가장 규모가 크고 성공한 헤지펀드가 되었고, 사이먼스를 세계에서 손꼽히는 부자로 만들었다. 사이먼스는 2015년에만 17억 달러를 벌었고, 「포브스」에 따르면 그의 순자산은 (2016년 8월 현재) 165억 달러에 달한다.[7]

사이먼스의 접근 방식은 금융을 전공하지 않은 뛰어난 과학자를 고용하는 것이었다. 그는 세계적인 물리학자, 천체물리학자, 통계학자, 컴퓨터과학자를 영입했다. 르네상스 임직원 300명 중에서 박사 학위 소지자가 90명이나 된다. 르네상스의 과학자들은 트레이딩 경험이 없어도 시장을 이기기 위한 숨은 패턴을 활용하는 알고리듬을 만들기 위해 방대한 양의 데이터를 수집하고 수학과 과학을 적용한다. 사이먼스의 이단적인 접근 방식과 엄청난 성공은 월스트리트에서 주식과 그 밖의 금융 상품이 거래되는 방식을 바꾸었다. 오늘날 월스트리트에서 거래되는 모든 주식의 70퍼센트 이상이 로봇에 의해 거래된다.

르네상스가 분석을 위해 어떤 데이터를 사용하는지는 알려져 있지 않지만, 전문가들은 르네상스의 실적이 금융과 경제 현상 주변에서 벌어지는 사건에 관한 데이터의 덕분이라고 본다. 르네상스의 비법에 관한 또 하나의 단서는 2009년 사이먼스가 경영 일선에서 물러나면서 컴퓨터 언어학자 피터 브라운Peter Brown과 로버트 머서Robert Mercer를 임명하여 회사를 공동 경영하게 했던 사실에서 찾을 수 있다. 컴퓨터 언어학은 학제 간 협력 분야로 컴퓨터가 문장을 이해하게 만드는 방법을 연구한다. 이것은 르네상스의 비법의 열쇠가 문장을 분석하는 능력이라는 사실, 르네상스가 갖는 트레이딩에서의 정보 우위가 문장으로 이루어진 대규모 데이터 세트에 대한 실시간 분석을 통해 창출된다는 사실을 보여준다. 이러한 해석에 근거하여 나는 대담하게 추측해본다. 르네상스가 보여준 놀라운 성과에 기여하는 요소 중 하나가 외부 통찰에 묻혀 있는 엄청난 양의 정보를 체계적으로 활용한 것이 아닐까? 개방된 인터넷은 문장으로 이루어진 대규모 데이터 세트 중의 하나다. 이것을 데이터 마이닝하기는 기술적으로 아주 어려워서 제대로 이용되고 있지 않다. 세계 최고의 과학자로 구성된 르네상스에만 존재하는 특별한 팀이 이 문제를 누구보다도 잘 해결할 수 있다. 그리고 그들은 어느 누구도 찾아낼 수 없는 통찰을 이끌어냄으로써 그들만의 뛰어난 수익률을 설명해줄 정보 우위를 창출할 수 있다. 물론 이것은 순전히 나의 추측일 뿐이다. 그러나 이번 장에서 이미 설명했듯이, 2011년에 티루닐라이와 텔리스는 논문에서 소셜 미디어가 미래의 매출, 현금 흐름, 주식시장 성과를 말해주는 훌륭한 지표라는 사실을 밝혔다. 온라인에서 제품에 대한 이야기가 많이 회자될수록, 주식시장 성과가 영향을 많이 받는다. 확실히 르네상스는 월스트리트에서 데이터에 가장 정통한 기업으로서 이러한 사실을 일반적인 지식이 되기 전에 정확하게 인식했다.

이번 장에서 살펴봤듯이, 외부 통찰은 투자 결정에서 점점 더 중요해지고 있다. 벤처 캐피털업계에서 미국의 아카디안, 유럽의 마더브레인, 아시아의 이사회 이사로 임용된 인공지능 시스템 바이탈은 이러한 사실이 세계적인 추세가 되고 있음을 보여준다. 또한 외부 통찰은 오늘날 주식과 금융 상품의 거래를 지배하는 독자적인 알고리듬에서 중요한 역할을 할 것이다.

이제 전문 투자자들은 수학 천재와 과학자를 고용하여 정교함을 갖춘 기술 기업이 되고 있다. 이에 반해, 기업의 투자 결정은 이보다 훨씬 덜 정교하고 분석되는 데이터의 범위나 사용되는 알고리듬의 엄밀성의 측면에서 엄청나게 뒤떨어지고 있다.

기업은 전문 투자자를 통해 배움으로써 기업의 자원을 투자할 때 투자 수익률을 최적화할 수 있다. 예를 들어 아마존은 사용자 전환user conversion을 실시간으로 추적하고 최적화하기 위해 정교한 기술을 사용한다. 넷플릭스는 고객의 영화 관람 이력에 근거해서 영화를 추천하기 위해 최첨단의 머신 러닝을 활용한다. 기업은 경쟁적 벤치마킹을 위해 외부 통찰을 활용함으로써 브랜드 구축, 고객 만족, 제품 개발과 같은 경쟁적 장 전반에 걸쳐 최적의 투자 전략을 창출하기 위해 높은 수준의 엄밀성을 적용할 수 있다.

알고리듬 모델이 주식과 금융 상품의 거래를 지배하는 것과 마찬가지로, 기업의 투자 결정도 같은 양상을 띨 것이다. 기업의 의사 결정자들은 다양한 시나리오를 실시간으로 분석할 수 있는 정교한 소프트웨어를 자유자재로 사용하게 될 것이고, 기업의 목표에 근거하여 최적의 투자 전략을 실시간으로 선택할 것이다. 다음 장에서 이러한 소프트웨어의 구성 요소와 함께 외부 통찰이 그 밖에 무엇을 가져다줄 것인지 자세히 살펴볼 것이다.

이 주제에 대해 더 많은 사례 연구와 동영상 인터뷰를 보려면
안내용 앱을 사용하여 이 코드를 스캔하시오.
outsideinsight.com/app에서 다운로드하시오.
더 많은 읽을거리를 원하시면 outsideinsight.com을 방문하시오.

4부
외부 통찰의 미래

Outside

13장

새로운 소프트웨어 시스템의 등장

2011년 12월 첫 번째 주에 멜트워터 관리팀이 바르셀로나에서 전략 회의를 했다. 우리는 W호텔 지하에서 멜트워터 5개년 계획을 수립하고 있었다. 먼저, 세계가 어디로 가고 있는가에 대한 인식을 가다듬었다. 산업이 어떻게 변해가고 있는가에 대한 공동의 이해가 있어야만 멜트워터가 더 큰 그림에 적응하는 방법을 이해하기가 훨씬 쉬울 것으로 생각했다.

지하실은 햇빛도 없고 공기도 통하지 않는 어둡고 습한 곳이었다. 그리고 우리는 이틀에 걸친 집중적인 토론을 마치고 밖으로 나오면서 스페인의 햇볕이 얼마나 고마운지 알게 되었다. 이번 토론의 결론은 5개년 계획이 끝나는 2016년 말까지 완전히 새로운 소프트웨어 시스템이 등장한다는 것이었다. 이 책의 앞부분에서 언급했다시피, 비즈니스 인텔리전스가 내부 데이터에 관한 것이라면 이러한 소프트웨어는 외부 데이터에 대한 것이다. 이 소프트웨어는 강력한 데이터 과학과 자연 언어 처리를 사용하여 구인 광고, 소셜 미디어, 뉴스, 특허 신청, 법원 문서, 기업 웹사이트, 그밖의 광범위한 데이터 유형을 분석할 수 있을 것이다. 광범위한 외부 출처에서 나오는 단편적 사실들을 종합하면 이전에는 보지 못했던 경쟁, 고객, 산업 전반에 관해 매우 정교하고 강력한 정보를 얻을 것이다. 이처럼 새롭게 등장하는 소프트웨어 시스템을 외부 통찰이라고 불렀다.

우리는 열광하면서 이러한 새로운 소프트웨어 시스템이 기업의 의사 결정을 변화시키는 방법을 꿈꾸기 시작했다. ERP와 비즈니스 인텔리전스는 의사 결정이 기업의 운영 데이터에 근거하여 엄격하고도 데이터에 입각한 것이 되도록 했다. 외부 통찰은 이를 기업의 미래 발전에 영향을 미치는 모든 외부 요소로 확장한다. 적절한 소프트웨어를 가지고 있으면 외부 요소의 영향력을 실시간으로 평가할 수 있을 것이고, 이는 마이클 포터의 5가지 힘을 계기판에 실시간으로 보여주는 것과 같다.

멜트워터는 이번 전략 회의를 마치고 이러한 소프트웨어를 개발하기 위해 회사의 역량을 5개년 계획에 결집시켰다. 멜트워터는 데이터 플랫폼 전체를 여러 해에 걸쳐 수정하기 시작했다. 그 후에 광범위한 데이터 유형을 종합하는 데 필요한 데이터 과학의 발전을 따랐다. 멜트워터의 사내 전문 지식을 보완하기 위해 기술 기업의 전문가들에게서 필요한 지식을 배웠다. 이렇게 하여 소프트웨어의 첫 번째 버전이 2017년 2분기에 나올 예정이었다.

외부 통찰 소프트웨어는 2부에서 다루었던 의사 결정 패러다임을 수용하는 데 따른 기술적인 어려움을 해결해야 했다. 외부 정보가 미래를 바라보는 데 소중한 통찰을 제공할 수 있다는 사실을 개념상으로 이해하기는 쉽다. 그러나 온라인으로 얻을 수 있는 방대한 양의 데이터를 처리하여 실용적이고 실행 가능한 통찰을 추출하는 것은 간단한 일이 아니다.

외부 데이터는 내부 데이터보다 양이 많을 뿐만 아니라 분석하기도 훨씬 어렵다. 내부 데이터는 보통은 구조화되어 있고 숫자로 구성되어 있다. 이에 반해, 외부 데이터는 구조화되어 있지 않고 문장으로 구성되어 있다. 컴퓨터는 숫자 분석은 아주 잘하지만, 문장 분석은 전혀 그렇지 못하다. 온라인 문장도 다양한 형식으로 되어 있어 도움이 되지 않는다. 트윗, 구인 광고, 뉴스 기사, 특

내부 데이터와 외부 데이터의 차이점

내부 데이터	외부 데이터
구조화되어 있다	구조화되어 있지 않다
잡음이 없다	잡음이 있다
숫자로 되어 있다	주로 문장으로 되어 있다

외부 데이터의 특징은 내부 데이터와는 아주 다르다. 외부 데이터를 분석하려면 완전히 다른 종류의 기술이 요구된다.

허 신청은 모두 문장으로 된 기록이지만, 형식, 문법, 심지어는 철자도 다르다. 여기에 세계 모든 언어에 걸쳐서 일관적인 방식으로 통찰을 취합하는 데 따르는 복잡성을 더하면, 이러한 분석이 얼마나 어려운 과제인지 알 수 있을 것이다.

외부 통찰의 중요성이 폭넓게 인식되면서, 외부 통찰을 비전에서 실용적인 수행으로 이끌어낼 고도로 전문화된 소프트웨어에 대한 수요가 생길 것이다. 이것은 문장 분석에서 정교한 능력을 갖춘 소프트웨어일 것이다. 또한 온라인상의 잡음을 걸어내고 다양한 언어에 걸쳐서 통찰을 취합하고 다양한 유형의 외부 데이터를 종합할 수 있는 소프트웨어일 것이다. 내부 데이터를 관리하고 분석해야 할 요구가 비즈니스 인텔리전스와 ERP의 성장을 자극했듯이, 외부 데이터를 관리하고 분석해야 할 요구가 외부 통찰의 발전에서 출발하여 의사 결정을 위한 차세대 소프트웨어가 널리 통용되는 시대로 이끌 것이다.

역사는 반복된다

오라클의 발전을 살펴보면 외부 통찰 소프트웨어 시스템이 어떻게 진화할 것인가에 대해 소중한 단서를 얻을 수 있다. 오라클은 내부 데이터를 수집하고 저장하는 데이터베이스로 출발했다. 오라클은 정교한 기능에 대한 요구가 높아지면서, 기업의 다양한 업무에서 나오는 구체적인 요구를 처리하기 위해 업무 흐름, 사업 논리, 시각화, 분석 기능을 추가했다.

오라클은 증가하는 수요를 충족시키기 위해 공격적인 인수 잔치를 벌였다. 2004~2016년까지 오라클은 총 450억 달러를 투입하여 20개가 넘는 전략적 인수를 추진했다.[1]

오라클의 첫 번째 인수 대상 기업은 피플소프트였다. 100억 달러를 투입한 인수는 적대적 인수로 악명이 높았지만, 오라클은 이를 통해 세계에서 가장 널리 사용되는 인재 관리 소프트웨어를 확보했다.[2] 그다음 인수 대상은 산업을 주도하던 CRM 기업 시벨Siebel이었는데, 인수 가격은 58억 달러에 달했다. 시벨을 설립한 톰 시벨Tom Siebel은 오라클 직원 출신으로 래리 앨리슨과 같은 천재였다. 피플소프트와 시벨은 이후로 오라클이 전사적 소프트웨어를 제공하는 중요한 토대가 되었다. 오라클은 이후로도 몇 년 동안 공급 체인, 청구서 발부, 매출 관리, 고객 지원, 비즈니스 인텔리전스, 상거래, 매장 시스템, 마케팅과 관련된 인수를 추진했다. 2016년 7월 오라클은 크라우드 기반 회계 소프트웨어 부문에서 세계를 선도하던 넷스위트를 93억 달러에 인수했다.[3]

오라클의 인수 잔치는 ERP가 어떻게 중앙의 데이터 저장소에서 본격적인 기업 서비스로 발전했는가에 관한 흥미로운 이야기를 전한다.

역사는 반복된다. 그리고 외부 데이터에 대해 비슷한 발전 과정을 보게 될 것이다. 외부 데이터 저장소는 외부 데이터가 원래 구조화되어 있지 않기 때문에 일종의 검색 엔진이다. 내부 데이터에

오라클의 주요 인수에 관한 연대표(2004~2016년)

연도	인수한 기업	인수 비용	분야
2004년	피플소프트(PeopleSoft)	103억 달러	인재 관리
2005년	시벨 시스템즈(Siebel Systems)	58억 달러	CRM
2005년	글로벌 로지스틱스 테크놀로지스(Global Logistics Technologies)	알려지지 않음	공급 체인 관리
2006년	포탈 소프트웨어(Portal Software)	2억 2,000만 달러	청구서 발부, 매출 관리
2006년	스텔런트(Stellent)	4억 4,000만 달러	기업 콘텐츠 관리
2006년	메타솔브 소프트웨어(MetaSolv Software)	33억 달러	운영 지원 시스템
2007년	하이페리온(Hyperion)	33억 달러	운영 지원 시스템
2007년	애자일 소프트웨어(Agile Software)	4억 9,500만 달러	제품 라이프 사이클
2008년	BEA 소프트웨어(BEA Software)	85억 달러	미들웨어
2010년	선 마이크로시스템즈(Sun Microsysems)	74억 달러	서버, 자바, 마이데스큐엘
2011년	라잇나우(RightNow)	15억 달러	CRM
2011년	엔데카(Endeca)	10억 달러	전자 상거래, 검색, 고객 경험 관리
2012년	탈레오(Taleo)	19억 달러	인재 관리
2012년	바이트루(Vitrue)	3억 달러	소셜 마케팅
2012년	엘로콰(Eloqua)	8억 7,100만 달러	마케팅 자동화

2013년	애크미패킷(Acme Packet)	21억 달러	음성을 사용하게 하는 네트워크 기술, 출처를 알 수 없는 인터넷과 와이파이를 통한 데이터 서비스
2013년	테켈렉(Tekelec)	알려지지 않음	모바일 데이터를 관리하여 수익을 발생시키는 소프트웨어
2013년	빅 머신즈(Big Machines)	4억 달러	사업 생산성
2013년	리스폰시스(Responsys)	15억 달러	디지털 마케팅
2013년	마이크로스 시스템즈(MICROS Systems)	53억 달러	매장 시스템
2016년	데이터 로직스(Data Logix)	알려지지 않음	소비자 데이터 수집
2016년	넷스위트	93억 달러	회계와 재무

서 경험했듯이, 중앙의 외부 데이터 저장소뿐만 아니라 업무 흐름, 사업 논리, 시각화, 분석 기능에 대한 요구가 증대하는 것을 보게 될 것이다. 외부 통찰은 ERP 소프트웨어와 마찬가지로 각 부서가 개발한 맞춤형 기능을 갖춘 전사적인 서비스로 발전할 것이다.

영업 부서는 새로운 잠재 고객을 확인하기 위해 그 흔적을 찾아 인터넷을 뒤지는 똑똑한 알고리듬을 갖출 것이다. 이러한 소프트웨어는 누구를 대상으로, 무엇을, 언제 선전해야 하는가에 대한 정보를 제공할 것이다. 영향력을 행사하는 사람 혹은 의사 결정자를 제대로 알지 못한다면, 이러한 소프트웨어가 네트워크에서 소개해주기에 가장 적합한 사람을 알려줄 것이다.

인사 부서는 인터넷을 돌아다니면서 최고의 신입 직원을 찾아주는 로봇을 갖출 것이다. 예를 들어, 이러한 로봇은 신입 직원으로 가장 적합한 20명을 계속 주시하면서 그들에게 다가가기에 적절한 시기에 관한 단서를 알려주는 흔적을 발견할 것이다. 승진, 제한 기간의 종료, 경영진 교체, 이사진 교체, 투자 감축, 기념일, 정리 해고와 같은 일정한 계기가 외부 인재를 영입하기 위해 그들의 관심을 사는 데 적절한 시기를 찾아줄 것이다.

재무 부서는 주요 경쟁자들을 대상으로 실적을 실시간으로 벤치마킹하기 위해 온라인 데이터를 대량으로 데이터 마이닝하는 정교한 소프트웨어에 의존할 것이다. 분석 기능은 신제품 투자, 판매, 마케팅, 고객 만족과 같은 주요 경쟁 부문을 추적할 것이다. 이러한 분석은 시장, 제품, 인구 통계의 변화를 이해하기 위해 아주 자세하게 구분하여 진행될 것이다.

전통적인 ERP와 외부 통찰은 상호보완적인 소프트웨어 시스템이 될 것이며, 서로 긴밀하게 교류하고 협력해야 할 것이다. ERP가 내부적으로 운영 효율성에 집중한다면, 외부 통찰은 외부를 인식하는 데 집중한다. 똑똑한 알고리듬이 외부 데이터의 흐름을 끊임없이 추적하여 패턴을 발견하고 다가올 위협과 기회를 알려줄 것이다. ERP 솔루션이 각 부서가 운영상의 수행을 훌륭하게 관리하는 데 크게 기여했듯이, 외부 통찰도 변화하는 외부 요소들을 훌륭하게 관리하는 데 기여할 것이다.

외부 데이터는 차세대 개척지다. 개방된 인터넷에서 매일 생성되는 수십억 개의 데이터 포인트를 체계적으로 엄밀하게 분석함으로써, 오늘날의 어림짐작은 추세를 확인하고 미래의 변화를 예측하는 사실에 입각한 분석으로 대체될 수 있다. 기업은 외부 데이터의 야생 정글을 정복함으로써 그들의 경쟁 환경이 어떠한지, 산업이 어디로 가고 있는지에 관해 정확하게 이해할 것이다.

ERP와 비즈니스 인텔리전스는 운영 데이터를 활용하는 체계적인 과학으로 의사 결정을 변화시켰다. 외부 통찰은 사업에 영향을 미치는 외부 요소를 추적하고, 이사회, 경영진, 각 부서의 의사 결정을 지원하는 차세대 소프트웨어가 될 것이다.

이 주제에 대해 더 많은 사례 연구와 동영상 인터뷰를 보려면
안내용 앱을 사용하여 이 코드를 스캔하시오.
outsideinsight.com/app에서 다운로드하시오.
더 많은 읽을거리를 원하시면 outsideinsight.com을 방문하시오.

Outside

Insight

14장

해결해야 할 난제

외부 통찰의 잠재력은 엄청나다. 그러나 이것은 아직 초기 단계에 있고, 그 잠재력을 최대한 활용하기 위해서는 몇 가지 기술적으로 어려운 문제를 해결해야 한다.

외부 데이터에서 나오는 통찰에 다가가기는 쉽지 않다. 이러한 통찰은 거대한 양의 데이터에 묻혀 있다. 데이터 그 자체는 구조화되어 있지 않고, 여러 언어로 되어 있다. 또한 다양한 형태로 되어 있다. 깊은 통찰을 얻기 위해서는 온라인 뉴스, 특허 신청, 구인 광고, 법원 문서를 포함하여 그 밖의 데이터 유형에서 발견되는 것들을 종합하는 것이 중요하다.

이번 장에서는 이러한 문제와 함께, 이를 해결하기 위해 분투하는 신생 기업의 사례를 살펴볼 것이다.

예언적 분석

외부 통찰이 기여하는 독특한 측면 중 하나가 미래를 바라보는 특징을 내포한다는 것이다. 어떤 기업이 영업 사원 구인 광고를 서둘러서 낸다면, 판매에 투자를 늘리고 고객 유치 경쟁이 심화될 것이라는 신호다. 온라인에서 찾을 수 있는, 미래를 내다보는 모든 데이터 포인트들을 엮어서 하나의 종합적인 예측을 하는 것은 복잡한 과정이고, 산업에 대한 깊은 이해와 통계학과 머신 러닝에 나오는 정교한 기술의 신중한 조합을 필요로 한다. 미래의 고객 수요, 매출, 비용을 정확하게 예측하는 알고리듬을 갖는 것은 아주 환상적이다. 오늘날 이용 가능한 데이터 세트가 풍부하기 때문에 이러한 열망은 점점 실현이 가능해지고 있다.

많은 조직들이 이러한 공간에서 활동하고 있지만, 내가 특별히 관심을 갖는 기업은 8장에서 살펴본, 리처드 와그너가 설립한 오하이오 주의 신생 기업 프레비디어다. 와그너는 프레비디어를 설립하기 전에 지금은 모멘티브Momentive이지만 당시에는 보덴 케미컬Borden Chemical이라고 불리던 화학 기업에서 일했다. 1998년, 이 회사는 주로 식품, 유제품, 벽지 접착제 크레이지 글루Krazy Glue와 같은 공산품을 생산했다. 그는 오하이오 주 더블린에 있는 이 회사의 ERP 시스템을 실행하고 관리했다. 이 시스템은 처음에는 주로 거래 행위의 자동화에 적용되다가 나중에는 판매, 마케팅, 재무에도 적용되기 시작했다. 비즈니스 인텔리전스 시스템이 통찰을 제공할 것이라는 희망을 가지고, 이 시스템에서는 내부 데이터가 하나의 저장소에서 통합 관리되었다.

와그너는 이렇게 말한다. "우리는 이 모든 시스템을 활용하여 데이터를 가지고 훌륭한 보고서를 만들어냅니다. 그러나 임원급 의사 결정자, 특히 중역실의 의사 결정자들은 그것을 쳐다보지도 않습니다. 아침 시간에 비즈니스 인텔리전스 시스템에서 나온 보고서를 데스크톱 컴퓨터에 연결해놓았지만, 그분들은 거의 클릭하지 않았습니다."

2010년 어느 날 와그너는 이 회사 CFO와 함께 어떤 회의에 참석하고 있었다. 그는 CFO에게 이렇게 말했다. "제가 생각하기에는 의사 결정자들이 데이터를 모두 보지는 않는 것 같습니다. 우리가 무엇을 놓치고 있는지요? 어떻게 하면 의사 결정자들에게 유용한 정보를 제공할 수 있을까요?"

CFO는 와그너가 중역실에 제공하는 차트와 그래프가 유용하다는 것은 인정하면서 이렇게 말했다. "하지만 그것은 모두 이미 알고 있는 회사 내부의 과거 데이터야. 우리가 그것에 대해서 할 수 있는 것이 아무것도 없어. 회사 오너들(당시 대규모 사모펀드)은 에너지, 석유, 가스, 자동차, 건설, 주택과 같은 산업을 살펴보기 위해 외부의 요인들을 알고 싶어 하지. 이런 요인들이 회사의 전략적 의사 결정에 영향을 미치게 돼." 와그너의 상사는 다양한 제품을 생산하는 글로벌 화학 기업의 실적에 대한 책임을 진다. 따라서 그는 진입해야 할 시장, 탈퇴해야 할 시장, 원재료 가격의 변화, 다수의 시장에서 나타나는 제품과 서비스 수요와 같은 광범위한 지표를 원했다. 와그너는 당시 대화를 구세주의 출현과 같은 것이라고 말했다.

와그너는 가능한 해결 방안에 관해 생각하고는 화학 산업의 선행 지표에 관한 논문을 썼던 미국 화학 협회 수석인 경제 전문가 케빈 스미스Kevin Smith를 만났다. 스미스는 부지런한 연구와 통계 분석이라는 전통적인 방식으로 자기가 하는 일과 관련된 데이터를 구했다. 와그너는 이러한 과정을 자동화하는 소프트웨어, 즉 경제학자나 산업 전문가의 어림짐작보다는 우월하고 수요(이러한 수요는 증가할 것인가, 혹은 감소할 것인가, 혹은 이러저러한 주기에 놓여 있는가뿐만 아니라 구체적으로 수요가 얼마나 되는가, 우리가 만드는 모든 제품을 위해 어떠한 시장이 존재하는가를 의미한다)가 어디로 갈 것인가에 대한 사실에 기반을 둔 통찰을 개발할 수 있을 것으로 생각했다.

와그너는 퇴근 이후에도 일을 하면서, 개발자의 도움을 받아 이 시스템을 개발하고 2011년에 자립하기 전에 보덴에서 실행했다. 오늘날 그가 설립한 프레비디어는 BMW에서 얌! 브랜즈에 이르는 「포춘」 1,000대 기업들이 고객 수요와 미래의 판매를 정확하게 예측하도록 성공적으로 지원하고 있다. 이제 프레비디어는 예측 분야의 사업 실적에서 선두에 서 있다. 그리고 2017년 초에는 1,000만 달러를 목표로 하는 투자자 모집 계획을 발표했다. 그러면 프레비디어가 실리콘밸리 벤처 자본가들과 마이크로소프트벤처스로부터 모집한 투자 자금이 총 2,000만 달러에 이르게 된다.

와그너는 투자자 모집 계획을 발표하면서 이렇게 말했다. "지난 수십 년 동안 기업들은 빅 데이터와 예측 분석을 사업 계획과 의사 결정 과정에 의미 있는 방식으로 반영하기 위해 분투해왔습니다. 프레비디어는 (실시간 데이터에 대한 접근, 자동화된 선행 지표의 발견, 직관력이 있는 예측 모델과 같은) 통찰을 가로막던 과거의 장애물을 걷어냈습니다. 이것이 바로 글로벌 기업들이 실적을 개선하기 위해 우리를 찾는 이유입니다."[1]

자연 언어 처리

외부 데이터의 분석을 가로막는 기본적인 장애물은 컴퓨터가 문장을 이해하는 데 어려움을 겪는다. 그러나 자연 언어 처리라는 광범위한 연구 분야에 종사하는 사람들이 이 문제의 해결에 몰두하고 있다. 자연 언어 처리를 간단하게 설명하자면, 이것은 컴퓨터가 문법과 문장의 근원적인 의미를 배우도록 지원하는 기술이다. 컴퓨터는 자연 언어 처리를 사용하여 기업명 혹은 브랜드를 인식할 뿐만 아니라 글에 담겨 있는 정서를 자동적으로 이해한다. 자연 언어 처리는 오늘날 해결하기가 가장 어려운 문제이며, 최첨단의 알고리듬조차도 아직은 결코 완벽하지 않다. 그러나 처리 능력에서의 엄청난 발전과 머신 러닝에서의 새로운 혁신 덕분에, 자연 언어 처리는 빠르게 발전하고 있는 연구 분야다.

스탠퍼드 박사 과정 학생 롭 먼로Rob Munro가 2014년 10월에 공동 설립한 이디본idibon이라는 신생 기업은 이처럼 실용적이고 광범위한 자연 언어 처리라는 분야에 엄청나게 기여했다. 자연 언어 처리는 본질적으로 언어에 구속받지 않는다. 이 말은 특정 언어와는 관계가 없다는 뜻이다.

먼로에 따르면, 현재 세계인의 5퍼센트만이 영어를 사용하고 있다고 한다. 그는 이렇게 말한다. "디지털 기술에서 영어는 이미 소수 언어에 해당합니다. 디지털 통신에서 10퍼센트를 밑도는 신세입니다." 디지털 통신을 지배하는 언어는 없을 것이다. 중국어가 10~15퍼센트를 차지할 것이고, 영어와 아랍어가 각각 5퍼센트, 스페인어가 이에 조금 못 미칠 것이다. 이것이 의미하는 바는 다양한 언어로 이루어진 다품종 소량 분포라는 것이다.

이디본 소프트웨어의 근간을 이루는 인공지능이 지식 기반을 구축하기 위해 사용자들과 소통하는 언어를 미리 전제하지는 않는다. 오늘날 이디본 소프트웨어는 중국어, 일본어를 포함하여 (단어 간의 차이가 없이) 60개 언어로 작동된다. 여기에는 아랍어와 히브리어처럼 글을 오른쪽에서 왼쪽으로 적은 언어와 한국어처럼 자기만의 독특한 서체를 지닌 언어도 포함된다.

먼로는 이렇게 말했다. "유니세프는 사하라 이남 아프리카 지역에서 열 개가 넘는 언어로 우리 제품을 사용합니다." 자연 언어 처리는 유니세프가 중요하고도 복잡한 정보를 최대한 신속하게 처리하도록 해준다. 예를 들어, 여러 나라에서 유니세프의 지원을 받는 사람들이 UN에 공짜로 문자를 보낼 수 있다. 이러한 메커니즘이 처음에는 정부 간 기구에서 조사를 실시하기 위해 확립되었지만, 이후로는 그 목적이 진화했다. 유니세프는 요청하지 않은 메시지가 엄청나게 많은 것을 확인했다. 예를 들어 어떤 마을에 홍수가 났다거나, 교사가 학생들을 폭행한다는 것이었다. 이처럼 민감하고도 중요한 메시지에는 즉각적으로 대처하거나 이것을 관련 기관으로 넘겨주어야 한다.

이디본은 소셜 미디어를 살펴보면서 구매 패턴을 이해하기 위해 자동차 산업 고객들을 컨설팅하기도 했다. 먼로는 이렇게 말했다. "사람들은 고가 제품을 구매할 때에는 소셜 미디어에 들어가서 네트워크의 사람들이 무엇을 구매했는지를 살펴봅니다." 이것은 이디본이 자동차를 구매할 의사를 표현했던 사람들을 약 90퍼센트의 정확도를 가지고 확인할 수 있도록 했다.

먼로는 이렇게 말한다. "우리가 살펴봤던 14개 자동차 모델 중 10개를 가지고 구매 의도와 미국에서 실제 월간 판매와의 상관관계를 찾을 수 있었습니다. 이것은 감성 분석을 넘어섭니다. 또한 이것은 발표된 매출 실적을 앞서갑니다. 이런 방식으로 예측에 적용하는 것은 해당 자동차 회사의 주가 변동을 이해하는 데 중요합니다. 만약 당신이 이 회사 직원이라면, 이것이 소중한 정보입니다. 자동차 부지에 자동차를 몇 대나 확보해야 하는지를 알 수 있기 때문입니다. 그리고 당신이 경쟁 기업 직원이라면, 이번 달에 경쟁사 중 어느 기업이 당신을 앞서가고 있고 왜 이렇게 되었는지를 아는 것이 중요합니다."

데이터 과학

데이터 과학은 개방된 인터넷에서 찾을 수 있는 데이터 세트처럼 떠들썩하고 복잡한 대규모 데이터를 분석하는 데 사용되는 통계적, 수학적 기법에 대한 포괄적 용어다. 우리는 빅 데이터 시대에 살고 있고, 내부와 외부 데이터에 압도당하고 있다. 우리가 얻으려는 통찰이 매우 가치 있을 수 있지만, 때로는 추출하기가 아주 어려울 때도 있다. 바로 이러한 이유 때문에, 데이터 과학자가 21세기의 가장 매력적인 직업으로 꼽히고 있다. 데이터 과학자들이 하는 가장 큰 역할은 소음과 데이터 편향을 보정하는 것이다. 이러한 것들을 제거하면 패턴을 찾기가 훨씬 쉽고, 이것이 통찰을 향한 첫 번째 단계가 된다. 컴퓨터 시스템은 피드백 순환을 적용함으로써 학습할 수 있다. 그리고 데이터를 더 많이 얻고 피드백 순환을 더 많이 적용함으로써 패턴을 더 잘 인식할 수 있다. 이러한 학습은 때로 머신 러닝 혹은 인공지능이라고 불리고, 앞에서 말했던 예언적 분석과 자연 언어 처리에 적용되는 핵심 기술이다.

세계에서 가장 매력적인 데이터 과학 기업으로는 2010년에 경제학자 앤서니 골드블룸Anthony Goldbloom과 기술자 벤 햄너Ben Hamner가 샌프란시스코에서 설립한 캐글이 있다. 캐글은 전 세계의 데이터 과학자들이 상금과 명예를 얻기 위해 경쟁하는 경연대회를 개최하는 것으로도 유명하다. 캐글이 개최하는 경연대회에서 해결해야 할 문제들은 무척 난해하기로 소문 나 있다. 메이요 의료원Mayo Clinic은 캐글의 도움을 받아서 크라우드소싱을 통해 간질 환자들의 발작을 조기에 정확하게 탐지하는 알고리듬을 개발했다. 마이크로소프트는 캐글의 도움을 받아서 키네틱 제품에서 몸짓 인식을 개선하기 위한 경연대회를 개최했다. 포드도 캐글의 도움을 받아서 크라우드소싱을 통해 운전자의 졸음을 조기에 인식하는 알고리듬을 개발했다.

2012년 11월, 내가 특히 관심을 가졌던 경연대회인 GE 호스피털 퀘스트GE Hospital Quest가 상금 10만 달러를 걸고 개최되었다. 여기서 상금 10만 달러는 이런 경연대회치고는 많은 금액이었다.[2] 이 대회는 미국에서 병원 입원 절차를 효율적으로 진행하기 위한 시도에서 나온 것이었다. 병원 측은 매년 절차상의 지연, 불필요한 대기 시간, 관료주의, 장비의 분실 혹은 손상과 같은 낭비적인 프로세스 때문에 발생하는 비용이 연간 1,000억 달러에 달하는 것으로 추정했다. 중요하게는 이러한 비용이 환자들의 퇴원이 늦어지도록 하여 엄청난 자원 낭비를 초래한다.

이번 경연대회에서는 각 팀들이 개선된 수준의 운영 효율성을 제공하여 고객 경험을 단순화하고 최적화하는 제품(실제로는 앱을 말한다)을 개발해야 했다. 각 팀들은 이 시스템에서 (환자의 요구에 따라 퇴원 이후의 치료 계획을 이해하도록 돕는 것에서 필요한 장소에 안내원들을 배치하는 것에 이르기까지) 고객이 특별히 불편하게 느끼는 지점에 집중했다.

우승팀은 아이딘Aidin이라는 앱을 개발한 러스 그레이니Russ Graney, 마이크 갈보Mike Galbo, 자난 라지비카란Janan Rajeevikaran 팀에 돌아갔다. 이들은 미국 의료계가 연간 174억 달러의 비용을 쓰는 것으로 추정되는 재입원 절차에 집중하기로 결심하고는, 전략 프로젝트 매니저, 에너지 기술자, 소프트웨어 개발자에서 컨설턴트로 전향한 사람들이었다. 이들의 접근 방식은 벤치마킹에 크게 의존하는 것이었다. 당시 미국 병원 환자의 25퍼센트가 급성 질환 치료 이후 30일 이내에 재입원한 사람들이었다. 아이딘은 급성 질환 치료 이후의 요양 기관에 조언하기 위해 퇴원 관리 절차에서 나온 데이터를 통합함으로써 재입원 절차를 효율적으로 만들었다. 이는 요양 기관의 행정 업무를 덜어주면서 환자에게 좋은 결과가 나오는 데에만 집중할 수 있도록 했다. 또한 이 앱은 급성 질환 치료 이후로도 돌봄 서비스를 계속 받기에 가장 적합한 요양 기관을 찾기 위해 메디케어(65세 이상의 노인이나 신체 장애인에 대한 의료 보험 제도-옮긴이) 정보와 같은 다양한 외부 데이터와 급성 질환 치료 이후의 요양 기관이 해야 할 일과 같은 벤치마킹 데이터를 환자 정보와 통합했다.

내부 데이터는 보험 정보, 주소, 퇴원 이후 간호 방법과 같은 환자 진료 기록에서 얻는다. 외부 데이터는 재활 시설, 가정 건강관리 기관, 간호 시설과 같은 2만 5,000개의 요양 기관에서 얻는다. 아이딘은 사회복지사가 기록을 검토하여 환자의 요구에 가장 적합하고 치료를 제공할 능력을 갖춘 시설을 찾게 하기보다는, 요양 기관별 재입원률 혹은 요양 기관이 업무 처리 모범 규준을 준수했는지를 보여주는 메디케어 등급, 혹은 요양 서비스를 받고서 통증

완화를 경험한 환자들의 비율처럼 각 부문별 요양 기관이 제공하는 외부 데이터를 활용한다. 또한 아이딘은 같은 기관에서 비슷한 치료를 경험한 환자들이 제공하는 트립어드바이저 방식의 정보도 가지고 있다.

아이딘은 바람직한 건강관리를 제공하고 돈을 절약하고 사람들이 자신의 삶에 대한 더 많은 정보를 바탕으로 결정할 수 있는 독창적이고도 새로운 솔루션을 개발하기 위해 방대한 규모의 복잡한 데이터를 결합하는 데 데이터 과학이 어떻게 강력하게 적용될 수 있는지를 보여주는 훌륭한 사례다.

'좋아요' 이면에 존재하는 사람

"무엇을 먹는지 말해보라. 그러면 당신이 어떤 사람인지 말해주겠다." 1826년에 이 세상을 떠난 미식가 앙텔름 브리야사바랭Anthelme Brillat-Savarin이 했던 유명한 말이다. 이 말을 이 시대에 맞게 각색하면 "무엇을 좋아하는지를 말해보라. 그러면 당신이 어떤 사람인지 말해주겠다."가 될 수 있겠다. 소셜 미디어는 소비자 통찰에서 경쟁 정보에 이르기까지 통찰의 관점에서 보자면 가장 풍부한 형태의 콘텐츠에 속한다. 이러한 데이터에서 나오는 가장 매력적인 통찰은 데이터 자체에서 찾을 수 있는 통찰이 아니라 소셜 미디어의 '좋아요'와 공유 이면에 존재하는 사람에 관해 찾을 수 있는 통찰일 것이다. 소셜 미디어에서 사람들이 남기는 '좋아요'와 공유 내용을 분석하면 그 사람의 성별, 나이, 교육 수준, 소득 계층, 음악적 취향, 정치 성향, 편향, 성적 선호에 관한 정보를 놀라울 정도로 정확하게 추정할 수 있는 것으로 밝혀졌다.

이 분야의 개척자는 케임브리지대학교 심리학 교수 알렉스 스펙터Alex Spectre가 설립한 필로메트릭스Philometrics라 할 수 있다. 스펙터는 페이스북, 트위터, 인스타그램에서 적극적으로 활동하는 사람들에 대한 풍부한 프로필을 제공할 목적으로 소셜 미디어를 데이터 마이닝하기 위해 머신 러닝을 활용했다. 그가 이러한 소셜 프로필을 처음으로 적용하여 개선하려던 분야가 바로 고객 조사였다.

오늘날 정량적 조사에서는 먼저 고객의 성별, 나이, 지역을 묻고, 그다음에는 그들이 조사하려는 제품에 대해 10개 정도의 질문을 할 것이다. 스펙터의 방법론은 이러한 정보를 바탕으로 응답자에 관해 훨씬 더 풍부한 프로필을 제공하기 위해 소셜 미디어 신호를 보태는 것이다. 페이스북 프로필(게시물, '좋아요' 클릭, 팔로잉 그룹)을 생각해보라. 사용자가 어떤 사람인지 아주 정확한 그림을 그릴 수 있을 것이다. 예를 들어 필로메트릭스는 소득과 교육 수준을 정확하게 추측할 수 있다.

스펙터는 이렇게 말한다. "선발된 집단에 집중할 때 나타나는 약점은 그들이 결코 인류를 대표하지는 않는다는 것입니다. 문제는 바로 여기에 있습니다." 전통적인 연구 방법론은 직접적인 질문을 하게 만든다. 이 두 그림 중에서 어느 것을 좋아합니까? 다빈치 작품을 좋아합니까? 아니면 피카소 작품을 좋아합니까? 어떤 스마트폰을 좋아합니까? 터치스크린 방식을 좋아합니까? 아니면 키보드 방식을 좋아합니까? "등급을 매길 수가 없어요. 표본을 더 많이 확보하여 진행하기에는 비용이 엄청나게 많이 소요됩니다. 따라서 보통 기업이 몇백 명을 대상으로 조사하여 일반화하고 끝냅니다."라고 스펙터는 말했다.

이 방법론이 갖는 또 다른 커다란 약점은 인구에 따라 가변성이 있다는 것이다. 스펙터는 이렇게 말한다. "당신과 나는 서로 같지 않습니다. 자, 보세요! 관심이 가는 대부분의 것들이 서로 같지 않습니다. 엄청나게 많은 차이가 나타날 것입니다. 지역, 나이, 소득, 성별, 인종, 정치 성향 등 모든 면에서 차이가 있습니다. 그리고 일반적으로 이러한 사실을 놓치고 있습니다. 그러니까 밖에 나가서 실행하려는 결의가 없습니다."

필로메트릭스가 제시하는 통찰은 소비자 조사를 토대로 등급을 매기기 위해 소셜 미디어와 그 밖의 행위 데이터 출처를 활용할 수 있다는 것이었다.

필로메트릭스가 품은 비전은 기업이 자동화된 프로세스를 통해 조사를 아주 쉽게 실시할 수 있도록 플랫폼을 구축하는 것이다. 이러한 프로세스에서는 반응을 예측할 수 있는 머신 러닝 모델을 사용한다. 예를 들어 기업 고객의 경우 500~1,000명을 조사할 것이지만, 필로메트릭스는 13만 명을 확보한 데이터를 보내줄 것이다. 스펙터는 이렇게 말한다. "다음 단계는 어떻게 하면 분석을 쉽게 할 것인가에 있습니다. 그래서 13만 명을 확보했습니다. 그다음에는 미국 그래픽 지도를 클릭하기만 하면 됩니다. 이것은 전문성을 가지고 대규모 데이터에 접근할 수 있는 사람들만을 위한 것이 아닙니다. 지금 이것은 모든 사람들에게 열려 있습니다."

스펙터는 개인에 대해서는 정확도가 제한적이라는 사실을 경고했다. 그러나 그는 특정한 사람에게 관심을 갖는 경우가 드물기 때문에 이 모델이 여전히 가치가 있다고 주장했다. 오히려 대부분의 시장 연구는 (예를 들어 캘리포니아 주에서 밀레니엄 세대 여성처럼) 특정 집단에 대한 이해에 바탕을 둔다. 스펙터가 개발한 방법론은 이러한 집단들에 걸친 개별적인 예측을 수용한다. 한데 모아 합치면 추정에서 발생하는 잡음의 대부분은 제거되고, 집단의 평균에 대해 비교적 훌륭한 추정치를 얻는다. 그리고 이러한 집단들이 마케터가 정확하게 알고 싶은 대상이다.

단편적인 사실을 종합하는 능력

외부 통찰의 전망이 대단히 밝은 이유는 이것이 다양한 유형의 데이터를 종합할 수 있는 능력을 갖추고 있기 때문이다. 온라인으로 발표되는 모든 문서가 새롭게 발견되는 통찰들에 의해 분석될 수 있다고 생각해보라. 이러한 통찰들이 그들 사이에 내재된 관계를 바탕으로 저장되고 범주화된다고 할 때 말이다. 기계가 다양한 출처에서 나오고 때로는 다양한 언어로 표현된 문장에서 의미를 추론하는 것이 쉽지 않은 일이지만, 지식 그래프가 숨은 관계를 밝히는 데 도움을 줄 수 있다.

예를 들어, 특허 신청을 분석하면서 캐서린 라슨Catherine Larsen이라는 사람이 IBM을 대표하여 특허를 받았다는 사실을 발견할 수 있다. 트위터에서 그녀가 이탈리아산 와인을 좋아하고 가끔씩 로마로 여행을 떠난다는 사실을 알았다. 링크드인에서 다음 달이 되면 그녀가 IBM에서 일한 지 8년이 되고, IBM에 오기 전에는 2001년 캘리포니아주립대학교 버클리에서 전기공학 석사학위를 받고 휴렛팩커드에서 소프트웨어 개발자로 8년 동안 근무했다는 사실을 알았다.

광범위한 데이터 유형을 데이터 마이닝하다 보면, 발견한 통찰을 하나의 그래프에서 연결할 수 있다. 이러한 그래프는 수집한 데이터에서 명시적으로 표현되지 않은 관계를 찾기 위해 사용된다. 예를 들어, 우리 회사 엔지니어링 담당 부사장이 버클리에서 캐서린과 함께 공부했다는 사실, 우리 회사 지원자 중 한 사람이 캐서린이 IBM을 대표하여 특허를 신청하던 해에 그녀의 밑에서 일한 적이 있었다는 사실, 작년에 그녀가 로마에 갔을 때 우리 회사 영업 담당 부사장도 로마에 갔었다는 사실을 알 수 있다.

그래프는 높은 수준의 통찰을 얻기 위한 강력한 도구이며, 지금 연구 개발 활동이 열광적으로 펼쳐지고 있는 기술 분야다. 근본적인 문제는 회사명과 사람 이름을 명확하게 표시하는 것과 관련된다. 이 특허 발명가가 로마에 방금 도착했다는 사실을 트윗한 바로 그 여자와 같은 사람인지, 혹은 다른 사람인지를 알기란 쉽지 않다. 문제는 그녀의 이름 철자가 일관성이 없을 수 있다는 것이다. 특허 신청서에는 그녀의 이름인 'Catherine Larsen'이라고 나오지만, 트위터에서는 'Cat Larsen'이라고 나온다. 이런 이름을 가진 사람이 수백 명일 수도 있기 때문에 이 문제가 쉽지 않다. 또한 사람들은 이름을 바꾸기도 한다. 'Cat'이 특허 신청을 하고 나서 결혼하고 남편 성을 따를 수도 있다.

그래프 분야에서 흥미로운 기업으로는 샌프란시스코에 본사가 있는 스파이더북Spiderbook을 들 수 있다. 공동 설립자인 아만 나이맛Aman Naimat과 앨런 플레처Alan Fletcher는 오라클에서 몇 년간 영업 및 마케팅 사내 앱을 운영했다. 이들은 영업 사원들이 이 앱을 사용하지 않는다는 것을 깨달았다. 영업 사원들이 하는 일 중에서 가장 중요한 요소(회사 외부에 있는 세상)에 관한 정보를 전달하지 않기 때문이었다.

나이맛은 이렇게 말한다. "전통적인 앱은 내부를 지향합니다. 그러나 영업 사원들이 하는 일이 무엇입니까? 그들은 근무 시간의 90퍼센트를 이 앱이 전달하지 않는 세상에서 보냅니다. 그런데도 세일즈포스, 오라클, SAP는 영업 사원들이 사내에서 보내는 시간, 즉 근무 시간의 10퍼센트를 위한 앱을 개발하고 있습니다. 그러니 나머지 90퍼센트에 대해서는 어떤 일이 발생하겠습니까? 개발자들은 그것을 무시하고 맙니다." 물론 정말 유용한 정보는 고객의 생각이다. 고객이 계약을 갱신할 것인가? 신제품을 구매할 것인가? 무엇에 관심을 갖는가? 나이맛은 이렇게 말한다. "고객이 바깥세상에서 무엇을 하고 있는가에 대해 10퍼센트만 알아도, 사내에서 수집할 수 있는 모든 정보보다 더 많은 정보를 얻게 됩니다."

나이맛과 플레처는 스탠퍼드에서 했던 연구에 기반을 두고 영업 사원의 활동에 집중하면서 차세대 앱을 개발하기로 결심했다. 그들이 설립한 신생 기업 스파이더북은 고객, 파트너, 납품 업체, 개별 기업들의 투자 요소, 채용 계획, 사업 우선순위를 포함한 데이터 포인트를 가지고 인터넷상에서 모든 기업 주변에 세워진 일종의 지식 그래프를 제공한다.

나이맛은 이렇게 말한다. "본질적으로 이것은 인터넷입니다. 그러나 우리는 기업, 제품, 사업 관계자와 같은 사업 개념에서 언급되지 않았던 모든 것들을 밝힙니다."

지금부터 5년 전에는 300~400테라바이트에 달하는 데이터를 처리하기 위한 인프라를 구축하는 데 대략 1억 달러가 들었다. 오늘날 비용은 이보다 훨씬 적게 든다. 나이맛은 이렇게 말한다. "데이터 처리와 기계 장치를 최적화하여 언제든지 750달러에 전체 비즈니스 인터넷을 읽고 처리할 수 있습니다."

비즈니스 용어를 이해하도록 설계된 알고리듬이 인터넷에서 데이터를 수집한다. 자연 언어 처리는 사람들이 관계(예를 들어 제약회사와 에너지 기업 혹은 기술 기업과 자동차 기업의 관계)를 어떻게 표현하는지를 알아차릴 수 있다.

나이맛은 이렇게 말한다. "보통의 영업 사원과 비교하면, 우리 엔진이 일을 10배는 더 정확하게 수행합니다. 영업 사원의 회답률은 약 3퍼센트라는 것을 확인했는데, 지금 우리 고객들 중에는 20~30퍼센트의 회답률을 경험하는 이들도 있습니다. 훨씬 더 중요한 것은 우리가 모든 것을 읽을 수 있다는 사실입니다."

구글 이전의 검색 엔진은 키워드만을 보았다. 구글이 이러한 키워드들을 연관 지어서 링크가 걸려 있는 웹페이지의 랭킹을 매겨주는 페이지랭크PageRank를 개발했다. 나이맛은 스파이더북의 진정한 혁신은 관련이 있는 모든 온라인 데이터 포인트를 연결하여 단편적인 사실을 종합하는 능력이라고 주장했다.

나이맛은 스파이더북이 컨설팅했던 의료 분야 신생 기업의 사례를 들었다. 이 알고리듬이 웹을 검색하여 이 기업이 판매할 수 있는 수백만 개의 기업을 분석하고 찾아갈 만한 기업 787개를 확인했다. 나이맛은 이렇게 말한다. "이 알고리듬이 이런 기업을 찾아가서 판매하라고 말해줄 뿐만 아니라 이 과정을 통해 조언도 해줍니다. 여기서 스파이더북이 단순한 도구 이상의 역할을 합니다. 무엇을 해주길 바라는지 말하지 않았는데도 말입니다. (예를 들어) 스파이더북이 당신에게 몬산토에 가보라고 말합니다. 그리고 이 과정을 통해 그들이 블로그 활동을 하거나 슬라이드쉐어에서 특별한 주제에 관한 발표를 공유하기 때문에 가장 좋은 반응을 보일 만한 사람일 것이라는 사실을 확인하고 당신을 안내할 것입니다."

스파이더북의 지식 그래프에서 필로메트릭스의 소셜 미디어 신호에 대한 해석, 이디본의 NLP, 프레비디어의 예언적 분석에 이르는 모든 신기술이 오늘날 데이터 분석에서 가장 어려운 문제들을 공략하고 있다. 이들만이 그런 것은 아니다. 전 세계에서 수천 개의 기업들이 다양한 방식으로 이러한 문제들을 해결하기 위해 분투하고 있다. 크라우드 기반 연산 능력의 엄청난 발전과 머신러닝의 지속적인 혁신 덕분에 외부 통찰의 잠재력을 최대한 활용할 전망은 그 어느 때보다 밝다. 따라서 기술적 장애물의 대부분이 가까운 미래에 사라질 것이라는 낙관적인 기대를 가질 만도 하다. 앞으로 몇 년 이내에 외부 통찰이 사내의 모든 계층과 부서에서 정보에 바탕을 둔 의사 결정을 적절한 시기에 내릴 수 있도록 일상적으로 지원해줄 것이라고 믿을 만한 이유가 충분하다.

Outside

Insight

15장

새로운 데이터 출처

1990년대 중반, 내가 노르웨이전산센터에서 머신 비전machine vision(기계에 인간이 가지고 있는 시각과 판단 기능을 부여한 것으로, 사람이 인지하고 판단하는 기능을 하드웨어와 소프트웨어의 시스템이 대신 처리하는 기술-옮긴이)과 인공지능을 연구하는 젊은 과학자이던 시절에 노르웨이 산의 위성 영상을 분석하는 일을 맡은 적이 있었다. 겨울 동안에 산에 쌓여 있는 눈의 양을 추정하기 위해서였다. 이것은 봄에 닥칠 홍수의 위험을 판단하기 위한 작업이었다. 이 데이터는 겨울철 눈의 양이 노르웨이의 278개 수력 발전소에 공급하는 물의 양과 상관관계가 있고, 따라서 전기 발전량과 비용과도 상관관계가 있기 때문에 또 다른 측면에서도 흥미롭게 활용되었다.

지구 궤도를 도는 인공위성의 수는 지난 수십 년 동안 엄청나게 증가했다. 지난 수년 동안에 인공위성 가격이 엄청나게 떨어졌고, 이에 따라 위성 영상을 쉽게 이용할 수 있게 되었다. 과거에는 정부만이 위성 영상을 이용할 수 있었지만, 지금은 가격이 떨어져서 민간에서도 쉽게 이용할 수 있다. 앞으로 가격이 더욱 떨어지면 다음 세대에는 인공위성과 무인비행기가 보내는 항공 영상이 사업 분석을 위한 새롭고도 흔한 데이터 출처가 될 것이다.

위성 영상을 활용한 상업적 통찰

위성 영상을 새로운 수준으로 끌어올린 기업으로 실리콘밸리에 본사가 있는 오비탈 인사이트Orbital Insight를 들 수 있다. 그들은 첨단 화상 처리, 머신 비전, 클라우드 기반 연산 능력을 활용해 쇼핑센터 주차장의 자동차 대수를 파악하여 소매점 판매를 추정한다. 또한 민간 건설 공사 현황을 파악하여 중국 경제의 건전성에 관한 독자적인 데이터를 만들고, 농경지 등을 추적하여 곡물 수확량을 예측하는 것처럼 광범위하고도 흥미로운 상업적 통찰을 얻기 위해 위성 영상을 이용했다.

설립자 겸 CEO 제임스 크로포드James Crawford에 따르면, 이들은 이미 전 세계에서 매일 800만 제곱킬로미터에 달하는 영상을 찍을 능력을 갖추고 있다고 한다. 그리고 민간 부문에서 시장에 진입하는 위성 영상 신생 기업의 수가 증가하기 때문에, 이러한 능력은 가까운 미래에 10배 증가할 것이고, 하늘에서 무인비행기가 흔해지고 이것이 위성 영상보다 더 나은 영상을 제공하기 때문에 또다시 10배 증가할 것이다.

새로 진입하는 기업들은 비용이 얼마 안 되는 아주 작은 인공위성을 만들고 있다. 인공위성과 무인비행기가 많아지는 것은 결국 시시각각으로 세계 모든 도시의 영상을 접할 수 있다는 것을 의미한다. 데이터의 양은 인간이 처리할 수 없는 규모가 될 것이다. 따라서 기계가 분석해야 할 것이다. 딥 러닝과 AI가 영상을 바라보는 능력을 높여줄 것이고, 전 세계에 걸쳐서 지리 경제적 흐름을 파악할 수 있도록 해줄 것이다.

주차 공간이 넓은 대형 할인점은 다양한 형태의 추정에 사용되는 유력한 소비자 데이터를 축적하기 위한 훌륭한 출처라 볼 수 있다. 예를 들어 오비탈 인사이트는 월마트 혹은 다른 대형 할인점의 주차장 영상을 관찰하면서 분기별 실적에 관한 예측 데이터를 투자 정보 서비스 기관 고객에게 제공할 수 있다. 이러한 데이터를 몇 년에 걸쳐서 취합하면 쇼핑객들이 주차를 선호하는 자리, 행동의 계절적 패턴과 같은 추세, 요일과 같은 시간 프레임을 보여주는 열지도heat map를 만들 수 있다. 두 경쟁 기업들 중에서 어느 곳이 영업을 더 잘하는지를 판단하기 위한 비교도 할 수 있다(이것은 투자자들에게 아주 가치 있는 데이터다). 크로포드에 따르면, 주차장에서의 활동이 해당 기업의 주가와 직접적인 관련이 있다고 한다.

대량의 데이터를 취합하면 정보의 규모 덕분에 높은 정확성을 가지고 더 넓은 경제의 실적에 대한 통찰을 제공하는 거시 경제 흐름을 볼 수 있다. 오비탈 인사이트는 미국 경제에 대한 거시적 전망을 얻기 위해 미국 전역에서 50개의 소매점 체인으로부터 데이터를 취합한다. 상업용 무인비행기도 이러한 목적을 위해 점점 더 많이 이용될 것이다.

크로포드는 앞으로 우리가 이러한 종류의 데이터를 금융 예측을 위해 사용할 뿐만 아니라 일반적인 트렌드를 이해하고 소비자들이 매장을 방문할 때 느끼는 불편함, 매장 위치가 매출에 미치는 영향, 도시와 지방에서의 교통 패턴과 같은 소비자 행동을 이해할 것이라 믿는다. 또한 항구에서의 병목 현상이나 주요 납품업체의 운송 문제와 같은 공급 체인의 장애를 예측함으로써 매장 실적을 상황에 맞게 이해할 것으로 믿는다. 세상을 규모로 분석할 수 있는 지리적 공간의 문제(무인비행기가 전하는 영상이든, 모바일폰 수든, 네트워크 사용 환경에 있는 자동차 수든 상관없다)로 이해하면, 정부 부문은 두말할 것도 없고 소매, 에너지, 보험, 의료, 금융을 포함한 산업에 중요한 데이터를 얻을 수 있다.

지구 전체에 대한, 전례 없는 데이터베이스

위성영상을 저렴한 가격에 상업용으로 활용할 수 있도록 해주는 신생 기업으로 샌프란시스코의 플래닛 랩스Planet Labs가 있다. 1억

5,100만 달러 조금 넘게 벤처 자금을 모집한 이 회사는 항공우주 기업으로 무게가 약 9파운드(4킬로그램)가 나가고 블록 벽돌보다 조금 큰 도브스Doves라는 저가의 영상용 위성을 개발하여 제작하기 위해 특별 주문이 아니라 재고품이 있는 재료를 사용한다. 이러한 위성은 다른 임무를 띠고 탑승객으로서 로켓에 부착되어 지구 궤도로 보내지고, 바로 이러한 이유 때문에 배치 비용이 훨씬 저렴하다. 도브 위성은 지구를 끊임없이 촬영하고는 지상국을 지나면서 데이터를 전송한다. 도브 위성과 함께 인공위성들은 별자리를 이루면서 지구의 완전한 영상을 3~5미터의 광학 해상도로 제공한다. 도브 위성이 촬영한 영상은 기후 모니터링, 곡물 수확량 예측, 도시 계획, 재난 대처에 적합한 최신 정보를 제공한다.

플래닛 랩스는 NASA와 같은 정부 기관이 가진 것과는 아주 다른 모델을 가지고 있다. 직접 비교할 만한 대상은 아니지만, 2013년 2월에 발사된 NASA 랜드샛 8Landsat 8은 개발비만 8억 5,500만 달러가 들었고, 크기는 일반 트럭만 하다.[1]

플래닛 랩스는 2010년 설립 이후로 다른 기업보다 더 많은 인공위성 70대를 설계, 제작하여 우주 공간으로 발사했다. 플래닛 랩스가 지구 궤도에 150대의 인공위성을 올려놓으면, 지구 전체를 담은 영상을 하루에 두 차례씩 전송할 수 있게 된다. 이처럼 영상이 넘치면 지구 전체에 대한 전례 없는 데이터베이스를 구축하게 될 것이다. 이러한 데이터베이스는 산불을 진압하고 심지어는 전쟁을 중단시키는 데 사용될 수도 있을 것이다.

우주에서 지구를 조사하는 기업들은 구글 자회사 테라 벨라Terra Bella를 포함하여 많이 있다. 테라 벨라의 위성은 크기가 작은 냉장고만 하고(플래닛 랩스의 위성과 마찬가지로 재고품이 있는 부품으로 제작된다), 정지된 영상과 고화질 영상을 지구로 전송한다. 지구에서는 유통 센터에서 소매점으로의 이동과 같은 제품 운송 트럭의 움직임, 전기가 널리 보급되고 있는 개발도상국의 전력량, 도시 근처의 만灣 주변을 변색시키는 오염 물질의 양을 확인하는 데 쓰인다.

이 모든 데이터가 정부와 민간 부문에서 사용되고, 과학자나 환경 운동가에게는 물론이고, 예측 모델을 설정하는 경제학자와 금융 기관의 애널리스트에게도 유용하다. 공중에서 석유 저장 탱크를 관찰할 수 있다면, 세계 석유 시장에 석유가 얼마나 공급될 것인지를 예상할 수 있을 것이다. 중국 선전의 폭스콘 공장에서 트럭이 몇 대 나오는지 알 수 있다면, 차세대 아이폰이 언제 출시될 것인지 예상할 수 있다.

거시에서 미시로

2016년 7월 일본의 기술 투자자 소프트뱅크가 영국의 반도체 기업 ARM을 320억 달러에 인수한다고 발표했다.[2] 이 가격은 이전 종가보다 43퍼센트나 높았고, 최고치보다 41퍼센트나 높았다.

이번 인수는 사물 인터넷의 미래에 대해 소프트뱅크가 갖는 민음을 반영했고, 2016년 세계 경제 포럼 보고서에서 향후 10년 동안 비용 절감과 수익 증가를 통해 19조 달러의 가치를 창출할 것으로 추정했던 미래를 바꾸는 기술 추세에 대한 투자였다.

이처럼 굉장한 가치 창출을 이해하기가 쉽지는 않다. 그러나 세계 경제 포럼 보고서가 정확하든 그렇지 않든, 사물 인터넷이 세상에 엄청난 영향을 미칠 것이라는 사실은 분명해 보인다.

사물 인터넷을 아주 간단하게 설명하자면, 처리 능력을 갖춘 다량의 센서들이 상호 접속되어 있는 상태라고 할 수 있다. 이러한 센서들은 거의 모든 곳에서 거의 모든 것에 내장되어 있다. 고장을 감지하고는 이러한 정보를 건물 관리인에게 보낼 수 있는 센서가 내장된 전구를 생각해보라. 관리인은 새 전구가 어디에 있고 전구를 교체하기 위해서는 어떤 도구가 필요한지를 안다. 제조업 공장에서도 생산 효율을 높이고 공장 자동화를 위해 이러한 센서를 사용할 수 있다. 센서는 물류 과정에서도 훨씬 정확한 데이터를 제공할 수 있고, 지금 우리가 생각할 수 없는 공정이나 사업에서도 엄청난 가치를 창출할 수 있다.

외부 통찰과 관련하여 사물 인터넷의 흥미로운 측면이 바로 이것이 수집하는 새로운 데이터다. 사물 인터넷 데이터의 많은 부분이 운영상의 의사 결정과 프로세스의 많은 부분을 개선시킬 수 있는 기업의 내부 데이터일 것이다. 그러나 기업이 활용할 수 있는 공개된 사물 인터넷 데이터도 많이 있을 것이다. 이것은 암스테르담, 바르셀로나, 스톡홀름, 싱가포르와 같은 도시에서 실험 수준으로 시작된 스마트 시티 계획에서도 잘 알 수 있다. 이러한 도시들에서 효율성을 낳고 시민들의 삶의 질을 증진하기 위한 야심찬 계획의 한 부분으로, 교통 혼잡을 인식하고 전력 소비를 최적화하고 공공의 안전을 증진하기 위해 상호 접속된 스마트 센서들이 광범위하게 배치되었다. 이러한 과정에서 많은 정보가 수집되고 취합된다. 이러한 정보 중에서 얼마나 많은 양이 공개될 수 있는지는 분명하지 않지만, 센서 기술과 처리 능력이 대중화되면서 미래에는 모든 도로, 주택, 신호등, 도로 교차로에서 분석에 사용될 수 있는 데이터를 수집하는 센서가 넘쳐날 것이라고 쉽게 예상할 수 있다.

하늘에는 인공위성과 무인비행기가 가득하고, 땅에는 주택, 신체(착용 가능한 기기의 형태로), 자동차 등 작은 센서들이 가득하다. 이들이 결합하여 영상, 온도, 습도, 오염 수준에 관한 데이터와 그 밖의 자세한 정보를 제공한다.

외부 통찰의 관점에서 보면, 사물 인터넷은 기업이 고객 행동, 미래의 수요, 경쟁 기업의 성공을 예측하고 오늘날 충분히 생각하기 어려운 그 밖의 광범위한 통찰을 얻기 위해 사용할 수 있도록 미래에 새롭고도 풍부한 데이터 출처를 제공할 것이다.

오늘날 인터넷으로 얻을 수 있는 정보는 믿기 어려울 정도로 많다. 이러한 정보의 양은 하루가 다르게 기하급수적으로 계속 증가한다. 그리고 이것은 사물 인터넷이 본격적으로 등장하기 전의 일이다. 새로운 센서 기술이 널리 보급되면서 거의 모든 것들이 측정되고 기록될 것이다. 사물 인터넷만으로도 지금까지 인터넷이 생산했던 모든 정보량과 비슷한 양의 정보를 생산할 것이다. 무인 비행기와 인공위성의 영상 기술이 더욱 발전하면서, 지구상의 거의 모든 장소를 감시하고 영상, 음성, 적외선으로 기록할 수 있을 것이다.

오늘날 우리는 엄청나게 많은 데이터를 가지고 있지만, 이것은 앞으로 가지게 될 데이터에 비하면 아무것도 아닐 것이다. 데이터는 기하급수적으로 계속 증가할 것이다. 데이터가 증가하면 더 많은 통찰을 얻을 수 있다. 앞으로 처리하게 될 방대한 양의 데이터를 분석할 수 있는 기술을 개발한다면, 이러한 통찰은 외부 통찰의 잠재적인 가치를 높여줄 것이다.

Outside

16장

외부 통찰에 대한 잠재적인 우려

2016년 11월, 도널드 트럼프가 예상을 깨고 미국 대통령 선거에서 승리를 거두었다. 이러한 결과는 힐러리 클린턴의 당선을 예상했던 전통적인 여론 조사와는 상반되는 것이었다. 2012년 미국 대통령 선거에서 모든 주의 결과를 정확하게 예측하여 유명세를 탔던 저널리스트이자 통계학자 네이트 실버Nate Silver도 선거 전날 밤에 클린턴의 당선 가능성을 71퍼센트로 예상하면서 완전히 빗나간 결과를 내놓았다.[1] 특히 「뉴욕타임스」가 선거날 밤에 힐러리 클린턴의 당선 가능성이 80퍼센트라고 벌써부터 예상한 것을 보면, 트럼프의 당선은 그저 놀랍기만 했다.[2] 이러한 수치는 밤사이에 결과가 나오면서 급격하게 뒤바뀌었다.

대통령 당선 가능성(2016년 11월 8일)

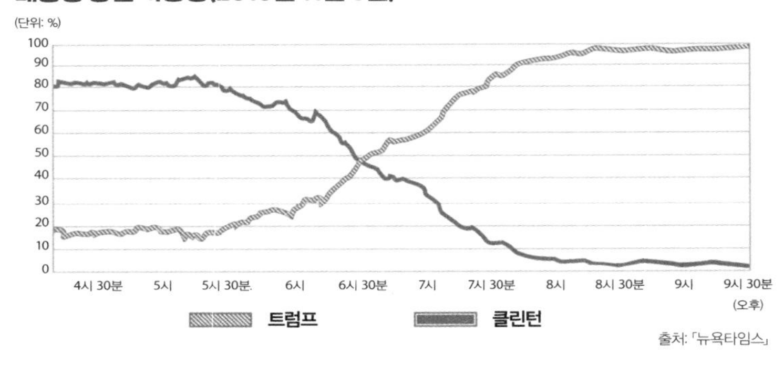

이러한 결과에 놀라지 않았던 분석 기관들도 더러 있었다. 과거 세 차례의 선거에서 당선자를 정확하게 예측했던 인도의 신생기업 제닉AI Genic.AI는 그들의 예측 모델에 따라 트럼프의 당선 가능성을 높게 봤다.[3] 제닉AI는 인공지능을 사용하여 자체 예측 결과를 내놓기 위해 구글, 유튜브, 트위터와 같은 온라인 플랫폼에서 2,000만 개에 달하는 데이터 포인트를 사용했다. 멜트워터의 소셜 미디어 분석도 트럼프가 온라인, 특히 소셜 미디어에서 매우 강력한 지지를 받고 있는 것을 보여주었다. 우리는 선거 전날에 두 후보자들이 사용한 해시태그를 분석한 결과를 발표했는데, 트럼프의 당선 가능성이 힐러리보다 2배나 높은 것으로 나온다.[4] 또한 몇 달 전에 영국의 유럽연합 탈퇴를 묻는 브렉시트 국민투표에서도 비슷한 분석을 적용하고는 결과를 정확하게 예측했다.[5]

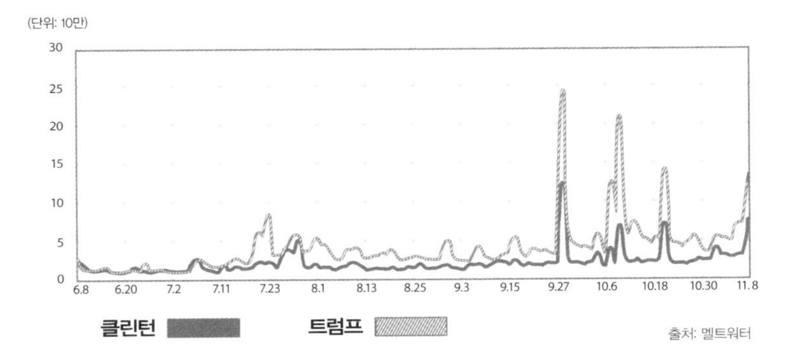

선거 전날, 멜트워터는 트럼프가 소셜 미디어에서 클린턴보다 2배나 더 많은 지지를 받고 있는 사실을 보여주는 분석 결과를 발표하면서 트럼프의 깜짝 승리를 예상했다.

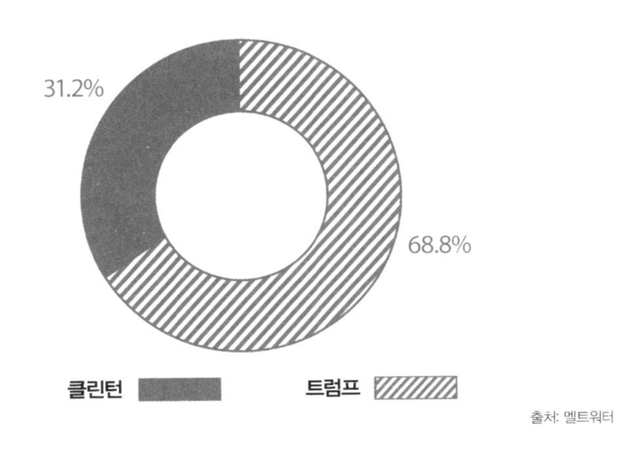

브렉시트 국민투표와 트럼프의 승리에서 결론은 전통적인 여론 조사는 예전만큼 믿을 바가 못 되고, 이 두 가지 경우에서는 소셜

미디어가 유권자들의 진정한 표심을 더 잘 전해준다는 것이다.

트럼프의 승리가 기정사실이 되면서, 저널리스트들과 애널리스트들은 여론 조사가 왜 그처럼 신뢰할 수 없게 되었는지 이해하려고 했다. 여론 조사가 항상 일정한 오차 범위를 갖기는 하지만, 이처럼 크게 빗나간 적은 없었다. 2016년에는 무엇이 달라졌는가?

무엇을 좋아하는지 말해보라

이 질문에 대한 대답이 충분히 이해되지는 않는다. 그러나 트럼프 진영이 소셜 미디어 캠페인을 훨씬 강화한 것은 분명하다. 전하는 바에 따르면, 영국의 행동 연구 및 전략 커뮤니케이션 전문 기업 SCL그룹SCL Group Ltd의 미국 사업부인 케임브리지 애널리티카Cambridge Analytica가 트럼프의 온라인 전략의 한 부분을 입안했다고 한다. 「월스트리트저널」 2016년 11월 9일자 기사에 따르면, 컴퓨터 과학자이자 퀀트 헤지펀드 르네상스 테크놀로지스의 공동 CEO 로버트 머서가 케임브리지 애널리티카에 자금의 일부를 지원했다고 한다.[6]

2017년 1월, 마더보드Motherboard에 '세상을 발칵 뒤집어놓은 데이터'라는 제목으로 실린 기사에서는 케임브리지 애널리티카가 어떻게 소셜 미디어 활동에 근거를 두고서 정교한 심리 측정 모델을 만들었는지를 자세히 설명한다. 이 모델은 중요한 경합주에서 마음을 결정하지 못한 유권자를 확인하고 이들에게 영향을 미치는

방법을 제안하는 데 사용되었다.[7]

케임브리지 애널리티카가 사용했던 모델은 케임브리지대학교 박사 과정 학생 마이클 코진스키Michal Kosinski와 데이비드 스틸웰David Stillwell의 연구와 비슷한 데가 있는데, 이들은 페이스북의 '좋아요'를 1980년대에 개발하여 개인의 요구, 두려움, 행동 패턴을 예측하는 데 사용되었던 오션OCEAN이라는 심리 측정 모델에 적용했다. 이 모델은 방대한 양의 조사 데이터를 필요로 하기 때문에 실제로 활용하기가 어려웠지만, 코진스키와 스틸웰이 이러한 점을 보완하기 위해 페이스북 데이터를 사용했다. 이들의 연구는 이러한 접근 방식이 상당히 신뢰할 만하다는 것을 보여주었다. 코진스키와 스틸웰은 페이스북 사용자가 '좋아요'를 평균 68회 클릭한 것에 기초하여 피부색을 95퍼센트 정확하게, 성적 취향을 88퍼센트 정확하게, 민주당 혹은 공화당 성향인지를 85퍼센트 정확하게 예측할 수 있다고 주장했다. 또한 그들은 지능과 종교뿐만 아니라 음주, 흡연, 마약 중독 여부까지도 예측할 수 있었다. 또한 데이터를 통해 부모의 이혼 여부까지도 추론하는 것이 가능해졌다.

심리 측정 모델이 트럼프의 깜짝 승리에서 정확하게 어떤 역할을 했는지는 분명하지 않다. 어떤 이들은 심리 측정 모델에 소셜 미디어 데이터를 사용하는 것이 과학으로 입증되기에는 한참 멀었다고 주장한다. 그들은 트럼프의 선거운동에서 이러한 데이터의 중요성에 이의를 제기한다. 아무튼 트위터와 프리랜서에게 1,500달러를 주고 만든 단순하고도 활기가 없는 웹사이트를 통해

서만 도움을 받았던 테드 크루즈Ted Cruz도 예비 선거에서 트럼프에게 패배하면서 케임브리지 애널리티카를 사용했다고 한다.

대선에서 제기된 우려

페이스북의 '좋아요'를 사용하는 것이 2016년 미국 대통령 선거 결과를 결정하는 데 얼마나 중요한가와는 관계없이, 이 선거는 3가지 중요한 영역에서 외부 통찰과도 광범위하게 관련이 있는 우려를 낳았다.

첫 번째는 사생활에 대한 우려다. '좋아요', 트윗, 체크인, 사진과 같은 흔적을 계속 남기면, 심리 측정 모델에 의거하여 우리의 프로필을 만들어 악용하는 정교한 알고리듬으로부터 이러한 데이터를 어떻게 보호할 것인가?

두 번째는 알고리듬 자체가 갖는 위험에 대한 우려다. 알고리듬이 너무 똑똑해지는 것은 아닌가? 알고리듬이 넘어서는 안 되는 윤리 기준이 있어야 하는 것은 아닌가?

세 번째는 가짜 뉴스에 대한 우려다. 2016년 대통령 선거 기간에 가짜 뉴스들이 회오리바람처럼 몰아쳤다. 온라인으로 널리 퍼져갔던 가짜 뉴스의 사례로는 "힐러리 클린턴이 피자 가게에서 아동 성매매 조직을 운영하고 있다.",[8] "민주당원들이 플로리다 주에 이슬람 율법을 시행하려고 한다.", "트럼프 지지자들이 맨해튼 집회에서 '우리는 이슬람교도를 싫어한다. 우리는 흑인을 싫어

한다. 우리는 우리의 위대한 미국으로 되돌아가고 싶다.'고 외쳤다."[9]는 것들이 있다. 흥미롭게도 이러한 가짜 뉴스는 기존 골수 지지층이 뭉치도록 했고, 전통적인 뉴스 출처에 대한 믿음을 약화시켰다.

사생활을 어떻게 보호할 것인가

많은 사람들이 지금은 사생활을 잊어버려야 한다고 주장한다. 소셜 미디어의 확산으로 극단적인 투명성의 시대에 접어들었다. 그리고 구글의 에릭 슈미트를 포함하여 많은 사람들이 이제 우리는 사생활이 지난 시절의 것이라는 사실을 인정해야 한다고 주장한다.[10]

많은 사람들이 다른 사람들과 공유하는 자신에 대한 정보의 양을 의식하지 못하기 때문에 사생활에 대해 크게 걱정하지 않는다. 예를 들어 레스토랑에서 외식을 하고 있다면, 자신이 다른 사람의 상태 업데이트에 등장할 수 있다. 혹은 누군가가 당신이 알지 못하는 사이에 당신의 모습을 카메라에 담을 수도 있다. 상태 업데이트와 사진에는 위치 정보가 붙어 있어서 당신이 어디에 있는지를 알려주는 경우가 많다.

소셜 미디어에는 당신이 어디에서 식사를 하는지, 누구와 사귀는지, 어디에서 쇼핑을 하는지, 어떤 제품을 구매하는지를 포함하여 삶에 대한 자세한 정보가 흩어져 있다. 소셜 미디어 활동을 적극적으로 하지 않아도 친구들이 소셜 미디어 활동을 하면서 당신을 태그하기 때문에, 페이스북, 트위터, 인스타그램, 핀터레스트, 스냅챗이 당신에 대해 많은 사실을 알 것이다.

이러한 사실에 조바심을 느끼는 사람은 별로 없다. 그들은 숨길 것이 없다고 주장한다. 그러나 온라인에 남기는 모든 디지털 흔적을 분석하면, 생각하는 것보다 자신에 대해 더 많은 정보를 드러내는 것으로 나온다. 누군가의 페이스북 '좋아요' 혹은 트위터 타임라인을 분석하면, 그 사람의 연봉 수준, 교육 수준, 성적 취향, 정치 성향을 아주 정확하게 알아낼 수 있다. 시간이 흐르면서 소셜 플랫폼에 많은 양의 데이터가 쌓이고 똑똑한 알고리듬이 더 똑똑해지면, 프로필이 더욱 정확해지면서 더욱 급속하게 퍼져갈 것이다.

미국에서는 고용주가 될 사람이 지원자의 나이, 종교, 성적 취향, 정치 성향과 관련된 질문을 하지 못하게 되어 있다. 이 법은 차별을 방지하기 위해 만들어진 것이다. 그러나 이제는 고용주가 소셜 미디어를 통해 이러한 정보를 대부분 수집할 수 있다.

2016년 미국 대통령 선거와 케임브리지 애널리티카의 심리 측정 모델을 사용한 선거운동은 사생활의 중요성을 부각시켰다. 분석 기술이 정교해지면, 사생활은 더욱 중요한 쟁점이 될 것이다.

알고리듬이 너무 똑똑해진다면

알고리듬에 있어서 우리는 끊임없이 정교함과 정확성을 추구한다. 표면적으로는 더 나은 알고리듬을 얻는다면, 더 좋은 상태를 맞이할 것으로 보인다. 고객의 소셜 미디어 채팅을 분석하는 경우가 그 사례다. 알고리듬이 정확할수록 고객의 진정한 감성을 더 잘 이해한다. 그러나 항상 그런가? 아니면 알고리듬이 중요한 윤리 문제를 제기하는 상황은 없는가?

2012년 미국 소매업체 타겟이 여고생들의 구매 이력에 근거하여 그들이 부모에게 알리기도 전에 임신 사실을 정확하게 예측하고 그들에게 유아용 의류 쿠폰을 제공하면서, 타겟의 데이터 과학 프로그램이 「포브스」의 헤드라인을 장식한 적이 있었다.[11] 이후로 이 기사의 진실성에 대해 일부 의혹이 일어나기는 했지만, 이 기사는 알고리듬이 어쩌면 윤리 기준을 넘어설 수도 있다는 것을 보여주었다.

개인에 대한 사적이고 은밀한 정보를 추론할 때에는 알고리듬이 윤리적으로 민감한 영역까지도 들어간다. 피부색, 성적 취향, 정치 성향, 교육 수준, 연봉 수준, 지능, 종교는 사람들이 직접적으로 공유하지는 않지만, 알고리듬이 그 자체만으로 죄가 없는 수많은 데이터 포인트를 통해 추론할 수 있는 정보의 예다. 이것은 윤리적으로 어려운 상황을 발생시킬 수 있다. 미국을 포함하여 여러 나라에서 입사 지원자의 나이, 종교, 성적 취향을 이유로 차별하는 것을 법으로 금지하고 있다. 일부 국가에서는 동성애가 불법이다. 이러한 상황에서는 개인에 대한 민감한 정보를 추론할 수 있는 알고리듬이 차별을 위해 사용되고, 그럴 경우 심하면 처벌까지도 받는다.

어쩌면 알고리듬에 윤리적으로 가장 민감한 영역이 사람들의 프로필 작성에 사용되고, 이러한 프로필이 그들의 행동을 조종하기 위한 전략 개발에 적극적으로 사용되는 것이다. 알고리듬이 매우 정교하여 원하는 반응을 일으키기 위해 어떤 버튼을 눌러야 하는지를 안다면, 이것은 위험한 심리전 무기가 된다. 많은 사람들이 도널드 트럼프가 힐러리 클린턴이 '심각한 약탈자super predator' 라고 말하는 장면을 담은 동영상을 가지고 소셜 미디어를 통해 흑인 유권자들을 공략하면 선거 전날 밤에 흑인 투표율을 줄일 수 있었다고 생각한다. 클린턴은 흑인 청년들을 이렇게 표현하면서 많은 비난을 받았다. 일반적으로 흑인 유권자들은 트럼프보다는 힐러리에게 표를 줄 것으로 기대되었다. 따라서 흑인 유권자들이 투표장으로 가지 않고 집에 머무를수록 트럼프에게 유리하다.

사람들을 특정한 방식으로 투표하도록 조종하는 것은 나쁘게 들린다. 그러나 이에 대해 조금만 생각해보면, 항상 어떤 방식으로든 우리를 설득하려는 메시지에 둘러싸여 있다는 것을 알 수 있다. 항상 우리를 이용하기 위해 세심하게 만든 광고와 메시지가 넘치는 세상에 살고 있다. 어떤 이들은 우리가 특정한 청바지를 구매하기를 원하거나 특정한 청량음료를 마시기를 원한다. 다른 이들은 우리가 직장을 바꾸거나 좋은 대의를 위해 일하거나 새롭게 설계된 운동 프로그램을 시작하기를 원한다. 광고와 조종의 경계를 어떻게 정할 것인가? 이 두 가지를 구분하는 유일한 것이 바로 알고리듬의 강도다.

진짜 의도를 숨기기 위한 가짜 뉴스

2016년 미국 대통령 선거에서는 선전용 웹사이트에서 만들어져 소셜 미디어를 통해 전파된 가짜 뉴스들이 활개를 쳤다.

어느 정도는 특정한 정치 성향을 지닌 뉴스 사이트를 찾아보지만, 2016년 선거에서 우리가 본 것은 잘못된 정보를 전하고 혼란을 일으키기 위해 완전히 날조된 뉴스가 난무하는 모습이었다.

전통적인 뉴스가 설명하는 현실과는 다른 현실을 날조하기 위해 가짜 뉴스가 만들어지듯이, 가짜 흔적도 경쟁 기업을 혼란시키고 허를 찌르기 위해 만들어지는 것이다. 이때 외부 통찰이 이러한 가짜 흔적의 일정 부분을 간파할 수 있을 것이다. 외부 통찰이 널리 퍼져가면서 이러한 가짜 흔적이 더욱더 흔해질 것이고, 많은 기업들이 자신의 진짜 의도를 숨기기 위해 가짜 흔적을 남기려고 할 것이다. 이는 가짜 흔적을 만드는 기업과 이를 간파할 수 있는 기업 간의 군비 경쟁을 초래할 것이다. 이러한 군비 경쟁은 오늘날 바이러스를 만드는 자와 바이러스 백신 소프트웨어를 만드는 자 사이에서 보이는 현상과 매우 비슷한 양상을 띨 것이다.

예전에는 해결되지 않았던 문제를 해결하는 모든 신기술들은 이와 동시에 의도하지 않게 좋은 해결 방안을 찾아야 하는 새로운 문제를 만들어내는 특징이 있다. 이러한 점에서는 외부 통찰도 예외가 아니다.

앞에서 설명했던 3가지 문제–개인의 사생활을 어떻게 보호해야 하는가, 알고리듬이 윤리적인지, 혹은 윤리적으로 사용되는지를 확인하려면 어떻게 해야 하는가, 자연 발생적인 가짜 흔적에 대처하려면 어떻게 해야 하는가–는 모두 우려해야 할 중요한 영역이다. 지금 당장은 해결 방안을 가지고 있지는 않다. 다만 이 문제를 깊이 인식하자는 것이다. 외부 통찰을 통한 해결 방안을 실행할 때 나타나는 윤리적인 문제에도 신경을 써야 한다. 그렇게 해야만 이에 대처하기 위한 방법을 찾을 수 있다. 그리고 외부 통찰이 제공하는 모든 혜택을 완전히 누릴 수 있다.

Outside

Insight

17장

외부 통찰의 미래

우리는 데이터가 범람하는 세상에서 살고 있다. 서로 간의 상호작용과 우리들을 둘러싼 세상과의 상호작용은 점점 더 모바일 폰, 웹 브라우저, 이메일, 소셜 미디어, 메시징 앱과 같은 디지털을 매개로 발생한다. 디지털로 전환할수록 데이터를 더 많이 생산한다. 개인으로서나 기업으로서, 우리 모두 디지털 흔적을 남긴다.

이 책에서 현재 이러한 디지털 흔적이 어떻게 주로 간과되고 있는가를 살펴보았다. 또한 어떻게 이것이 큰 기회를 놓치게 하고, 온라인 흔적에 대한 분석이 이사회, 경영진, 마케터, 제품 개발자, 위험 관리자, 투자자에게 혜택이 될 수 있는지도 살펴보았다.

외부 통찰이 지금은 초기 단계에 있지만, 그 중요성이 과소평가되어서는 안 된다. 외부 통찰을 수용하는 기업들은 정보 우위에 입각한 의사 결정을 할 것이고, 시간이 지나면서 이를 수용하지 않은 경쟁 기업을 능가할 것이다. 바로 이러한 이유 때문에, 외부 통찰이 기업의 모든 영역의 관리자들을 위한 핵심적이고도 필수적인 도구가 될 것이다.

오라클, CRM, 비즈니스 인텔리전스, ERP의 채택은 현대의 경영이 내부 데이터에 기반을 둔 데이터에 입각하여 엄격히 실행되도록 했다. 외부 통찰의 채택도 이번에는 외부 데이터에 기반을 두고서 비슷한 효과를 발휘할 것이다. 기술과 소프트웨어가 개방된 인터넷을 통해 가치 있는 통찰을 수확하는 데 따른 복잡한 문제를 해결하면서, 외부 통찰이 오늘날의 비즈니스 인텔리전스, ERP와 마찬가지로 아주 흔해질 것이고 빠른 시일 내에 차세대 경영 도구 상자에서 가장 중요한 도구가 될 것이다.

외부 통찰의 채택은 기업 지배와 경영의 방식을 획기적으로 변화시킬 것이다. 이것은 이사회에서 새로운 투명성을 도입할 것이고, 수동적인 의사 결정에서 능동적인 의사 결정으로 변모시킬 것이다. 그리고 경영진은 운영 효율성에서 산업의 흥망에 대한 전체적인 이해로 관심을 옮겨 갈 것이다.

새로운 투명성의 도입

이사회 이사들이 기업의 운영 측면에서 어떤 일이 벌어지는지 충분히 이해하기 어려울 때가 더러 있다. 이사회는 경영진이 제시하는 데 따라 진행되어야 한다. 경영진은 데이터와 분석을 토대로 담화 형식으로 발표하지만, 그들의 전망은 개인적 믿음이나 동기에 의해 채색될 수밖에 없을 것이다.

외부 통찰을 반영하면 제3자 데이터에 기반을 두고 기업의 실적을 평가하는 것이 가능하다. 경쟁 기업과 제대로 비교하면 경영 보고서나 개인적 믿음과는 별개로 기업이 어느 정도로 발전하고 있는지 이해할 수 있다.

이사회는 외부 통찰을 도입함으로써 기업이 경쟁 기업과 비교하여 중대하고도 미래를 바라보는 차원에서 사업을 얼마나 잘 해내고 있는지를 판단할 수 있다. 이는 필연적으로 대화 주제를 바꾸게 될 것이다. 이사회는 과거의 데이터를 살펴보면서 시간을 보내는 대신에 다음과 같은 전략적인 질문을 검토할 수 있다. 온라인 브랜드 흔적의 규모와 여기에 나오는 정서는 어떠한가? 그 경향이 경쟁 기업과 비교하여 긍정적인가, 혹은 부정적인가? 어떤 기업이 가장 행복한 고객을 확보하고 있는가? 이것이 지난 12개월 동안 어떠한 변화를 보이는가? 영업과 마케팅에 얼마나 많이 투자하고 있는가? 산업 평균보다 더 많이, 혹은 더 적게 투자하고 있는가?

이러한 분석이 경영 보고서를 대체할 수는 없겠지만, 이사회에 산업 전반의 트렌드에 대한 매우 소중한 이해를 제공할 것이다. 외부 통찰을 이사회에 도입하면 경영 보고서를 해석하고 건설적인 토론에 참여하기 위한 중요한 배경을 이사회 이사들에게 제공할 것이다.

이사회 이사들은 이사회가 개최되는 사이에 산업의 최신 동향을 정확하게 파악하기 위해 외부 통찰 계기판에 실시간으로 접근할 수 있다.

수동적인 의사 결정에서 능동적인 의사 결정으로

오늘날 기업 관행은 재무 지표와 같은 내부 데이터에 크게 의존하지만, 과거의 재무 지표에 근거한 의사 결정은 기업 경영에서 수동적인 접근 방식이다. 기업의 재무 지표는 과거에 발생한 투자와 여러 행위들의 최종 결과다. 재무 지표를 살펴보는 것은 과거의 사건이 미치는 영향을 살펴보는 것이다.

기업에 있어 미래의 실적은 기존 사업을 유지하고 새로운 것을 위해 경쟁하는 능력의 함수다. 따라서 기업의 경쟁력의 중심에는 시장에서 경쟁 역학이 어떻게 변하고 있는가에 대한 깊은 이해가 자리 잡고 있다.

외부 통찰을 통해 경쟁 역학의 변화를 실시간으로 감지할 수 있다. 외부 통찰은 기업의 경쟁력을 어떻게 개발할 것인가에 대한 많은 단서와 함께 미래를 바라보는 정보를 제공한다. 고객 만족, 광고비 지출, 구인 광고가 모두 이러한 사례들이다. 고객 만족을 실시간으로 분석할 수 있고, 이를 바탕으로 미래의 고객 이탈 혹은 신규 고객 유치를 규정할 수 있다. 경쟁 기업들이 광고비를 증액하면, 이것은 미래의 경쟁 압력이 심화될 것임을 뜻한다. 구인 광고는 투자를 알리는 조기 징후이며, 경쟁 기업이 판매에 투자하는지, 혹은 제품 개발에 투자하는지 알려줄 것이다.

내부 데이터의 분석에서 외부 통찰로의 이동은 수동적인 의사 결정 패러다임에서 능동적인 의사 결정 패러다임으로의 변화를 의미한다. 재무 지표와 같은 후행 실적 지표는 경쟁 환경에서 새로운 위협과 기회를 알리는 실시간 분석으로 대체된다. 시장과 여건에서 변화가 일어났을 때에 능동적이고도 단호하게 조치를 취하는 것은 장기적이고도 지속적인 성공을 보장한다.

운영 효율성에서 산업 개관으로

내부 데이터는 기업에 관한 것이다. 내부 데이터에 대한 집중은 운영 효율성이라는 내부적으로 집중된 문화를 조장한다. 외부 데이터로의 전환은 운영에만 몰두하는 터널 시야를 산업 전반의 흥망을 살펴보는 주변 시야로 대체한다.

외부 통찰은 외부의 시장 여건을 자유자재로 활용할 것을 강조한다. 이것이 운영 효율성에 집중하는 것과 반드시 모순되지는 않는다. 입지를 확보한 기업은 자신의 강점을 발휘하여, 그 결과 높은 수준의 운영 효율성을 달성한다. 그렇더라도 외부 요소들은 외부 통찰 접근 방식과 함께 항상 무대의 중심에 있다. 시장이 변하고 이에 따라 기업 활동이 적절하지 않다면, 기업이 기름칠이 잘된 기계처럼 움직이는 것이 아무런 의미가 없기 때문이다.

외부 통찰은 기업의 미래가 단지 내부 요소보다는 더 많은 것에 달려 있고 기업이 더 넓은 생태계에서 존재한다고 본다. 기업은 광범위한 외부 요소에 의해 영향을 받고, 경영진은 기업의 진지하고도 성공적인 관리인이 되기 위해 이러한 외부 요소에 대한 이해의 폭을 넓혀야 한다.

완전히 자동화될 데이터 분석

단기적, 중기적으로 외부 통찰의 긍정적인 영향은 상당히 명백하다. 경영진은 새로운 형태의 정보가 의사 결정 과정에 포함될 것이기 때문에 더 많은 정보에 입각하여 의사 결정을 할 것이다. 경영진은 외부 요소에서 나타나는 실시간 트렌드를 이해함으로써 시장 변화에 더욱 민첩하게 반응할 것이다.

장기적으로는 외부 통찰이 엄청나게 커다란 영향을 미칠 것이다. 이러한 변화를 일으키는 데에는 3가지 거시적 흐름이 작용했다. 그것은 클라우드에 기반한 연산 능력의 엄청난 발전, 인공지능의 급격한 발전, 외부 데이터의 엄청난 증가였다. 이러한 흐름들이 모두 합쳐져서 놀라운 능력을 지닌 외부 통찰 소프트웨어를 창출하게 될 것이다.

미래에는 경영자의 직무가 오늘날의 것과는 판이하게 다를 것이다. 의사 결정이 더 이상 데이터 포인트와 통찰에 의존하지 않을 것이고, 오히려 인공지능, 게임 이론, 시나리오 분석의 도움을 받은 미래의 결과에 대한 예측에 따라 이루어질 것이다.

미래에는 경영자들이 대량의 연산 능력과 강력한 인공지능의 지원을 받을 것이다. 가능성이 있는 결정은 무엇이든 생태계 내에서 경쟁 기업과 그 밖의 기업에 관한 과거와 최신의 정보를 처리하는 대형 컴퓨터(여러 대의 컴퓨터들이 연결되어 하나의 시스템처럼 동작하는 컴퓨터들의 집합을 말한다-옮긴이)에 의해 신중하게 분석되고 평가될 것이다. 경쟁 기업의 가능한 대항 수단들도 가능성의 순서에 따라 기록되고 이에 상응하는 긍정적인 혹은 부정적인 결과에 따라 평가될 것이다.

여기서 데이터 분석은 완전히 자동화될 것이다. 외부 통찰 소프트웨어가 외부 세계를 지각하는 경계면이 될 것이고, 내부의 ERP 시스템이 의사 결정에 따른 이익과 손실을 피드백해줄 것이다. 인공지능으로 구성된 외부 통찰 브레인은 시나리오 분석 담당자, 경영자, 이사회, 투자자가 의지하는 신탁神託이 될 것이다.

새로운 시대의 최전선에서

세상이 디지털 경로를 따라 계속 움직이고 기계가 점점 똑똑해지고 데이터 과학이 점점 정교해지면서, 외부 통찰이 심대한 영향을 미칠 것이고 기업 전략과 의사 결정을 생각하는 방식을 완전히 바꿀 것이다.

외부 통찰은 기업 지배와 경영의 방식을 극적으로 바꿀 잠재력을 가지고 있다. 또한 외부 통찰은 성공한 기업 경영자가 되기 위한 조건을 획기적으로 바꿀 잠재력을 가지고 있다.

외부 통찰 이후로는 기업이 현재와는 다른 모습을 할 것이다.

이제 새로운 시대의 최전선으로 들어갈 때가 되었다.

이제 변화를 받아들일 때가 되었다.

감사의 말

많은 사람들의 지속적인 도움이 없었더라면 이 책이 세상에 나오지 못했을 것이다. 먼저 펭귄 랜덤하우스의 편집자 대니얼 크루와 키스 테일러에게 감사의 뜻을 표한다. 여러 가지 일을 하는 기업가에게 끝까지 인내력을 발휘했던 이 두 분의 노력에 감사드린다.

엘런 루이스와 그레그 윌리엄스의 도움과 헌신이 없었더라면 이 책이 단순한 아이디어 수준을 뛰어넘지 못했을 것이다. 이들은 내가 처음으로 책을 쓰면서 감정의 롤러코스트를 타는 동안에 나를 위한 멘토 역할을 했을 뿐만 아니라 여러 사례 연구들이 빛을 보게끔 노력을 아끼지 않았다. 이들은 첫날부터 나를 위한 진정한 파트너였고, 지금 생각하면 너무나도 고마운 사람들이다.

아웃사이드 인사이트팀의 원고 편집, 도표 작성, 표지 디자인, 웹사이트, 안내용 앱, 홍보 부문을 맡아준 사람들이다. 이 팀은 부지런한 나타샤 니사르와 테아 소코로스키의 감독하에 팀원 각자가 마치 군사적인 임무를 수행하듯이 정확하게 움직였다. 나타샤는 지난 몇 년 동안에 가장 가까운 동료 직원으로, 여러 가지 일들을 냉철함을 잃지 않고 한꺼번에 처리하는 능력으로 나를 항상 놀라게 했다. 이처럼 놀라운 능력과 품위를 갖추고 늘 영감이 넘치는 그녀에게 고마운 마음을 전한다. 테아 소코로스키는 이번 프로젝트의 후반부에서 회오리바람을 일으켰다. 결승선에 임박하여 온갖 어려움을 겪고서 엄청나게 많은 것들을 가지고 왔던 것이다. 멋진 도표를 선물한 닉 아코스타에게도 감사한 마음이다. 연구 활동을 해준 우르술라 테레바에게도 감사의 마음을 전한다. 관리 업무를 하면서 항상 자리를 지켜준 카미 앵가일에게도 감사의 뜻을 표한다.

멜트워터 랩도 당연히 한몫을 했다. 차드 햄리와 로버트 라이데폭이 이끄는 이 팀은 멜트워터 최초의 OI 앱을 제작하기 위해 쉬지 않고 헌신했다. 이 책의 홍보를 맡아준 매트 미첼센에게도 감사의 마음을 전한다. 성품이 관대한 그는 어디에서든 가장 협조적인 사람이다. 내 아내 빅토리아 헤인즈는 외부 통찰팀의 공식적인 팀원은 아니지만, 처음부터 가장 훌륭한 지원자이자 조언자였다. 언제, 어디서나 나에게 격려와 지원을 아끼지 않았던 아내에게도 감사의 마음을 전한다.

원고 초고를 읽고서 피드백을 준 사람들도 많았다. 시간을 내고서 솔직한 피드백을 전한 사람들에게도 감사한 마음이다. 순서와는 상관없이, 다그 옵달, 해럴드 베르그, 레이너 고릭, 해럴드 믹스, 매트 블로드겟, 빈센트 코우벤호웬, 매트 미첼센, 브라이언 플린, 애덤 잭슨, 크리스 레게스터, 아제이 카리, 앤디 앤, 차드 햄리, 로버트 라이데폭, 닉 카우치, 애펀 버트, 제프 엡스타인, 게리 브리그스, C.S. 박, 존 버뱅크, 조 론스데일, 피터 투파노, 케이시 하비, 올리버 기네스, 상 김, 랑힐 실코셋, 브라이언 세스, 짐 데이빗슨, 래리 손시니에게 감사의 뜻을 표한다.

마지막으로 멜트워터 직원들에게도 감사의 마음을 전하고 싶다. 가드 하우겐과 내가 멜트워터를 설립하고 나중에 젠스 페터 그리텐베르그가 합류했을 때에는 아주 보잘것없는 과제를 수행하고 있었다. 우리가 보여준 것이 별로 없는데도, 멜트워터에 입사하려는 우수한 사람들이 그처럼 많은 것이 놀랍기만 했다. 과거에 멜트워터에서 일했던 사람들, 지금 일하고 있는 사람들 모두에게 감사의 마음을 전한다. 노르웨이의 작은 스타트업을 믿고서 헌신해준 그들이 무척 고맙기만 하다. 특히 멜트워터의 베테랑 팔 라르센, 니클라스 데 베쉐, 카베 로스탐포르, 존 박스, 마이크 루기리, 마티 헤르난데스, 조나스 오펠달, 한나 오퀴스트, 케빈 로렌츠, 미르잼 엥게브레트센에게 고마운 마음을 전하고 싶다. 이 책에 나오는 창조적 발상들은 모두 우리 직원들의 노력, 지식, 꿈이 낳은 결과물이다. 지금까지 우리 직원들과 함께 해온 날이 너무도 감사하다. 이보다 더 좋은 직원들을 만나기는 어려울 것이다. 또 이보다 더 좋은 시절을 누리기도 어려울 것이다. 이 모든 것들이 감사하기만 하다.

인터넷상에 남긴 흔적을 추적하라!

오늘날 인터넷상에는 개인이나 기업이 남긴 온갖 종류의 흔적들이 넘쳐나고 있다. 개인이라면 소셜 미디어에서 그 사람의 친구관계나 취향을 알 수 있다. 기업도 마찬가지로 특허 신청, 제품 개발, 채용 등 공개되어 있는 정보에서 해당 기업의 전략을 유추해 볼 수 있다. 따라서 이러한 흔적들은 새로운 사업 모델과 전략의 열쇠가 될 소중한 보물이며, 어느 누구도 이것을 공짜로 가져와서 분석할 수 있다.

저자 욘 리세겐은 데이터가 넘치는 세상에서 의미 있는 정보를 자동으로 추적하여 분석하는 소프트웨어를 개발하겠다는 일념으로 노르웨이 오슬로의 어느 오두막집에서 친구와 함께 자본금 1만 5,000달러와 커피 머신 하나를 가지고 멜트워터를 설립한다. 그는 지난 분기의 성과 지표나 재무 지표, 분기별 평가처럼 과거를 회고하는 내부 데이터에 기반을 두고 기업을 경영하는 것은 백미러만 보면서 운전하는 것과 같다고 하면서, 이러한 패러다임에서 벗어날 것을 주문한다.

그러면서 새로운 의사 결정 패러다임을 제안하는데, 이것이 바로 그가 말하는 아웃사이드 인사이트다. 아웃사이드 인사이트란 기업 생태계에서 경쟁 기업, 고객, 납품업체를 비롯한 참가자들이 소셜 미디어, 온라인 광고비 지출, 구인 광고, 특허 신청 등 인터넷상에 남기는 흔적을 추적하여 분석함으로써 경쟁 환경에서의 변화를 예상하는 데에 집중하는 접근 방식을 말한다. 이것은 마이클 포터가 말하는 다섯 가지 힘을 실시간으로 파악할 수 있게 해주는 디지털 시대의 새로운 의사 결정 패러다임이다.

저자는 이러한 아웃사이드 인사이트가 마케팅 및 홍보 전문가, 제품 개발자, 나아가 기업 경영진, 투자가에 이르는 광범위한 의사 결정자들에게 얼마나 소중한 통찰을 제공하는지를 다양한 사례를 바탕으로 보여준다.

조직에서 전략을 입안하고 의사 결정을 하는 사람이라면 과거를 바라보는 내부 데이터에서 벗어나서 인터넷을 중심으로 하는 외부의 실시간 데이터에 근거하여 전략과 의사 결정을 효과적으로 이끌어 내야 한다. 오늘날 누구라도 데이터를 온라인에서 쉽게 얻을 수 있는 세상에서, 이 책은 바로 이런 사람들에게 소중한 통찰을 제공할 것이다.

안세민

참고문헌

프롤로그

1. Jordan Novet, 'Apple Has Laid off All of Its Contract Recruiters, Source Says', VentureBeat, 25 Apr. 2016.
2. Emil Protalinski, 'Apple Sees IPhone Sales Fall for the First Time: Down 16.3% to 51.2 Million in Q2 2016', VentureBeat, 26 Apr. 2016.

1장.

1. Owen Mundy, 'About "I Know Where Your Cat Lives" ', iknowwhereyourcatlives.com/about.
2. Kimberlee Morrison, 'How Many Photos Are Uploaded to Snapchat Every Second?', Adweek, 9 June 2015.
3 Mary Meeker, '2016 Internet Trends', Kleiner Perkins Caufield Byers, 1 June 2016.
4. Worldometers' RTS Algorithm. 'Twitter Usage Statistics', Twitter Usage Statistics. Internet Live Stats, n.d. 〈http://www.internetlivestats.com/twitter-statistics/〉.
5. Kit Smith, '47 Incredible Facebook Statistics and Facts for 2016', Brandwatch, 12 May 2016. 〈https://www.brandwatch.com/blog/47-facebook-statistics-2016/〉.
6. Kyle Brigham, '10 Facts About YouTube That Will Blow Your Mind',

Linkedin Pulse, 26 Feb. 2015. 〈https://www.linkedin.com/pulse/ 10-facts-youtube-blow-your-mind-kyle-brigham〉.
7. Chester Jesus Soria, 'NYPD Bust Alleged Gang Rivalry between Harlem Housing rojects', NY Metro, 4 June 2014.
8. Cyrus R. Vance Jr, 'District Attorney Vance and Police Commissioner Bratton Announce Largest Indicted Gang Case in NYC History', The New York County District Attorney's Office, 4 June 2014.
9. Alice Speri, 'The Kids Arrested in the Largest Gang Bust in NYC History Got Caught Because of Facebook', VICE News, 5 June 2014.
10. 'US Digital Display Ad Spending to Surpass Search Ad Spending in 2016', eMarketer, 11 Jan. 2016. 〈https://www.emarketer.com/Article/US-Digital-Display-Ad-Spending-Surpass-Search-Ad-Spending-2016/1013442〉.
11. 'AAPL Historical Prices/Apple Inc. Stock: 1987-1998', Yahoo! Finance.
12. Dawn Kawamoto, 'Microsoft to Invest $150 Million in Apple', CNET, 6 Jan. 2009.
13. Verne Kopytoff, 'Apple: The First $700 Billion Company.' Fortune, 10 Feb. 2015. 〈http://fortune.com/2015/02/10/apple-the-first-700-billion-company/〉.

2장.

1. 'ORCL Annual Income Statement', Annual Financials for Oracle Corp., MarketWatch. 〈http://www.marketwatch.com/investing/stock/orcl/financials〉.
2. William Brown and Frank Nasuti, 'What ERP Systems Can Tell Us about Sarbanes-Oxley'. Information Management & Computer Security, 13.4: 311- 27. doi: 10.1108/09685220510614434.
3. 'Gartner Says Worldwide IT Spending Is Forecast to Grow 0.6 Percent in 2016', Gartner, 18 Jan. 2016. 〈http://www.gartner.com/newsroom/id/3186517〉.
4. 'Q4 FY16 SaaS and PaaS Revenues Were Up 66%, and Up 68% in Constant

Currency', Oracle Financial News, 16 June 2016. 〈http://investor.oracle.com/financial-news/financial-news-details/2016/Q4-FY16-SaaS-and-PaaS-Revenues-Were-Up-66-and-Up-68-in-Constant-Currency/default.aspx〉.

5. Babson College, 'Welcome from the Dean'. 〈https://www.cnbc.com/2014/06/04/15-years-to-extinction-sp-500-companies.html〉,accessed 24 January 2014.
6. Jacquie McNish and Sean Silcoff, Losing the Signal: The Untold Story behind the Extraordinary Rise and Spectacular Fall of BlackBerry. New York: Flatiron, 2016.
7. 'RIM's (BlackBerry) Market Share 2007-2016, by Quarter', Statista. 〈https://www.statista.com/statistics/263439/global-market-share-held-by-rim-smartphones/〉.
8. Andrea Hopkins and Alastair Sharp, 'RIM CEO Says "Nothing Wrong" with BlackBerry Maker', Reuters, 3 July 2012. 〈http://www.reuters.com/article/us-rim-ceoidUSBRE8620NL20120703〉.
9. Brad Reed, 'BlackBerry Announces Major Job Cuts, Quarterly Net Operating Loss of $1 Billion', BGR Media, 20 Sept. 2013. 〈http://bgr.com/2013/09/20/ blackberry-layoffs-announcement/〉.
10. Jacquie McNish and Sean Silcoff, 'The Inside Story of How the iPhone Crippled BlackBerry', Wall Street Journal, 22 May 2015. 〈https://www.wsj.com/articles/behind-the-rise-and-fall-of-blackberry-1432311912〉.

3장.

1. 'RaceTrac Petroleum on the Forbes America's Largest Private Companies List', Forbes, 30 Apr. 2016.
2. 'The History of Kodak', Wall Street Journal, 3 Oct. 2011. 〈https://www.wsj.com/news/articles/SB10001424052970204138204576605042362770666〉.
3. Steve Hamm and William C. Symonds, 'Mistakes Made on the Road to Innovation', Bloomberg.com, 26 Nov. 2006. 〈https://www.bloomberg.com/news/articles/ 2006-11-26/mistakes-made-on-the-

road-to-innovation〉.
4. Kamal Munir, 'The Demise of Kodak: Five Reasons', Wall Street Journal, 26 Feb. 2012. 〈http://blogs.wsj.com/source/2012/02/26/the-demise-of-kodak-five-reasons/〉.
5. Sue Zeidler, 'Kodak Sells Online Business to Shutterfly', Reuters, 2 Mar. 2012. 〈http://www.reuters.com/article/uskodak-shutterfly-idUSTRE8202AY20120302〉.
6. M. G. Siegler, 'Burbn's Funding Goes Down Smooth. Baseline, Andreessen Back Stealthy Location Startup', TechCrunch, 5 Mar. 2010.
7. M. G. Siegler, 'Instagram Filters through Suitors to Capture $7 Million in Funding Led by Benchmark', TechCrunch, 2 Feb. 2011.
8. 'The Instagram Community - Ten Million and Counting', Instagram, 26 Sept. 2011. 〈http://blog.instagram. com/post/10692926832/10million〉.
9. Bonnie Cha, 'Apple Names Instagram iPhone App of the Year', CNET, 8 Dec. 2011. 〈https://www.cnet.com/uk/news/apple-names-instagram-iphone-app-of-the-year/〉.
10. Alexia Tsotsis, 'Right before Acquisition, Instagram Closed $50M at a $500M Valuation From Sequoia, Thrive, Greylock And Benchmark', TechCrunch, 9 Apr. 2012.
11. Dan Primack, 'Breaking: Facebook Buying Instagram for $1 Billion', Fortune, 9 Apr. 2012. 〈http://fortune.com/2012/04/09/breaking-facebook-buying-instagram-for-1-billion/〉.
12. Kim-Mai Cutler, 'Instagram Reaches 27 Million Registered Users and Says Its Android App Is Nearly Here', TechCrunch, 11 Mar. 2012. 〈https://techcrunch.com/2012/03/11/instagram-reaches-27-million-registered-users-showsoff-upcoming-android-app/〉.
13. Dan Farber, 9 May 2012 3:38 am, BST. 'Zuckerberg Takes Heat for Hoodie on IPO Road Show', CNET, 8 May 2012. 〈https://www.cnet.com/uk/news/zuckerberg-takes-heat-for-hoodie-on-ipo-road-show/〉.
14. Jillian D'Onfro, 'Mark Mahaney: How Facebook Is Taking Over the World', Business Insider, 9 Dec. 2015. 〈http://uk.businessinsider.com/

mark-mahaney-rbc-capital-markets-presentation-on-facebook-2015-12?r=US&IR=T%2F#hereare-the-four-biggest-opportunities-ahead-9〉.

15. Maya Kosoff, 'Here's How Two Analysts Think Instagram Could Be Worth up to $37 Billion', Business Insider, 16 Mar. 2015. 〈http://uk.businessinsider.com/instagram-valuation-2015-3?r=US&IR=T〉.

4장.

1. 'Life Onboard', Volvo Ocean Race Press Zone, 29 Aug. 2014. 〈http://www.volvooceanrace.com/en/presszone/en/29_Life-onboard.html〉.
2. Eugene Platon, 'Volvo Ocean Race 2014-15 Media Report', Issuu, 2 Dec. 2015. 〈https://issuu.com/eugene_platon/docs/volvo_ocean_race_2014-15_race_repor〉.
3. 'Worldwide IT Software Spending 2009-2020', Statista. 〈https://www.statista.com/statistics/203428/total-enterprise-software-revenue-forecast/〉.
4. 'Media Intelligence and Public Relations Information & Software Spend Topped USD2.6 Billion in 2014, Up 7.12%', Burton-Taylor International Consulting, 28 Apr. 2015. 〈https://burton-taylor.com/media-intelligence-andpublic-relations-information-software-spend-topped-usd2-6-billion-in-2014-up-7-12-3/〉.
5. 'Number of Registered Hike Messenger Users from February 2014 to January 2016', Statista. 〈https://www.statista.com/statistics/348738/hike-messenger-registered-users/〉.
6. Parmy Olson, 'Facebook Closes $19 Billion WhatsApp Deal', Forbes Magazine, 6 Oct. 2014. 〈http://www.forbes.com/sites/parmyolson/2014/10/06/facebook-closes-19-billion-whatsapp-deal/#7a3e843c179e〉.
7. Jon Russell, 'India's WhatsApp Rival Hike Raises $175M Led by Tencent at a $1.4B valuation', TechCrunch, 16 Aug. 2016. 〈https://techcrunch.

com/2016/08/16/ indias-whatsapp-rival-hike-raises-175m-led-by-tencent-at-a-1-4b-valuation/〉.

5장.

1. Michael Lewis and Jonas Karlsson, 'Betting on the Blind Side', Vanity Fair, 24 Sept. 2015. 〈http://www.vanityfair.com/news/2010/04/wall-street-excerpt-201004〉.
2. 'The State of the Nation's Housing', Joint Center for Housing Studies of Harvard University. 〈http://www.jchs.harvard.edu/sites/jchs.harvard.edu/files/son2008.pdf〉. See Figure 4, p. 4.
3. Roger C. Altman, 'The Great Crash, 2008', Foreign Affairs, 3 Feb. 2009. 〈https://www.foreignaffairs.com/articles/united-states/2009-01-01/great-crash-2008〉.
4. Steve Blumenthal, 'On My Radar: Global Recession a High Probability', CMG, 20 Nov. 2015. 〈http://www.cmgwealth.com/ri/on-my-radar-glgh-probability/〉.
5. Michael J. Burry, 'I Saw the Crisis Coming. Why Didn't the Fed?' The New York Times, 4 Apr. 2010. 〈http://www.nytimes.com/2010/04/04/opinion/04burry.html〉.
6. Tyler Durden, 'Profiling "The Big Short's" Michael Burry', Zero Hedge, 20 July 2011. 〈http://www.zerohedge.com/article/profiling-big-shorts-michael-burry〉.
7. Robert Peston, 'Northern Rock Gets Bank Bail Out', BBC News, 13 Sept. 2007. 〈http://news.bbc.co.uk/1/hi/business/6994099.stm〉.
8. Paul Sims and Sean Poulter, 'Northern Rock: Businessman Barricades in Branch Manager for Refusing to Give Him £1 Million Savings', Daily Mail, 15 Sept. 2007.
〈http://www.mailonsunday.co.uk/news/article-481852/Northern-Rock-Businessman-barricades-branch-managerrefusing-1million-savings.html〉.
9. David Lawder, 'U.S. Backs Away from Plan to Buy Bad Assets', Reuters,

12 Nov. 2008. 〈http://www.reuters.com/article/us-financial-paulson-idUSTRE4AB7P820081112〉.

10. 'JPMorgan Chase and Bear Stearns Announce Amended Merger Agreement and Agreement for JPMorgan Chase to Purchase 39.5% of Bear Stearns', SEC, 24 Mar. 2008. 〈https://www.sec.gov/Archives/edgar/data/19617/000089882208000320/pressrelease.htm〉.
11. 'A.I.G.'s $85 Billion Government Bailout', The New York Times, 17 Sept. 2008. 〈https://dealbook.nytimes.com/2008/09/17/aigs-85-billion-government-bailout/〉.
12. 'Case Study: The Collapse of Lehman Brothers', Investopedia, 16 Feb. 2017. 〈http://www.investopedia.com/articles/economics/09/lehman-brothers-collapse.asp〉.
13. Steve Fishman, 'Burning Down His House', New York, 30 Nov. 2008. 〈http://nymag.com/news/business/52603/〉.
14. David Ellis, 'Lehman Posts $2.8 Billion Loss', Cable News Network, 9 June 2008. 〈http://money.cnn.com/2008/06/09/news/companies/lehman_results/〉.

6장.

1. Richard Pallardy and John P. Rafferty, 'Chile Earthquake of 2010', Encyclopædia Britannica, 4 May 2016. 〈https://www.britannica.com/event/Chile-earthquake-of-2010〉.
2. https://twitter.com/AlarmaSismos.
3. Amanda Coleman, 'A New Type of Emergency Plan', CorpComms, 10 Jan. 2011. 〈http://www.corpcommsmagazine.co.uk/features/ 1694-a-new-type-of-emergency-plan〉.
4. Dom Phillips, 'Brazil's Mining Tragedy: Was It a Preventable Disaster?', The Guardian, 25 Nov. 2015. 〈https://www.theguardian.com/sustainable-business/2015/nov/25/brazils- mining- tragedy-dam-preventable-disaster-samarco-vale-bhp-billiton〉.

5. 'Deadly Dam Burst in Brazil Prompts Calls for Stricter Mining Regulations', The Guardian, 10 Nov. 2015. 〈https://www.theguardian.com/world/2015/nov/10/brazil-damburst-mining-rules〉.
6. Duane Stanford, 'Coke Engineers Its Orange Juice-With an Algorithm', Bloomberg, 31 Jan. 2013. 〈https://www.bloomberg.com/news/articles/2013-01-31/coke-engineers-its-orange-juice-with-an-algorithm〉.
7. 'Walmart Announces Q4 Underlying EPS of $1.61 and Additional Strategic Investments in People & e-Commerce; Walmart U.S. Comp Sales Increased 1.5 Percent', Walmart Corporate. 〈http://corporate.walmart.com/_news_/news-archive/investors/2015/02/19/walmart-announces-q4-underlying-eps-of-161-and-additional-strategic-investments-in-people-e-commerce-walmart-us-comp-sales-increased-15-percent〉.
8. 'Data, Data Everywhere', The Economist, 27 Feb. 2010. 〈http://www.economist.com/node/15557443〉.
9. Pascal-Emmanuel Gobry, 'Why Walmart Spent $300 Million on a Social Media Startup', Business Insider, 19 Apr. 2011. 〈http://www.businessinsider.com/heres-why-walmart-spent-300-million-on-a-social-media-startup-2011-4?IR=T〉.
10. Flightcompensation.com.
11. Lily Newman, 'Algorithm Improves Airline Arrival Predictions, Erodes Favourite Work Excuse', Gizmodo UK, 7 Apr. 2013. 〈http://www.gizmodo.co.uk/2013/04/algorithmimproves-airline-arrival-predictions-erodes-favorite-work-excuse/〉.

7장.

1. Matt Marshall, 'They Did It! YouTube Bought by Google for $1.65B in Less than Two Years', VentureBeat, 9 Oct. 2006. 〈http://venturebeat.com/2006/10/09/they-did-it-youtube-gets-bought-by-gooogle-for-165b-in-less-than-twoyears/〉.
2. Robert C. Camp, Benchmarking: The Search for Industry Best Practices

That Lead to Superior Performance. University Park, IL: Productivity, 2007.

3. Felipe Thomaz, Andrew T. Stephen and Vanitha Swaminathan, 'Using Social Media Monitoring Data to Forecast Online Word-of-Mouth Valence: A Network Autoregressive Approach', Said Business School Research Papers, Sept. 2015. 〈http://eureka.sbs.ox.ac.uk/5842/1/2015-15.pdf〉.
4. Frances X. Frei and Corey B. Hajim, 'Commerce Bank', Harvard Business School, Case 603-080, December 2002 (revised October 2006). 〈http://www.hbs.edu/faculty/Pages/item.aspx?num=29457〉.
5. United States Postal Service, 'Postal Facts 2015', USPS, 2015. 〈https://about.usps.com/who-we-are/postal-facts/postalfacts2015.pdf〉.
6. Phil Rosenthal, 'A Love Letter: The U.S. Postal Service Delivers under Tough Conditions', Chicago Tribune, 18 Jan. 2015. 〈http://www.chicagotribune.com/business/columnists/ ct-rosenthal-us-mail-post-office-0118-biz-20150117-column.html〉.

8장.

1. Matthew J. Belvedere, 'Caterpillar CEO: Big Misses Reflect "rough Patch" ', CNBC, 22 Oct. 2015. 〈http://www.cnbc.com/2015/10/22/caterpillar-earnings-revenue-miss-expectation.html〉.
2. Kylie Dumble, 'The KPMG Survey of Environmental Reporting: 1997', KPMG, 2014. 〈https://assets.kpmg.com/content/dam/kpmg/pdf/2014/06/kpmg-survey-business-reporting.pdf〉.
3. Martin Reeves, Claire Love and Philipp Tillmanns, 'Your Strategy Needs a Strategy', Harvard Business Review, September 2012.
4. Jim Edwards, 'We Finally Got Some Really Good Data on Just How Much Money Google Makes from YouTube and Google Play', Business Insider, 10 July 2015. 〈http://uk.businessinsider.com/stats-on-googles-revenues-from-youtube-and-google-play-2015-7?r=US&IR=T〉.

9장.

1. 'Guinness World Records', Wikipedia, 22 Feb. 2017. 〈https://en.wikipedia.org/wiki/Guinness_World_Records〉.
2. World Bank.
3. CIA World Factbook.
4. 'Duck and Run', The Economist, 12 Aug. 2009. 〈http://www.economist.com/node/14207217〉.
5. Sasha Issenberg, 'How Obama Used Big Data to Rally Voters, Part 1', MIT Technolog y Review, 20 Mar. 2014. 〈https://www.technologyreview.com/s/508836/how-obama-used-big-data-to-rally-voters-part-1/〉
6. Niall McCarthy, 'How Much Does Money Matter in U.S. Presidential Elections?', Forbes Magazine, 28 July 2016. 〈http://www.forbes.com/sites/niallmccarthy/2016/07/28/how-much-does-money-matter-in-u-s-presidential-elections-infographic/#6a5f69a97c14〉
7. Michael Scherer, 'How Obama's Data Crunchers Helped Him Win', Cable News Network, 7 Nov. 2012. 〈http://edition.cnn.com/2012/11/07/tech/web/obama-campaigntech-team/〉
8. '2014 State of B2B Procurement Study: Uncovering the Shifting Landscape in B2B Commerce', Accenture, 24 June 2015. 〈https://www.accenture.com/t20150624T211502__w__/us-en/_acnmedia/Accenture/Conversion-Assets/DotCom/Documents/Global/PDF/Industries_15/Accenture-B2B-Procurement-Study.pdf〉.
9. Stephen Pulvirent, 'How Daniel Wellington Made a $200 Million Business out of Cheap Watches', Bloomberg, 14 July 2015. 〈https://www.bloomberg.com/news/articles/2015-07-14/how-daniel-wellington-made-a-200-million-business-out-of-cheap-watches〉.
10. Kara Lawson, 'Shareablee Exclusive Series: Daniel Wellington Watches', Shareablee Blog, 8 June 2015. 〈http://blog.shareablee.com/shareablee-exclusive-series-daniel-wellington-watches〉.

11. James O'Malley, 'How to Get a One Plus One Phone without an Invite', Tech. Digest, 9 Feb. 2015. 〈http://www.techdigest.tv/2015/02/how-to-get-a-one-plus-one-phone-without-an-invite.html.〉.
12. Angela Doland, 'OnePlus: The Startup That Actually Convinced People To Smash Their iPhones', Advertising Age, 10 Aug. 2015. 〈http://adage.com/article/cmo-strategy/oneplus-convinced-people-smash-iphones/299875/〉.
13. Patrick Barkham, 'Zip Up, Look Sharp: The OnePieceRoadtested', Guardian, 26 Nov. 2010. 〈https://www.theguardian.com/lifeandstyle/2010/nov/26/onepiece-mensfashion〉.
14. 'OnePiece Story & Legacy', OnePiece, n.d. 〈https://www.onepiece.co.uk/en-gb/onepiece〉.
15. https://twitter.com/onepiece/status/536575565567127552.

10장.

1. Jeff Prosise, 'The Netscape Security Breach', PC Magazine, 23 Apr. 1996.
2. 'Netscape Announces "Netscape Bugs Bounty" with Release of Netscape Navigator 2.0 Beta', Netscape, 10 Oct. 1995. 〈http://web.archive.org/web/19970501041756/www101.netscape.com/newsref/pr/newsrelease48.html〉.
3. J. Donald Fernie, 'The Harrison-Maskelyne Affair', American Scientist, Oct. 2003. 〈https://www.jstor.org/stable/27858269?seq=1#page_scan_tab_contents〉.
4. Vlad Savov, 'The Entire History of IPhone vs. Android Summed Up in Two Charts', The Verge, 1 June 2016. 〈http://www.theverge.com/2016/6/1/11836816/iphone-vs-android-history-charts〉.
5. Marion Debruyne, Google Books. London: Kogan Page, 2014.
6. Olivia Solon, 'Fiat Releases Details of First Ever Crowdsourced Car', WIRED, 23 May 2016. 〈http://www.wired.co.uk/article/fiat-mio〉.
7. 'A Global Innovation Jam', IBM, n.d. 〈http://www-03.ibm.com/ibm/

history/ibm100/us/en/icons/innovationjam/〉.
8. Richard Bak, The Big Jump: Lindbergh and the Great Atlantic Air Race. Hoboken, NJ: John Wiley & Sons, 2011.
9. 'The Ansari Family', XPRIZE, 19 Apr. 2016. 〈http://www.xprize.org/about/vision-circle/ansari-family〉.
10. David Leonhardt, 'You Want Innovation? Offer a Prize', The New York Times, 30 Jan. 2007. 〈http://www.nytimes.com/2007/01/31/business/31leonhardt.html〉.
11. Alan Boyle, 'Gamers Solve Molecular Puzzle That Baffled Scientists', NBCNews.com, 18 Sept. 2011. 〈http://www.nbcnews.com/science/science-news/gamers-solve-molecular-puzzle-baffled-scientists-f6c10402813〉.
12. 'Two Billion Dollars', Kickstarter, 11 Oct. 2015. 〈https://www.kickstarter.com/2billion〉.
13. Darrell Etherington, 'Pebble Hits Its $500K Kickstarter Target for Pebble Time in Just 17 Minutes', TechCrunch, 24 Feb. 2015. 〈https://techcrunch.com/2015/02/24/pebble-hits-its-500k-kickstarter-target-for-pebble-tim-in-just-17minutes/〉.

11장.

1. P. D. Darbre, A. Aljarrah, W. R. Miller, N. G. Coldham, M. J. Sauer and G. S. Pope, 'Concentrations of Parabens in Human Breast Tumours', Journal of Applied Toxicolog y, 24.1 (2004): 5~13.
2. 'Opinion of the Scientific Committee on Consumer Products on the Safety Evaluation of Parabens', European Commission Health & Consumer Protection Directorate-General, 28 Jan. 2005. 〈https://ec.europa.eu/health/ph_risk/committees/04_sccp/docs/sccp_o_019.pdf〉.
3. 'Restricted Substances List Policy-RB', Reckitt Benckiser, n.d. 〈https://www.rb.com/responsibility/policies-and-reports/restricted-substances-list-policy/〉.
4. 'Palm Oil', Commodities: Palm Oil. Indonesia-investments, 2 Feb. 2016.

5. Belinda Arunarwati Margono, Peter V. Potapov, Svetlana Turubanova, Fred Stolle and Matthew C. Hansen, 'Primary Forest Cover Loss in Indonesia over 2000~2012', Nature Climate Change, 4.8 (2014): 730~735.
6. Tim Fernholz, 'What Happens When Apple Finds a Child Making Your iPhone', Quartz, 7 Mar. 2014. 〈https://qz.com/183563/what-happens-when-apple-finds-a-child-making-your-iphone/〉.
7. 'HSBC, StanChart to Pay $2.6b US Fines', Financial Express [Dhaka], 12 Dec. 2012. 〈http://print.thefinancialexpress-bd.com/old/index.php?ref=MjBfMTJfMTJfMTJfMV8xXzE1Mjk3Mg〉.
8. 'HSBC Became Bank to Drug Cartels, Pays Big for Lapses', CNBC, 11 Dec. 2012. 〈http://www.cnbc.com/id/100303180?view=story&%24DEVICE%24=native-android-mobile〉.
9. 'Starboard Contacted by Suitors for Yahoo Core Biz', CNBC, 6 Jan. 2016. 〈http://www.cnbc.com/2016/01/06/starboard-values-ceo-contacted-by potential-buyers-of-yahoo-core-biz.html?view=story&%24DEVICE%24=native-android-mobile〉.
10. Michael J. De La Merced and Vindu Goel, 'Yahoo Agrees to Give 4 Board Seats to Starboard Value', The New YorkTimes, 27 Apr. 2016. 〈https://www.nytimes.com/2016/04/28/business/dealbook/yahoo-board-starboard.html〉.
11. Tom DiChristopher, 'Verizon to Acquire Yahoo in $4.8 Billion Deal', CNBC, 25 July 2016. 〈http://www.cnbc.com/2016/07/25/verizon-to-acquire-yahoo.html〉.
12. Stephen Foley and Jennifer Bissell, 'Corporate Governance: The Resurgent Activist', Financial Times, 22 June 2014.

12장.

1. 'Akkadian Ventures Closes over $74 Million and Expands Team for Secondary Investing', PR Web, 28 Oct. 2014. 〈http://www.prweb.com/releases/2014/10/prweb12283611.htm〉.

2. Adam Ewing, 'Buyout Fund EQT Starts $632 Million Venture Arm Targeting Europe', Bloomberg, 26 May 2016. 〈https://www.bloomberg.com/news/articles/2016-05-26/buyout-fund-eqt-starts-632-million-venture-arm-targeting-europe〉.
3. Seshadri Tirunillai and Gerard J. Tellis, 'Does Online Chatter Really Matter? Dynamics of User-Generated Content and Stock Performance', 2011. 〈http://pubsonline.informs.org/doi/abs/10.1287/mksc.1110.0682?journalCode=mksc〉.
4. https://www.winton.com/en/
5. Stephen Taub, 'The 2016 Rich List of the World's Top-Earning Hedge Fund Managers', Institutional Investor's Alpha, 10 May 2016. 〈http://www.institutionalinvestorsalpha.com/Article/3552805/The-2016-Rich-List-of-the-Worlds-Top-Earning-Hedge-Fund-Managers.html〉.
6. Richard Rubin and Margaret Collins, 'How an Exclusive Hedge Fund Turbocharged Its Retirement Plan', Bloomberg, 16 June 2015. 〈https://www.bloomberg.com/news/articles/2015-06-16/how-an-exclusive-hedge-fund-turbocharged-retirement-plan〉.
7. Nathan Vardi, 'America's Richest Hedge Fund Managers In 2016', Forbes Magazine, 4 Oct. 2016. 〈https://www.forbes.com/sites/nathanvardi/2016/10/04/americas-richest-hedge-fund-managers-in-2016/#6230f9574e2f〉.

13장.

1. Alex Williams, '$45 Billion Later, Larry Ellison Says No Major Acquisitions For Next Few Years', TechCrunch, 2 Oct. 2012.
2. Margaret Kane, 'Oracle Buys PeopleSoft for $10 Billion', CNET, 13 Dec. 2004. 〈https://www.cnet.com/uk/news/oracle-buys-peoplesoft-for-10-billion/〉.
3. 'Oracle Buys NetSuite', Oracle, 28 July 2016. 〈https://www.oracle.com/corporate/pressrelease/oracle-buys-netsuite-072816.html〉.

14장.

1. 'New Funding Will Be Used to Expand the Reach of the Predictive Analytics Solution', PRWEB, 9 Mar. 2017. 〈http://www.wpsdlocal6.com/〉.
2. Tomas Kellner, 'Touch Down: GE's Quest to Know When Your Flight Will Land', General Electric, 3 Apr. 2013. 〈http://www.gereports.com/post/74545138591/touch-down-ges-quest-to-know-when-your-flight/〉.

15장.

1. William Harwood, 'NASA Launches $855 Million Landsat Mission', CBS News, 11 Feb. 2013. 〈http://www.cbsnews.com/news/nasa-launches-855-million-landsat-mission/〉.
2. Chang-Ran Kim and Kate Holton, 'SoftBank To Buy UK Chip Designer ARM in $32 Billion Cash Deal', Reuters, 18 July 2016. 〈http://www.reuters.com/article/us-arm-holdings-m-a-softbank-group-idUSKCN0ZY3B〉.

16장.

1. Dana Milbank, 'No Matter Who Wins the Presidential Election, Nate Silver Was Right', Washington Post, 8 Nov. 2016.
2. Amanda Cox and Josh Katz, 'Presidential Forecast Post-Mortem', The New York Times, 15 Nov. 2016.
3. Andrew Buncombe, 'AI System That Correctly Predicted Last 3 US Elections Says Donald Trump Will Win', The Independent, 28 Oct. 2016.
4. Hanna Frick, 'Donald Trump Popularast I Sociala Medier', Digitalt. Dagens Media, 8 Nov. 2016. 〈http://www.dagensmedia.se/medier/digitalt/donald-trump-popularast-i-sociala-medier-6803093〉.
5. Sophie Hedestad and Hannes Hultcrantz, 'Meltwater: Saforutsag vi Brexit', Resume, 28 June 2016. 〈https://www.resume.se/nyheter/artiklar/2016/06/28/meltwater-sa-forutsag-vi-brexit/〉.
6. Bradley Hope, 'Inside Donald Trump's Data Analytics Team on

Election Night', Wall Street Journal, 9 Nov. 2016. 〈https://www.wsj.com/articles/inside-donald-trumps-data-analytics-team-on-election-night-1478725225〉.

7. Hannes Grassegger and Mikael Krogerus, 'The Data That Turned the World Upside Down', Vice Motherboard, 28 Jan. 2017. 〈https://motherboard.vice.com/en_us/article/how-our-likes-helped-trump-win〉.
8. www.politifact.com/truth-o-meter/article/2016/dec/05/how-pizzagate-went-fake-news-real-problem-dc-busin/
9. www.politifact.com/florida/statements/2014/may/08/blog-posting/florida-democrats-just-voted-impose-sharia-law-wom/
10. Ryan Tate, 'Google CEO: Secrets Are for Filthy People', Gawker Media, 4 Dec. 2009. 〈http://gawker.com/5419271/google-ceo-secrets-are-for-filthy-people〉.
11. Kashmir Hill, 'How Target Figured Out a Teen Girl Was Pregnant Before Her Father Did', Forbes, 16 Feb. 2012. 〈http://www.forbes.com/sites/kashmirhill/2012/02/16/how-target-figured-out-a-teen-girl-was-pregnant-before-her-father-did/#4df94eb134c6〉.

KI신서 8744
아웃사이드 인사이트

1판 1쇄 인쇄 2019년 12월 10일
1판 1쇄 발행 2019년 12월 18일

지은이 욘 리세겐 **옮긴이** 안세민
펴낸이 김영곤 **펴낸곳** (주)북이십일 21세기북스

정보개발본부장 최연순
정보1팀 윤예영 지다나 이아림 **책임편집** 윤예영
해외기획팀 박성아 장수연 이윤경
마케팅팀 배상현 김보희 박화인 한경화
영업본부장 한충희 **출판영업팀** 오서영 윤승환
제작팀 이영민 권경민
표지디자인 그래픽바이러스 **본문디자인** 김용주

출판등록 2000년 5월 6일 제406-2003-061호
주소 (우 10881) 경기도 파주시 회동길 201(문발동)
대표전화 031-955-2100 **팩스** 031-955-2151 **이메일** book21@book21.co.kr

ISBN 978-89-509-8400-7 (03320)